U0456344

边角料书系

陈思和

Collection of
Chen Sihe's
Humanistic Speeches

人文演讲录

（上册）

陈思和 著

胡读书 刘安琪 选编

团结出版社
UNITY PRESS

图书在版编目（CIP）数据

陈思和人文演讲录 / 陈思和著；胡读书，刘安琪选编 . -- 北京：团结出版社，2022.8

ISBN 978-7-5126-6757-0

Ⅰ . ①陈… Ⅱ . ①陈… ②胡… ③刘… Ⅲ . ①社会科学 - 文集 Ⅳ . ① C53

中国版本图书馆 CIP 数据核字 (2022) 第 040033 号

出　版：团结出版社
　　　　（北京市东城区东皇城根南街 84 号　邮编：100006）
电　话：（010）65228880　65244790（出版社）
　　　　（010）65238766　85113874　65133603（发行部）
　　　　（010）65133603（邮购）
网　址：http://www.tjpress.com
E-mail：zb65244790@vip.163.com
　　　　tjcbsfxb@163.com（发行部邮购）
经　销：全国新华书店
印　装：三河市东方印刷有限公司

开　本：130mm×210mm　32 开
印　张：13.25
字　数：278 千字
版　次：2022 年 8 月　第 1 版
印　次：2022 年 8 月　第 1 次印刷

书　号：978-7-5126-6757-0
定　价：68.00 元（上下册）
　　　　（版权所属，盗版必究）

总　序

　　张安庆先生为团结出版社策划一套"边角料书系"，他来约稿，鼓励我编几种"边角料"为他的新的工作策划壮壮行色。我当然很乐意。

　　在我的记忆中，以前上海人在日常生活中是很珍惜边角料的。我年轻的时候，任何日用品都需要凭票供应，买衣服更是如此，所以，节省是上海人做人家的第一要义。那时妈妈买了一部缝纫机，学会自己动手做衣服，我则学会了裁剪。也没有什么名师指点，只是买一本裁剪指导之类的书，根据书上指导，依样画葫芦地量体裁衣，先是在旧报纸上琢磨裁剪，然后再把纸样按在布上，用一分钱买来的彩粉划划改改，大着胆子就剪下来了。这样"三脚猫"做出来的衣裤，居然还是能够穿上身的。但是就在自鸣得意之际，被一些内行看了，摇摇头说，这样裁剪太浪费了，平白糟蹋了许多布料呢。于是开始谨慎地学裁剪，果然，用心裁剪，只要位置稍微偏一点点，大裆处可以省出一块布料——这就是边角料。有时候，几件衣裤套着裁剪，可以省出好多边角料，用来做鞋面，做口袋布，做假领子，这才是最见功夫的裁剪本领。

所以，边角料，本来就是整块布料的一部分，你不在意，它就不存在；你若在意，它还是能够发挥很好作用；若过分在意，把整块布料弄得零零碎碎，当然也是过于浪费，更是不行。一切都在于恰到好处，经济实惠。用上海话来说，学裁剪要学会"候分掐数"。弄文字的人，也应该学会处理边角料。写论文，创作小说，都是整块布料上裁剪出来的服装，除此而外，为了积累零星素材，积累点滴思想，作家的笔记、书信、日记、随笔……一切信手拈来的文字形式都属于边角料之类。在我的阅读中，遇到过好几本极为难得的"边角料"。第一本就是我的导师贾植芳先生所翻译的《契诃夫手记》，里面记载了许多作家的神来之笔，都是可遇而不可求；第二本是钱理群先生编的《删余集》，忘了是哪一家出版社出的，长长短短的文字保存了极为珍贵的历史锈迹；还有第三本，王观泉先生编的《鲁迅与里维拉》，都是边边角角的剪报材料，竟编出了一本天下奇书。

接下来就要说到我自己提供的"边角料"了。2017年底广东人民出版社刚刚推出我的七卷本文集，所以正儿八经的学术论文，已经无法再结集出版了。计划中的好几种专著，也都无法顷刻间完成。但是边角料总还是有的，打开电脑，翻箱底似的寻找出来，大致分作四类的文章：第一类是我的演讲录，我在大约六七年前编过一本演讲录，也是在张安庆先生的操刀下编辑出版的，书名为《从鲁迅到巴金：陈思和人文学术演讲录》，由上海中西书局出版。现在是在这本演讲录的基础上重新编过，篇目也有很大的不同；第二类是访谈录，一般发表在媒体上的访谈，除个别篇什，很少被收入我的编年文集，但是我有个习惯，凡公开发表的文字，我都是过目修改的，所以也算是比较负责的文字；第三类是书简，其实也不是普通书简，我以前写评论文章，有时候是当作读后感，直接与作家进行交流，后来觉得这种形式的评论比较自由，不那么正规，写起来更加随性，所以就有意识地尝试着写。那时朱光潜的《谈美书简》流行一时，我也很想出版一部书简体的评论集。当然这个梦想也没有实现，这些文字大部分都成了"边角料"；第四类是杂感集，杂感的形式，是一百多年前《新青年》发明的，叫作随感录，当时涌现出两个杂感大家，一个是陈独秀，一个是鲁迅。鲁迅编辑《而已集》的时候，依然把自己这一类短文称作杂感，后来鲁迅编自己的文集，把各类文章（也包括杂感）编在一起结集出版，称作杂文集。再后来人们把作为文体的杂感与作为编书体例的杂文集混为一谈，于是广义地称作"杂文"，而杂感作为一类文体的名称，反倒寿终正寝了。在鲁迅的著作里，杂感是他主要的写作形式，当然是整块的布料，而我，实在是偶尔为之，也很少收入文集，所以仍然是我的边角料了。

我还要说明的是，这四种"边角料"的编辑工作，我分别邀请我的学生刘安琪、胡读书、陈丙杰、刘天艺和陈昶来参与，他们帮我搜集、整理、编选、校对等，做了大量的工作，我是有意把这项繁琐的工作交给他们来做。在我看来，中文系培养出来的学生，不仅要学会做学术研究、写高头文章，同时还应该学会做具体的与学术有关的工作，譬如学会操办一次学术会议、完整编辑一本书、独立主讲一门专业课程，等等，知识分子从事的学术工作很具体，最忌讳的就是眼高手低，或者眼低手也低，什么丰功伟业都需要从点点滴滴开始做起。我希望通过这次编辑工作，学生们获得具体的工作经验和工作能力，从而提高学术服务的自觉。

是为序。

陈思和

2019 年 2 月 13 日写于鱼焦了斋

关于演讲（代序）①

　　中西书局的张安庆先生编了我的一本演讲录。书稿在我的案头放了一个多月，因为忙于其他刻不容缓的事情，直到今天我才开始阅读。但翻了几页又放下了，心里翻腾着一些想法，决定把它先写下来。

　　我是一个有了三十年教龄的大学教师，我的工作主要就是上课教学（包括学术讲座）、参加学术会议交流研究心得以及参与各种社会讲座。当然还有其他的工作，但作为一个大学教师，主要的工作离不开一个字——"传"。什么意思呢？就是传播，传播学科知识、学术心得和人生态度。

　　先说传播学科知识。这是大学教师最重要的工作，大学教学不同于中学教学之处，就在于它含有学科的性质，不是一般的普及基础知识。学科代表了某一类学术方向的价值取向，它不仅是分类也是一种系统，它可以把学术研究中的某一类知识系统化，设定明确的研究目标，把它推进到为社会服务的最佳

---

　　①　此文原为《从鲁迅到巴金——陈思和人文学术演讲录》的序，中西书局2013年出版。

处。学科知识包含了对某一研究方向的历史、现状和未来有通盘的理解和认识，并思考如何在现实中发挥最大影响。中学里的语文课、数学课、英语课都是不带科研性质的，它们的主要功能是基础知识的普及；而在大学教学中任何一门学科都带有研究性质，教学的目的不仅仅教给学生基础知识，而且要帮助学生投身于这门学科领域，一起来思考有关学术的问题，如何研究，如何解决，等等。尤其是人文学科的教学，宗旨就是要培养学生独立思考、自由想象的自觉和能力。因此，大学教学不能仅仅满足于让学生被动接受知识，而是要帮助他们在学习中不断肃清头脑里各种中学时代留下的应试教育遗毒，帮助他们拆除头脑里各种求知过程中留下来的条条框框，要通过学科知识的教学把学生们引进一个无禁忌的思想解放空间，激发起他们的学科热忱和献身精神。在今天，大学教育是一般非专业人士的最后一段接受教育的生涯，是帮助受教育者选择人生取向的关键阶段。一门专业课上得好，有可能就激发学生投身于学术的热情，就能为国家培养专业人才；而一门课上得平平庸庸，其结果就是让学生厌恶、拒绝这个专业，向这个专业关闭了兴趣的大门。因此，如何"传"的问题，永远是大学教学的主要问题。

其次是传播学术心得，当然是指传播学科专业的研究心得，除了发表学术论文以外，有条件的话，各种学术会议是学者之间直接交流心得的最好场所。这里指的是一些严肃的专业会议，而不是目前国内外泛滥成灾的学术旅游活动。我的理想中的会议，应该是先确定一些新的学术成果（新发现、新思想、新见解、新命题），然后邀请专业的或者跨专业的专家前来围绕这些成果进行对话、讨论、质疑，检验这些新成果能否经得住学科的挑剔和批评。以这样的标准来衡量，你在决定是否参加这个会议之前，首先要看它有没有提供新的学术成果及其价值意义，同时还应考虑的是，你有没有回应新成果的兴趣和能力。在新成果初期展示及其对话可能性的关系中，"传"的意义就进了一层，它不是课堂授课那样由教师"传"向学生，而是建构起一种平等讨论的对话关系，双向的"传"与"播"——即新成果的展示以及得到的反馈。

其三，最后一种工作形态：社会服务，即大学教授的功能不仅仅局限在校园里面对学生传播知识，还有一种功能是面对社会市民，在某些公益性的、或者行业性的系统里举办讲座，在现代传媒技术发达的环境下，这种公众性质的讲座还可能以电视课堂形式来体现。这不是专业的学术讲座，面对的是大量非专业的受众；但也不是一般的普及知识，因为完全不关心这个主题、或者连一点基础知识也不具备的受众不会参加这样的讲座。换句话说，对于某些主题有一定兴趣、但又不深入理解的受众，是参加社会讲座的大多数。于是，这场讲座是否成功，就往往不在于学术性强或者理论创新，也不仅仅在于演讲者要嘴皮子的能力，如"海派清口"，它只是娱乐而不是学术讲座，两者应有严格区别。我们在讨论这一类公共讲座是否成功时，必须强调"传"的特殊功能：首先是一种演讲技巧在起作用，即演讲者能否用通俗易懂的形式把受众们关心的专业问题讲清楚，但这还是表象的，受众身份里很少有真正的粉丝，当人们从各行各业走进会场，面对一个陌生的大学教授听他的讲座，他们真正企盼着什么呢？我以为他们这种接受教育的目的相当宽泛，期待也相当隐晦，甚至是无意识的，很可能这场演讲的主题并非是他们真正关心的目标，而他们需要的是，你在演讲过程中的某一个观点对他们有所启发，有所觉悟，帮助他们来思考他们自己的问题。这样，我们就可以对演讲者提出要求了，面对专业外的陌生的受众，你所要"传"的不止于专业题目，更重要的是，在预设的主题的背后，还有演讲者的人生态度。只有在更为广泛的人生态度的传播中，演讲者才能使自己的专业顺利转换为受众所能够了解的知识，并且引起共鸣。随着媒体节目的进一步开放，会有大量的座谈、访谈、对话类节目邀请大学教授发表见解，可能人生态度的权重还会进一步地扩大。

虽然我把传播学科知识、学术心得以及人生态度分作三种形式和三种对象，但是说到大学教师之"传"的本意，三者也是统一的。我一向反对大学教师在课堂上人云亦云，照搬教材，传播一些连自己也不怎么相信的所谓"知识"，或者不是真诚地把自己的人生态度告诉学生。我是提倡教师要努力将学科前沿的成果介绍给学生，学生走进大学的课堂，不是单单追求学科知识，他本身是带着各种人生问题、人生迷茫来学习的，一个好的老师不必包罗万象地解决学生所有的人生问题，但是在学科知识的教学中，如果有开阔的视界和真诚的态度，他在课堂上传播学科知识的本身，也包含了个人的学术研究心得以及人生的态度；相同的是，当我们在社会讲座上传播人生态度时，也同样离不开自己的学科背景和专业知识，大学教师走上社会讲台之所以能够取信于民，就是因为他有专业知识；

而学者经常发表研究心得，是对学科知识的提升，也是对教学品质的提升。三者功能不能截然分开。上课（包括讲学）、报告（发表成果）以及社会大讲堂上的讲座，统称起来都可以算作"演讲"。大学教师发表演讲是本职工作，课堂上演讲就是教学，会场上演讲就是发表学术研究成果，而站在社会讲坛上演讲，就是一种含有专业背景的人生"布道"。教学、科研和服务，正是大学教师三位一体的岗位所在、责任所在。所以，我三十年来从未放弃过三者合一的追求目标。我的大部分的生命历程，都是在这样的工作中度过的。

我的课堂讲义，整理出版过一本《中国现当代文学名篇十五讲》，这是根据我的讲课录音整理出来的，其他的演讲材料都没有好好整理过。尤其是现当代文学史的讲义，除了有一部分编入我主编的、已经出版和即将出版的文学史教材和专著外，没有完整地出版过自己的课堂讲义，倒是在我的学生那里，可能保存了各种版本的原始的讲课录音。另外一种就是各种场合的演讲稿。我的习惯是有了一个研究课题以后，总是把我的相关研究心得在各种演讲里表述出来，慢慢地听取反馈意见，逐步完善我的研究课题。等到课题完成，就作为正式论文发表了。但演讲稿与学术论文毕竟还是有很大的不同。有些演讲稿没有等到正式成文就被整理发表了；或者相反，我已经写完了研究论文并且发表了，后来又拿这个题目去演讲，又有人根据录音整理了一份演讲稿，并且发表出来。这两种情况都造成了同样一个题目竟有两种甚至多种不同的文本。现在收录在这个集子里的都是根据演讲录音整理的文本。至于学术会议发表的学术心得，一般都经过加工修订以后作为正式论文发表了，在此不计。

陈思和

2012 年 5 月 6 日写于鱼焦了斋

目　录

读书与做人

第一辑

第二辑

读书与做人

第一辑

我往何处去

　　写下这个题目时，我首先想起了波兰作家显克微支的一部小说，中文译名是《你往何处去》。说的是古代罗马暴君尼禄屠城迫害基督徒，使徒彼得惶惶走在逃亡路上，遇到基督迎面而来，对他说："你把我的人民丢在罗马城里不管，我只好自己去罗马，让他们再把我钉上十字架一回。"彼得大悟，于是返回罗马，为受难的基督徒祈祷，最后也被钉上了十字架。[1]我想彼得在基督徒中算是一个比较软弱的人，这在《圣经》里也有透露。所谓"基督君临"的幻觉正表现了他在亡命期间的内心纠结，是救世责任要紧还是个人生存要紧？这个问题困扰了彼得。不过彼得到底是基督的高足．他终于重进罗马城，用自己的血殉了自己的信仰。基督教不但没有被消灭，反而更加兴盛，甚至统治了一部分人类的精神王国。所以，"你往何处去"与"重进罗马城"精神联系在一起，成了一句激励人们勇敢地走向绝境、走向殉道的名言。但是在今天，这个口号可能

---

　　① 显克微支的《你往何处去》有多个中译本，这里依据韩侍桁的译本，上海译文出版社 1980 年版。

很不受欢迎，虽然它来自宗教，却更像启蒙主义者的口气，有人会提出质问：现在谁能担当基督的角色？谁能指点别人"往何处去"？知识分子的启蒙时代已经过去，还有什么资格来说三道四？所以，我只能取这句话的反意而用之，讲讲"我往何处去"，就像中国旧戏里一句流行唱词：自己的命自己算。由自己的处境，来谈谈知识分子在当代的文化认同。

我之所以有认同的自觉，是鉴于中国知识分子面临的困境，归纳起来大致有这样几个层面：1990 年代以来，中国社会发生了一场较为深刻的转型，由社会主义计划经济体制向社会主义市场经济体制过渡，原来设制在计划经济体制下的人文社会科学发生了相应的分化。[1] 有些学科迅速靠拢市场需要，研究人员大抵能在商品实现过程中直接分得一部分资本获取的剩余价值，如经济学、法学、社会学等，以及与决策部门相关的一些学科；也有些学科（主要是人文方面的学科）因为在市场经济运转中没有直接的可用性，便失落了其原有的社会地位，从事这些学科的研究人员无法在目前还不完善的市场经济体制中找到自己的位置，经济上相对处于贫困化。这种分化以后，人文学科的内在价值受到怀疑。其原因来自两方面：一是

---

[1] 中国经济体制转型酝酿了许多年，1992 年上半年邓小平南巡以后，发生了根本性变化，主要是在上海和南方的一些大城市里，商品经济迅速发展起来。平心而论，本文所展示的文化危机和知识分子"人文精神寻思"等问题，并不是市场经济直接带来的后果，而是在长期的历史发展过程中逐渐形成的。经济体制转型首先冲击了传统的道德观念和价值观念，使过去计划经济体制下被掩盖的负面现象一下子爆发出来。

原来在计划经济体制下的人文学科是权力的一部分，它在社会转型中渐渐变得不合时宜，趋于淘汰；二是人文学科自身的社会价值在一个急功近利的时代里得不到承认，新的"读书无用论"、轻视文化的粗鄙化思潮重新泛滥起来，并得到社会舆论的推波助澜。许多从事人文学科的知识分子对专业的前景失去信心。更有甚者，是一部分学者为了适应这样的社会转型，用虚无的态度来破坏专业的内在道德规范，进而也破坏（用时髦的说法是解构）知识分子自身的道德理想和社会使命。这在社会科学内部，表现为一部分人为了获得资本的分配，用专业知识去维护社会改革过程中出现的种种腐败、黑暗现象和不义行为，而不是依据专业知识勇敢地与之作斗争；在人文学科内部则表现为不断贬低、嘲笑知识分子的精英传统及其对社会的责任感，提倡知识分子应该"集体自焚，认同市场，随波逐流，全面抹平"的十六字诀。表面上看，这是一部分知识分子向市场经济的世俗文化认同，其更隐蔽的动机，则反映了人文社会科学正在向新的意识形态演变。更为发人深省的是，当一部分人文学科的知识分子面临这样的文化困境企图自救，呼吁"人文精神寻思"的时候，竟发现自己的声音那么微弱，理由那么不充足，几乎没有人能把这个可以意会却难以言状的"人文精神"解释清楚。① 知识分子应该成为社会良知，这种说法虽嫌陈旧，仍不失为一种激励，但问题是知识分子凭什么才能成为"良知"，光凭大胆与口才，能否成为被社会承认的"良知"，

---

① 关于"人文精神寻思"的问题，可参阅王晓明编的《人文精神寻思录》，上海文汇出版社 1995 年版。

或者说，知识分子依据怎样一种知识背景在社会上发言？这就涉及到知识分子拥有怎样的知识结构，认同怎样的知识传统，进而与当代社会转型构成怎样一种关系。

在目前中国学术界，构成知识分子梯队的大致有三个年龄层：七十—八十岁一代，六十岁左右一代，四十岁左右一代，每代之间的年龄相隔二十岁左右，二十—三十岁一代年轻学者在学术上尚在生长，暂且不论。已经定型的三代学人之间，各有不同的知识结构和传统。若以十五—三十岁为人生求知阶段，那么现在七十—八十岁一代人的受教育期，基本上是在 1930 年代以后完成的，也就是说，他们是"五四"新文化运动改变了传统知识结构以后的第一代受教育者。他们的知识结构带有鲜明的时代特征：一是学术专业化，无论是传统学术还是西方新学科，都建立起具体的学术专业，而不像传统士大夫那样，将治学与经国济世的大业联系在一起，学术与庙堂文化浑然不分；二是这一代学人大都进过新型学校，或者留学国外，接受了世界文化的营养，即使是从事中国传统文化的研究，其学术视野和研究方法也都是世界性的，摆脱了传统治学的狭隘民族主义立场。应该说这些特征在 20 世纪初中国士大夫阶层向现代知识分子转化的过程中已经一步步地确立，在这一代学人的治学中表现得最为完整。而后两代学人是目前中国知识界的主体力量，但他们的知识背景并不一样。现在六十岁左右的一代学人，其求知阶段是 1950—1960 年代，当时新的政权刚刚建立，主流意识形态通过对人文学科的改造，建构起一个革命乌托邦的理想图景，并借助教育和学术领域灌输给青年一代。从世界观而言，这一代人对乌托邦理想的认同取代了对前一代治学传统的继承，由 1950 年代共产风——1960 年代反修防修解放全人类——1970 年代无产阶级专政下继续革命——1980 年代四个现代化奔小康，逐渐演变成一种根深蒂固的乐观主义思路，以时代进步的信念制约自己的独立思考，这样的前提使学术专业又沾染了庙堂文化的色彩，学术发展似乎又经历了一次历史性的回旋。现在四十岁左右的一代则不同，他们的求知阶段是被"文化大革命"耽误的，直到 1978 年思想解放运动中才开始走上学术研究的道路。因为对"文化大革命"中泛滥的乌托邦理论深恶痛绝，他们在接受知识传统时往往跳过 1950 年代，朝更前的阶段追溯。1980 年代初，中国学术界的中坚力量正是老一代学者，他们在当时最积极的作用是将他们一代的知识传统、人格风范、价值取向等等直接传授给了年轻一代，使青年学人在知识背景上连接了 20 世纪中国知识分子的新文化传统。现在四十岁左右一代的学人，对 1950 年代以后的乌托邦文化几乎没有什么感情，制约他们理性思考的参照系，倒往往是老一代学者传授给他们的知识分子文化传统。同样面对社会向市场经济转型，六十岁左右一代较典型的思路是把它与 1950 年代社会相比孰为优劣，而四十岁左右一代人则更积极地从历史反省中去寻求知识分子在现代社会安身立命的可能。① 这样，学术发展似乎又经历一次历史性的回旋。

在以上的描述中，我使用了"新文化传统"这个词，更完整些说，是 20 世纪中国知识分子的新文化传统。这是相对传统士大夫的旧文化传统而言，并不以"五四"为时间和空间的限制，也不是有关"五四"以来新文化的专业知识，我是指 20 世纪中国知识分子开创的价值取向和人文精神，是超越具体专业的。关于这种精神上的承传性，可能在国外和中国台湾、香港的学者很难理解，但在中国大陆的学术领域里则相当强烈。我是以研究中国 20 世纪文学史为专业的，可以从我的专业范围谈些亲身感受。我在"文革"以后进入复旦大学正式受业时，有幸遇到贾植芳教授，他是胡风的朋友，因为胡风事件蒙冤二十五年之久。我在先生身边读书和工作，有些事给我留下了很深的印象。譬如有一天，大约是胡风集团冤案刚平反不久，我去先生家里，正好有许多客人聚会，神色很庄重，似乎是在回忆一些往事。那些客人都是胡风冤案的株连者。待他们走后，先生问我：今天是什么日子？我一想，正是鲁迅的生

---

① 举一个现成的例子，中国学术界讨论"人文精神寻思"时，有的知识分子提出这样的质问：你们认为市场经济使人文精神失落了，那么，计划经济就能生出人文精神吗？你们是不是要恢复 1950 年代的理想主义？有意思的是，像这样的疑问在四十岁以下七十岁以上的人中间是不会发生的。就以最初提出"人文精神寻思"的几个学者来说，他们可能对"人文精神"的理解并不一样，有的认为"人文精神"在明末清初顾炎武时代就失落了，有的认为是晚清以来逐步失去的，也有的参考了民国以来的知识分子道路，但不会有人怀恋 1950 年代的革命乌托邦，因为知识分子的历史不是从 1950 年代开始的，而那个时代的文化也不值得成为人类精神历史发展的重要参照系。所以，每一代人的知识传统不一样，对事物产生的联想、理解的方式也不一样。

日。先生告诉我，他们一些朋友在 1950 年代每逢鲁迅的生日都会聚在一起，缅怀往事，现在冤案平反，他们获得自由了，仍然没有忘记这个习惯。我当时感到奇怪，在那些客人里面，几乎没有谁见过鲁迅，他们对鲁迅的许多感受，很可能是间接地从胡风身上获得的，但是在他们受了二十几年苦难以后，首先恢复的却是这样一个近于仪式的传统习惯，这其中似乎有某种精神上的因素在起作用。还有一件事，是先生自己告诉我的。1936 年先生在东京留学时，偶然在书店里看到一本《工作与学习丛刊》，先生从刊物的风格立刻认出是鲁迅的传统，于是便寄了一篇小说稿去，后来小说被录用了，在编辑的来信中他才知道这本刊物是胡风编的，先生就此结识了胡风。[①] 这篇小说叫《人的悲哀》，即使拿到今天来读仍然是篇很不错的作品，里面的句子和意象处处都可以看到鲁迅的影响。这里似乎也有某种神秘的精神召唤在起作用。我在先生身边多年，可以说是有血有肉地获得一种"鲁迅—胡风"的现代知识分子传统的完整印象。其除专业精神外，还直接体现出中国知识分子追求理想、关心社会、重义轻利、坚持民间立场等高贵素质。在现代知识分子的道路上，如果没有这样一些高贵的素质，很难想象他们怎样在抗拒野蛮的权力和猥琐的世俗中挣扎过来。

　　我所认识的"鲁迅—胡风"的现代知识分子道路，是 20 世纪以来中国知识分子遗产中相当宝贵的一部分，它所展示的复杂内涵，多少能从文学史领域折射出新文化传统的某些特

---

　　① 贾植芳先生在《狱里狱外》（上海远东出版社 1995 年版）记录了这件事。

点。那么什么是新文化传统呢？ 20世纪中国知识分子到底有没有形成过一个"新文化传统"，即20世纪以来中国知识分子的学术活动中是否形成了一些有别于士大夫传统的新素质，不但对当时的知识分子有普遍的制约力，而且对未来的知识分子道路也会产生较持久的影响力？

　　我对这些问题的理解，是基于20世纪以来知识分子历史地位及其价值取向发生的变化，即士大夫的旧传统已经失去了生命力，不足以再成为知识分子安身立命的依据。我认为20世纪以来从士大夫传统向现代知识分子转型的过程中，最大的问题不是知识分子的"边缘化"，而是知识分子价值取向的转变，即学术从庙堂转向专业化和民间化。在以前的士大夫文化里，道统、学统和国家权力是一致的，天下之道通过学术传统来体现，而统治者的庙堂文化实际上就是士大夫文化，三者有机地联系起来，构成了古代士大夫的传统。士大夫的学术范围是笼统的，不分专业，无论人文学科还是自然学科，都是个整体，并通过政治活动来实现其价值。我把这种价值取向称为"庙堂意识"。而现代知识分子确立的标志，首先是将自己的学术活动与庙堂文化分清界线，使学术成为一种专业学科，建立起专业自身的价值体系。王国维在《论哲学家与美术家之天职》一文中率先指出：哲学家觉悟一个"宇宙人生之真理"或艺术家将"胸中惝恍不可捉摸之意境一旦表诸文字、绘画、雕刻之上"，由此获得的快乐，"决非南面王之所能易者"。[①] 他

---

　　① 王国维：《王国维遗书》第5册，上海古籍书店1983年影印版，第103页。

把哲学上的新发现和艺术上的新创作的价值看得与庙堂上"南面王"一样重要，这或许可以看作是现代知识分子价值取向的变化之始。当然，这种价值取向的变化并不是一下子完成的。在20世纪初第一代知识分子中，如章太炎治国学、康有为崇儒教，都不是单纯的学术活动。到了帝制推翻，中国纳入世界的格局以后，许多知识分子仍然想整合中西学术传统，演化出一套行之有效的新"道统"，主宰新的庙堂文化。① 且不说宣统复辟时康有为要用孔教来对应外国的宗教，即使是1940年代以后，在国民党兴盛时期会产生冯友兰的"贞元六书"，在共产党的兴盛时期有熊十力的上"六经"，以论证共产大同在中国古已有之。② 冯、熊都属于20世纪的第二代知识分子，到了第三代，也就是现在七十—八十岁一代的知识分子里，就找不到这种做"帝王师"的现实可能性。其原因当然是多方面的，但主要是因为20世纪中国被纳入世界格局，"现代化"成为中国政治、经济、社会发展的总主题，而"现代化"的模式都是以西方发达国家达到的文明程度为参照系的。西方国家并没有中国的古老文化传统，就独立地发展成今天的模样，而中国要照搬西方模式还不行，必须要将其融汇到自己的传统里去才能实现，这自然要多费几番手脚。

"五四"一代知识分子心急火燎地反"传统"，正是希望彻

---

① 文中关于中国知识分子的庙堂意识、广场意识和民间意识的阐述，请参阅拙作《试论知识分子在现代社会转型期的三种价值取向》，载《上海文化》1993年创刊号，收入《犬耕集》，上海远东出版社1996年版。

② 请参阅程伟礼著《信念的旅程——冯友兰传》、郭齐勇著《天地间一个读书人——熊十力传》，均收入"世纪回眸·人物系列"丛书，上海文艺出版社1994年版。

底消除传统文化的阻力，好让西方现代化在中国长驱直入，从而在西学的传统上重新确认知识分子的中心地位。这些"反传统"的知识分子心态仍然是传统士大夫型的，希望有个既适用西方又适用中国的新道统来"一揽子"地解决中国问题。但是在现代中国，庙堂文化、知识分子文化和民间文化"三分天下"的价值形态处于分裂状态，知识分子的"一揽子计划"没有一个会成功。胡适一生鼓吹的自由主义，适用于西学却走不进中国的庙堂；梁漱溟从事乡村建设，关心了中国民间问题却走不通"现代化"；到 1950 年代毛泽东从实践中发展出来的马克思主义成为一种权力意识形态以后，知识分子所操练的中西学术传统，成了一个专业性的学术部门而不再是治国平天下的道统。还是陈寅恪对这种形势看得最分明，尽管人们都说陈寅恪是个士大夫气质强烈的人，但恰恰是他，在国民党和共产党统一天下以后，先后两次高标"独立之精神，自由之思想"的旗帜，自觉地把知识分子的学术与庙堂文化划清界线，使知识分子的学术成为一种民间工作。[①] 而另一位学者钱锺书，也在默默无言的学术研究中，实现了这种知识分子立场的转移。[②] 他们之后，知识分子的知识结构和知识传统，都不再具备古代

---

① 陈寅恪关于"独立之精神，自由之思想"，一共提出过两次。第一次是 1929 年撰写的《清华大学王观堂先生纪念碑铭》，时值国民党完成北伐、统一中国大业之时；第二次是 1953 年，共产党建立政权不久，中国科学院邀请陈寅恪北上担任新组建的哲学社会科学部第二历史研究所所长时，他所作的《陈寅恪自述——对科学院的答复》，重申了这一主张。此件现在中山大学档案馆收藏。可参阅吴定宇著《学人魂——陈寅恪传》，收"世纪回眸·人物系列"丛书，上海文艺出版社 1996 年版。

② 参阅张文江著《营造巴比塔的智者——钱锺书传》，收"世纪回眸·人物系列"丛书，上海文艺出版社 1993 年版。

士大夫的素质。现代知识分子中也不乏从政或向庙堂献谋略的人，但充其量是基辛格式的智囊，并非是知识分子的传统理想。这是由社会政治结构的转型所决定，并非个人的才力。

直到今天，知识分子学术从庙堂化向专业化、民间化的转移并没有最后完成。虽然有陈寅恪、钱锺书这样的大学者筚路蓝缕，开创新的价值系统，但后继者毕竟寥寥。近半个世纪的中国人文学科领域竟没有出现过真正意义上的大师级思想家、哲学家、历史学家、文学家和艺术家。学术专业的价值坐标是依据本专业大师们所达到的学术成就来决定的，缺少了这样一种坐标系，专业的价值体系无法建立起来，也无法在承传过程中形成自己的传统。这当然有客观上的重要因素，如果社会民主和学术民主不健全，即使是真正的学术大师，也只能在忍辱负重的环境下坚持学术研究，这不能不损害知识分子的完整人格。陈寅恪晚年发出"著书唯剩颂红妆"的哀叹，略可领会其中的悲凉。但从主观方面看，知识分子对于这样一种学术立场大转移并没有自觉认识其意义，反而主动迎合主流意识形态来指导学术专业的研究工作，以期自己的学术成果获得庙堂的承认。说到底，现代知识分子的头脑里，依然留下了士大夫情结的残余。这在1950—1960年代有红与专相对立的教条主义，在今天仍有学术能否为上致用的潜在标准。

建立知识分子的专业传统和多元的价值体系，是完成学术专业化和民间化的根本举措，这又是一项长期、艰巨的工作，要靠几代知识分子的努力才得渐渐实现。余英时教授认为20世纪以来知识分子的"边缘化"是导致现代知识分子的悲剧，其实，"边缘化"是对政治权力的"中心"而言，知识分子与庙堂的分离，不仅使知识分子失落了原有的士大夫地位，同时也表明庙堂自身的转变，已经开始由集权体制向民主政治体制转化，这就意味了政权中心的一元价值体系也在发生变化，正如清帝国以后的民国政府。知识分子如果成功地建立起多元的知识价值体系，那么政治权力也仅是其中的一元，无所谓中心，也无所谓边缘，因此，知识分子离开庙堂的中心并非坏事，倒是一种积极的历史性变化。

回顾中国知识分子的道路，虽然在建立知识专业传统和多元价值取向方面步履艰难，成效缓慢，但在实现知识分子的另一个特性，即发挥社会责任方面却有很大的成绩，并积三代以上的经验，初步形成了现代知识分子的传统。中国现代知识分子身上本来就保留了旧式士大夫的忧患意识和以天下为己任的传统，他们离开庙堂以后，就自觉地在庙堂外搭建起一个"民间庙堂"，发挥他们议政参政、干预现实、批判社会的作用，并以这种自觉的现实战斗精神为一种价值取向，我把它称为"广场意识"。广场的概念与西方的民主政治和知识分子传统都有一定的联系，它的岗位可能是民间化的，如讲堂、学校、出版物等等，但内容则是士大夫式的，依然是在为国家设计各种方案，讨论什么政治模式有利于现代化，什么政治模式不利于现代化，于是"唯有什么什么才能救中国"的主题，常常充满这类广场的空间。广场的对象不是庙堂，而是民众，希望通过知识分子设计的方案，来改变中国民众的素质，形成一种与庙堂相对应的民主力量，来监督和制约庙堂。这与陈寅恪们在专业领域提倡"独立之精神，自由之思想"，与庙堂采取既不相迎、也不相斥的民间学术道路很不一样。自《新青年》以来，许多知识分子实践的都是这样一种价值取向。它有时也被一些从事实际政治活动的政党所欢迎，被用来宣传自己的政治主张，在1920—1940年代里，知识分子的广场总是受到民主运动的鼓励，成为反专制独裁的正义之声。

在这个传统上，我也许可以回到"鲁迅—胡风"道路的话题上去。鲁迅和胡风都是广场上的知识分子的杰出代表。正如没有陈寅恪、钱锺书这样的知识分子，我们就无法确立学术专业的价值坐标一样，假使没有鲁迅、胡风这样的知识分子，我们同样无法在履行社会责任感的层面上认同知识分子的传统。鲁迅和胡风属于两代人，大致是20世纪以来的第二代和第三代，他们都是有自己专业的知识分子。鲁迅不但在古代小说史领域独有建树，他的文学创作在现代汉语审美价值上也是开了新纪元的，而胡风，以文学批评为专业立场，以文学编辑为民间岗位，对1940年代以后的中国文学发展作出了积极有效的贡献，但是他们都没有把自己看作是纯学术或纯文学的知识分子。他们通过自己的文学创作和文学批评履行一个现代知识分子对社会的责任，成为广场上叱咤风云的猛士。鲁迅几乎是集现代知识分子阳刚之气于一身的典型，《新青年》时代的战友在1920年代以后有的重进庙堂，有的归隐民间，唯有他，始终昂然地站在庙堂之外，与社会黑暗势力进行面对面的肉搏战。他为中国知识分子所创立的一种战士风范，影响了几代人。如果说，文化的承传超过三代，即可以称为传统的话，鲁迅的传统应该成为中国现代知识分子中最尖锐、最持久的传统。尽管在1950年代以后，鲁迅影响下成长起来的一代知识分子先后遭到了清洗，但这种硬骨头的反叛精神，却在历史年代里仍然以各种形式保持了下来，直到今天，最年轻的一代履行社会批判使命的知识分子，仍然不约而同地聚集在以鲁迅为偶像的旗帜下。

那么，在鲁迅所代表的"广场"知识分子传统里，有没有负面的因素呢？我认为也是有的。既然广场意识本身是传统士大夫意识在现代生活方式下的延续，知识分子的思维定势中，不能不残留了士大夫情结。广场意识在"五四"时期达到了登峰造极的辉煌，但过后不久，一批最优秀的知识分子都在庙堂门口撞了墙。蔡元培在1927年支持国民党清党杀人，陈独秀1920年代以后在共产主义运动中闹出那么多风波，胡适1940年代掺和到国民党的选举中去，周作人当了汪伪政府的教育督办，无论如何都不应该说是现代知识分子的完美形象。唯独鲁迅，不但伟大而且完美，但是他这种完美，恰恰是以他自甘坠落到虚无的绝境中去换取的。鲁迅与其他知识分子一样，多少受到士大夫情结的制约，醉心于寻找一种一揽子解决中国问题的新"道统"。这在消极的方面，他自以为是找着了，那就是他持之以恒给以打击的"国民劣根性"，但在积极的方面，他始终没有如意，从进化论到阶级论，从尼采学说到俄式马克思主义，20世纪最流行的学说他都认真接受过，但又都被他老辣地看出了破绽。他与代表革命主张的政党先后都携手合作过，但又始终保持了现代知识分子的独立人格和自由追求，这就使他一生都在悲凉和痛苦中度过，[①] 所谓"绝望之为虚妄，正

---

① 请参阅王晓明著《无法直面的人生——鲁迅传》，收入"世纪回眸·人物系列"丛书，上海文艺出版社1993年版。

与希望相同"①这种令人毛骨悚然的警句，正是中国现代知识分子精神世界的深刻写照。这种以怀疑、绝望、虚无的反叛精神来开创现代知识分子的实践道路，本身就决定了知识分子广场意识的虚妄性，不是每一个实践鲁迅传统的知识分子都能够承受鲁迅那种深刻的内在矛盾的，所以广场上的知识分子很容易在反对庙堂的斗争中，不知不觉地向另一种庙堂转移立场，最终总是消解了广场意识。胡风的悲剧正反映了这个矛盾。胡风也是一个广场上的猛士，在与社会阴暗势力的无情斗争与保持知识分子人格独立方面，他都完美地继承了鲁迅，但是当他自以为获得了社会发展的先进立场后，他就幻想有一种能够彻底拯救中国命运的新"道统"将会出现，并把这种幻想建立在对庙堂权力的崇拜之上。他作为完美人格形象的最后一笔，是权力及时粉碎了他这种幻想。在绝望的精神地狱里，鲁迅是自甘坠落，而胡风则是被迫打入，从这一点上说，胡风是缩小了鲁迅传统而不是发展了鲁迅传统。

无论是鲁迅还是胡风，他们对社会黑暗势力的斗争，都是严格地坚守在自己的专业岗位上进行的。鲁迅不但用小说来挖掘国民的劣根性，而且用散文诗来表达自己所感受的深刻的虚无感，他后期用杂文写作来进行斗争仍然是一种文学创作，他终生都没有离开过文学的岗位和知识分子的民间立场。1930年代共产党在上海的领袖李立三曾希望鲁迅发表反蒋宣言，然

① 《鲁迅全集》第2卷，人民文学出版社1981年版，第178页。

后跑到苏联去避难，这个要求被鲁迅拒绝了。[1] 很显然，鲁迅是非常明白自己作为一个知识分子的专业岗位应该在哪里。同样，胡风一生虽然在政治上大起大落，但他自己的立场却从未离开过文学批评的专业，他因文艺思想而上书，而获罪，最终也因文艺思想为中国当代文学作出了别人不可取代的贡献。鲁迅和胡风都自觉地作为社会的良心与各种政治黑暗势力有声有色地展开斗争，但他们的战斗岗位，始终在自己的专业上，决没有成为一个浪迹天涯、包打天下的文化大侠。可惜这样一种传统并没有很好地被人们所继承。知识分子的专业立场，愈到后来愈被轻视，学术与专业知识几乎成了传递政治主张的工具。所以胡风以后的"广场"猛士，前仆后继的有，可歌可泣的有，但要从承传意义上为其价值取向提供新的分量者，一无足观。

因此，要说 20 世纪中国知识分子的实践中，究竟有没有一个新的传统？我想既可说无，也可说有。要说它"无"，是在我认识的 20 世纪中国知识分子传统里，一为学术专业化的价值体系，一为社会责任感的价值体系，两者都被残留的士大夫旧文化传统所压抑，以至窒息，犹如两道黑暗沉重的闸门。如果新文化传统冲不过这两道闸门，就不会有光明的去处，所谓"现代知识分子转型"也是一句空话。但要说它"有"，毕竟在前辈的实践中留下了一些宝贵的经验和业绩，可以由我们去继承，去接着做下去。鲁迅和其他现代知识分子先驱们所开

---

[1] 请参阅王晓明著《无法直面的人生——鲁迅传》，收入"世纪回眸·人物系列"丛书，上海文艺出版社 1993 年版。

创的现实战斗精神，虽然至今犹有人在自觉地继承，但若不与知识分子的学术专业化与民间化的转型结合起来，仍然会停留在"广场"的虚妄价值体系里，终究是缩小鲁迅传统而不能发扬光大；同样，学术专业化的转型若没有现实战斗精神的支撑，没有民间立场的坚持，不但无法贯彻"独立之精神，自由之思想"的专业理想，而且所做的学术工作，不过是权力的注脚，更无价值可言。这些教训和经验，在世纪回眸中俯拾皆是，在正要迈向 21 世纪的今天，不容我们不正视。

讲到这里，关于"我往何处去"的意思大致已经说完。我自己的"重进罗马城"，也就是重进自己的专业，具体地讲，回到文学史的研究中去，回到被各种意识形态肢解得面目全非的 20 世纪文学历史里去，重新发扬光大我心中的知识分子传统。对于我所整合、倡导的这一文学史传统，肯定会有人不以为然。因为自 1980 年代后半期开始，中国和海外知识分子就已经在不断反省 20 世纪以来的知识分子道路，这种反省到了 1990 年代变本加厉，几乎近于全盘否定。它包含了两种倾向：一种是希望否定以前主流意识形态构造的叙事传统，重新组合知识分子的传统，实现其内在价值的创造性转换；另一种则是站在消极的虚无立场上否定 20 世纪以来的知识分子历史，在他们的全盘批判中，这一百多年来中国知识分子似乎不但走了弯路，浪费了时间，而且还导致了中国的长期动乱和落后，简直是罪魁祸首。在他们看来，不但五四新文化运动不该发生，陈独秀、胡适不该提倡西化，连孙中山也不该革命推翻清朝，甚至谭嗣同也不该让自己流血推动变法改革，总之，知识分子都犯了激进主义的错误。我不知道历史能否这样的假设，但是我想，即使退一万步说，我们前辈走的道路有错误，也总有他们在当时不得不犯错的原因。现在离19世纪末不过一百年，许多历史背景都看得很清楚，如果我们站在20世纪末全盘否定这一百年来的知识分子传统，那么，等于重犯了我们前辈全盘否定两千年传统的激进主义错误。因为我不相信今天的知识分子还能重返旧时代的士大夫传统去安身立命，也不相信传统国学还能塑造出现代社会知识分子的灵魂。我们的路只能从脚下的那片土地上走起，这就是20世纪以来的若有若无的新文化传统。尽管没有四书五经作为我们的经典教条，但我们能在前人歪歪斜斜的脚印里感受其生命遗留下来的体温，鼓舞自己继续走下去，而且走得更好。如果我们连这一点知识分子的传统都要丢掉，那么，就只能继续在虚无的价值取向里随风飘摇，当然像鲁迅那样的知识分子是能够在绝望反抗中建立起虚无的价值坐标，但大多数人是无法这样仿效鲁迅的。那么，前面还有一条出路，就是不得不背离知识分子的广场和民间，重返庙堂。这也许是知识分子另一种"重进罗马城"的走法。

当中国社会又一次面临大转型，市场经济不但促使了物质文明发展的活力，也为知识分子实现精神劳动的多元价值提供了可能性，所以，对文化传统的认同成为当前中国知识分子迫切想解决的问题。以关于"人文精神寻思"的讨论为例，所谓"人文精神失落"之说，不是指知识分子在市场经济中失落社会地位和价值，而恰恰表现出知识分子在社会转型中认识到主体认同和内在价值取向失落以后的焦灼，所以才会发动讨论，集体"寻思"。近年来新国学热、后现代热、"新市民文化"热以及各种知识分子话题的讨论，多少都表现了寻找文化认同的焦灼心理。我想这种"寻找"是有意义的，知识分子只有认清了自己的处境和依据的知识背景，才能使自己的精神劳动成为一种自觉的劳动，共同建构起这个时代的知识分子传统。

尽管这条道路漫漫不见轮廓，但还是鲁迅说过的：其实地上本没有路，走的人多了，也便成了路。[1]

1996 年 4 月初在日本早稻田大学的演讲。主持人为千野拓政教授。演讲稿由坂井洋史译成日文，初刊日本《世界》杂志 1996 年第 6、7 期。中文刊《文艺理论研究》1996 年第 3 期。

---

[1] 《鲁迅全集》第 1 卷，人民文学出版社 1981 年版，第 485 页。

"五四"前夕思鲁迅：全球化时代如何造就伟大的个体

　　今年是 2016 年。在一百年前，中国文化新旧蜕变处于最激烈也是最精彩的时刻。从 1915 年到 1919 年，中国思想文化领域发生了很多事情。1915 年陈独秀主编的《青年杂志》即以后大名鼎鼎的《新青年》创刊，高举起"民主"与"科学"两面旗帜；1916 年经历了袁世凯称帝复辟的逆流，新文学运动开始酝酿；再往后 1917 年是胡适发表《文学改良刍议》，发起白话文运动，《新青年》阵营已经布局成功；1918 年，鲁迅发表白话小说《狂人日记》，李大钊开始介绍十月革命和马克思主义；1919 年，"五四"学生爱国运动兴起。这短短的五年中经历了三个"五四"：思想启蒙的"五四"（1915 年），新文学的"五四"（1917 年），以及学生爱国运动的"五四"（1919 年）。中国的命运由此改变。

　　现在我要问的是，在这个伟大的历史转折过程中，究竟是哪些人起了最重要作用？我特意查了一下，鲁迅是 1881 年出生，李大钊是 1889 年出生，也就是我们今天在座的 80 后一代的青年人；胡适是 1891 年生，与我们现在在读的博士们差不多年龄；陈独秀算是年长一点，他是 1879 年生人，也就是我们所谓的 70 后的"尾巴"，但他已经成了新文化运动的主将。那时候真正的长者应该是北大校长蔡元培，他是 1868 年 1 月出生，也是属兔的（丁卯年）。比我们今天主持会议的学者还要年轻。我想了一下，"五四"时期新文化运动的参与者里面几乎没有 50 后出生的一代。康有为才是 1858 年出生的，严复是 1854 年生的，但他们在新文化运动兴起时，已经被看作是过时的人物。而正是陈独秀、鲁迅、胡适这样一批 70 后、80 后和 90 后的青年知识分子，他们开创了现代中国的新纪元。他们所开创的时代，真正是年轻人的时代。

中国怎么会遇到这样一个风云际会的时代？那个时候，出生于 1860 年代末的蔡元培先生已经担任教育总长、北大校长，掌一代文化之祭酒。但是我们今天呢？这个念头在我脑海里萦绕久久挥之不去。中国的知识分子现状和百年前的中国相比，似乎滞后了十年左右。我们这一批出生于 1950 年代的学者，像在座的张福贵、孙郁，还有我，我们当中现在可能有的人当了大学校长，有的人成了知名学者，有了一定的话语权，现在似乎是可以做当年蔡元培先生做的事，肯定没有像蔡先生做得出色，但至少在做。而 1960 年代出生的一代学人，以及 70 后、80 后的学者，现在能不能发挥像当年陈独秀、鲁迅、胡适他们的作用，引领文化革命的风气呢？这我可不敢说。我们高校里的 70 后、80 后的老师们，可能还在为评职称、发表论文、争取科研项目，还有买房还贷等等的繁琐事情而烦恼。也许这样的环境决定了我们今天很难产生陈独秀、鲁迅这样天马行空的人。更不要说现在 90 后的青年人了，整个儿还没有登上社会的舞台。所以，说整个中国的知识分子现状比一百年前的中国要滞后十年，还是留有余地的。或许我们可以指责"文化大革命"耽误了十年的人才培养，我们也可以找许多其他理由来推诿，但我们以现在这样的姿态来纪念"五四"一百周年，我觉得是惭愧的，因为在"立人"的意义上我们似乎没有太大进步。

但是，我接下来还要问的是：当时的中国是不是只有陈独秀、鲁迅、胡适？这也是一个偏见。那个时代确实也有很多年长的学者在从事积极的学术工作。但我们现在编撰现代文学史和现代历史，开端就是"五四"，中国历史进入现代是从"五四"开始的。"五四"是照亮历史的灯塔，但是灯塔是有局限的，凡是灯的光照不到的地方，仍然是一片黑暗。"五四"以前或者"五四"以外的生活历史，比如当年一批五六十年代出生的"遗老"的工作，就不可能进入我们的视野之中。这样一种情况属于正常吗？从理论上来说，并非不正常，因为之所以会造成这样的历史，不是说当时的 50 后、60 后不存在，其实都是存在的，但是一旦遇到那个突变的十年，世界大势（世界大战、十月革命等等）与中国形势（民主共和）发生激烈碰撞，碰撞的结果就是诞生了革命性、创造性的 80 后、90 后群体，这是历史赋予的一个千载难逢的契机，缔造出了史无前例的新人群体。

我把这样一个现象，解释为中国文化发展中的"先锋"因素，"五四"新文化运动本身具有先锋性而非常态性的，像我们现在的环境是常态性的、按部就班的自然发展。常态的社会也许千百年来都是在慢慢地进化，而"五四"新文化运动之所以值得纪念，就在于它突然之间产生了"先锋"作用。时代范式一下子变了，历史话语权一下子被移交到80后、90后的青年的手中，由他们大踏步地向前迈步。这样一来，中国的命运就发生了改变，20世纪的中国不再是延续了两千多年的皇权专制笼罩下的国度。

关于"五四"的先锋精神，我想稍微多说几句。因为这是中国现代转型过程中产生的一个相当特殊的文化现象，中国历史上是没有发生过的。为什么会有这样千载难逢的机会，给这批年轻人创造了去改变中国命运的客观条件？这个条件不是权力机构给的，而是在中国思想土壤里刚刚崛起的民主意识突然爆发出强大力量。皇权专制体制突然崩溃，两千年的封建大厦哗啦啦地塌下，土崩瓦解，传统断裂，每个人的个人命运都有机会与国家、社会的命运联系在一起。这种巨大的创造能力就是来自于中国青年当家作主的意识。整个的"五四"新文化运动就是一个浩浩荡荡的青春运动，就是青年运动。我们现在为什么定"五四"是青年节？因为这是青春的，是青年的运动。在这个青年运动中，陈独秀和鲁迅没认为他们自己是青年，他们都是当时被认为是年长的一辈人，但是他们创造了一个青年的、青春的运动。我把这个运动界定为一种"先锋运动"。"先锋运动"是发生在一战前后的世界性文学文化思潮，在意大利、俄国、法国、德国都有发生，而在中国就产生了"五四"新文化运动。西方先锋运动对中国自然会发生影响，当时《新青年》《东方杂志》等刊物上就有很多介绍西方"先锋运动"的文章。以前我写过这方面的论文，现在就不多说了。我不做繁琐考证，主要谈谈"五四"作为一种"先锋运动"的特征是什么？为什么说它是先锋的？

　　首先，先锋运动对于社会秩序的猛烈冲击。它不是为艺术而艺术的自律运动，而是企图重新激活艺术与社会进步之间的关系，来打破陈旧、缓慢的社会进化轨迹，用激进的方法来批判社会，推动社会的快速进步。这样我们就理解为什么"五四"精英们对于中国传统文化以及现状做如此激烈的批判，甚至全盘否定。其次，这种批判的彻底性还表现在对于批判者自身也作了同样否定性的反省，批判者不是在批判社会大众时高高在上，把自己装扮成一个"神"，而是把自己也看作是旧社会的一员，在自我否定中强调自己必须蜕旧变新，成为新的人。鲁迅在《狂人日记》里最典型地描写了这种极端的心态。狂人发现了他周围的人都在"吃人"以后，渐渐地发觉一个可怕的事实：原来自己以前也是吃过人的。这样就把人类身上遗传而来的兽性普遍化了，任何人都没有特殊性。唯一的道路就是要每个人自己去反省、去觉悟、去克服自身的吃人本性，这样才能做新的人。需要强调的是，鲁迅描绘的这样一种通过自身的反省方法来完成自己的蜕变，正是一种个体的觉悟，让觉悟了的伟大个体从无所不在的庞大的社会传统中决裂出来，并且反过来与之对立与之斗争。

　　这就是作为先锋性质的"五四"给我们带来的伟大的"个人的发现"（郁达夫语）。鲁迅这种抉心自食式的批判精神和个人主义，在郭沫若的新诗、郁达夫的小说里也是可以处处体察的。不是某个先知先觉的天才意识到这些问题，而是整个时代的先锋性思潮决定了激进知识分子的意识形态。

　　鲁迅、郭沫若这一代人都有着一种大无畏的天马行空精神。他们不仅否定旧的历史社会，还否定了从这种历史社会中产生出来的自己，但这种自我否定不是消极的，而是把自己身上的坏的因素（历史遗留下来的旧因素）否定以后，就能产生新的生命因素。这个新的生命因素就是青春活力，就是最宝贵、最活跃、也是最单纯的、最充满力量的精神。而这正是我认为我们今天最缺乏的精神。我们今天的社会应该是80后、90后的舞台，应该由80后、90后们来讲"五四"、来讲鲁迅，来讨论应该从"五四"继承什么？否定什么？青年人应该是我们这一代的先锋。青年人要有自信来感受、响应时代对青年的召唤。但这需要青年人自己争取，如果你自己不争取，时代不会提供给你。"五四"时期也一样，也是靠陈独秀、鲁迅他们自己去争取改变自己的命运。青年人自己要充满活力，这样才能把我们国家带到一个新的未来。

然而，"先锋"也有自身的问题。先锋精神不会属于大多数，总是少数有先锋精神的人带动了大多数，"五四"先锋精神最后融汇到激进的政治斗争中去，与革命实践结合起来改变国家命运，那就是陈独秀、李大钊在共产国际支持下的建党活动，张国焘、张申府、毛泽东、周恩来等一批精英都加入进去了。"先锋"是一种具有革命性、反叛性的精神，它本身的存在形态都很短暂。先锋的文化运动最终会转移到实际的政治运动中去，欧洲的先锋运动也是这样。另一方面，当社会主流力量足够强大的时候，"先锋"也会慢慢被主流文化所接纳，"反主流"最终会成为主流文化的一道风景。反叛者一旦成了社会名流、著名学者、媒体明星，那就不再是"先锋"，而变成"常态"的一部分。像胡适、傅斯年一代人都是这样。

我们在这样一种对"五四"的认知下，再来讨论思考鲁迅所代表的先锋精神，有什么意义？鲁迅的哪一部分是当下的我们最值得学习的？现在所处的大时代、大环境，其实是不利于学习鲁迅的，因为今天是常态的时代而非先锋的时代。凡是在动荡年代、具有先锋思潮涌现的时代，鲁迅的形象一定是非常活跃的，大家都会把他当作精神旗帜。而在常态的时代又如何理解鲁迅？如果我们把鲁迅归入"常态"的文化系列中去，比如研究"鲁迅如何继承中国传统文化""鲁迅思想里的儒佛道""鲁迅怎样成为一个国学大师"诸如此类的题目，是这样来研究鲁迅？还是把鲁迅作为中国 20 世纪文化突变时代产生出来的一个伟大个体？这是我所思考的。

谈到这次论坛的主题——"拿来主义与文化主体性：从鲁迅传统看中国与世界"，我不是很理解。今天是全球化时代，我们登录互联网，我们进入任何一种媒体，我们走到街头巷尾日常生活，我们遇见的，还有没有纯粹的"中国文化"？可以说是没有的，我们遭遇的是全球化。哪怕一个最缺乏文化素养的人走进麦当劳，他也和全球文化进行了面对面接触。在这样一个时代，我们首先需要思考的当然不是"拿来"不"拿来"的问题，因为根本不需要你考虑这个问题，全球化时代的"常态"就已经是被全球文化覆盖了一切。我们要考虑的是，如何在全球化的常态中保持具有先锋性的个体？鲁迅这样的个体就是在痛苦的选择当中慢慢形成的。

我认为鲁迅的精神就是先锋精神，鲁迅的传统就是一种先锋文化的传统，鲁迅常常喜欢说，不管三七二十一，就这么做了。他比较偏激，喜欢持一种较极端的态度。这当然是我的一己之见，也许是外行话。作为一个对社会有超前认识的先锋，他肯定处于孤独之中。我认为鲁迅对自己深陷其中的孤独状态是不喜欢的，他是希望有集体，有团队，有新生力量来与他合作。鲁迅不是故意沉溺孤独的超人，他早年参加光复会，后来参加《新青年》阵营，参加广东的北伐革命，最后参加共产党领导的左翼作家联盟，他的人生的每一个阶段都在寻找中国社会最尖锐的政治力量、最具有革命性反叛性的群体，他一直站在最前沿的位置不停地进行选择，可每次选择和结盟以后，他又感到了失望，到后来总是一拍两散，他是在满怀期待过后又陷入失望，最终出走。这也是典型的先锋者的态度，永远激进，永不满足，不停地向前探索。

鲁迅晚年和周扬领导的左联发生冲突以后，他就不再向外寻找先锋力量了。他不愿再去接触比"左联"更加激进的社会组织（譬如托派），那时的鲁迅完成了独立的个体的战斗性格。晚年的鲁迅有意识地把萧红、萧军、胡风等都拉到"左联"的外面，有意识地培养黎烈文、巴金、黄源、赵家璧、吴朗西、孟十还等年轻人，却不再和别的政治力量进行组合。他聚合了这批年轻人，我们要注意到，这批年轻人的背后是当时的都市新媒体：文化生活出版社、良友图书公司、申报《自由谈》《中流》《译文》《作家》《海燕》等等十来家出版社、杂志和报纸副刊，还原当时的影响，就像我们今天的互联网。当时的新文学作家不太关注都市的大众媒体，新文学作家那个时候还属于学院派，或者左翼战斗团体，比较追求高大上。但是鲁迅却一直都主动参与媒体，将那个时代的新媒体人团结在一起，在上海形成了属于自己的非常独立的力量。鲁迅在他的时代，就已经很注意媒体传播与先锋精神的互动关系。很可惜鲁迅五十五岁就去世了，他的生命之火燃尽了，很多新的尝试也就无以为继了。

从鲁迅本身的战斗行为来说，他面对的从来不是"中外"问题，也不是"拿来不拿来"或者"寻找文化主体性"的问题，鲁迅是在不断抗拒社会主流、尤其是貌似代表全社会其实只是体现统治者主体的文化。于是他一直站在被压迫的社会底层的族群立场上，站在主流文化体系之外进行战斗，促使其自身的裂变，发展其成熟的战斗的个体，或者说是伟大的叛逆的个体。所以鲁迅是永远的先锋。抗拒奴化，强调立人，他一辈子都在自觉做叛逆者。今天我们面对的所谓全球化，几乎对它无法抗衡，在这样的文化氛围中，鲁迅作为伟大的"先锋"、独立的个体，他在中国给我们后代究竟揭示了什么？我们从什么意义上去理解、感悟鲁迅的传统？这应是我们今天的 80 后、90 后思考的问题。

2016 年 4 月 2 日在复旦大学中文系举办的"拿来主义与文化主体性：从鲁迅传统看中国与世界——纪念鲁迅诞辰 135 周年暨逝世 80 周年"高峰论坛上的主题演讲。演讲稿根据录音整理，初刊《探索与争鸣》2016 年第 6 期。

从鲁迅到巴金：鲁迅精神的当代意义及传承

从鲁迅到巴金，不是一个时间概念，而是一个特定的精神现象，我们可以把它看成是五四新文化一个最核心的精神传统。鲁迅是原创者，而巴金是继承者。巴金所代表的时代，是从"五四"开始形成的知识分子独立战斗、为中国社会进步作出主观努力的时代，而这样一个时代起源于鲁迅，虽不能说终结在巴金，但是我想这样一个时代跟今天已经有区别了。

什么叫做鲁迅精神？我认为，鲁迅精神里面饱含了一种战斗性和批判性，是一种激进主义的斯巴达精神。"灵台无计逃神矢，风雨如磐暗故园。寄意寒星荃不察，我以我血荐轩辕。"鲁迅的态度很明确，我必须战斗，哪怕所有的人都不理解，我还是要把热血献出来。鲁迅认为中国的老百姓是不觉悟的，他希望社会变得更加进步，但是这个社会拒绝他，老百姓也不理解，在这个时候怎么办？他就耗尽自己的生命去实践理想。他为什么要痛打落水狗？这是一种象征，那些坏人是不会改好的，你不把他打到底，到头来还是会反咬你一口。

我们可以讨论这种精神对或不对，你可以赞扬它，也可以反对它，但鲁迅的这份执著，至少代表了民族性格中阳刚的一面。我们的民族性格被从秦始皇开始的封建专制压迫了两千年，再残酷的压迫也会忍气吞声，也会逆来顺受，也会向邪恶一步步退让。而鲁迅身上没有丝毫的奴颜媚骨，像鲁迅这种敢爱敢恨的人，在中国不是太多，而是太少了。

鲁迅的批判精神是非常彻底的，彻底到什么程度？他连自己也批判，主张在批判别人的时候，必须从自己的反省开始。这一点很少有人去做。后来发展到巴金身上，也成就了巴金晚年写《随想录》提出的忏悔意识。

鲁迅精神里面还有一个东西，就是不断地自我更新和自我进步。一般来说人总是在年轻的时候比较激进，中年以后逐渐沉稳，晚年就成老顽固了。可鲁迅是一直在变，总是站在某个事件最前沿立场来批判社会。鲁迅在日本留学时曾与光复会一起反清，后来意见分歧就离开了。"五四"时期，鲁迅又跟《新青年》阵营结合在一起。1920年代，他跑到广东去参加当时最激进的国民党领导的北伐战争。1927年国共分离，鲁迅又跟国民党决裂了，转向了更加激进的共产党，参加了共产党所领导的"左联"。他几乎在每个时期都跟当时最激进的革命力量结合在一起，但总是不成功，晚年他又跟"左联"的领导人周扬闹翻了。

大家都认为晚年鲁迅很孤独。其实错了，晚年鲁迅并不孤独，反而思想更成熟了。鲁迅拒绝"左联"以后，并未倒向其他政党，而是独立在上海战斗。虽是独立，但并不孤立，在他身边团结了一大批青年作家，那些人自认为是鲁迅的学生，实际上鲁迅把他们当成一个新的战斗团体来看，最有代表性的是胡风和巴金。胡风是对鲁迅精神理解得很深的人，并始终站在左翼的立场上，另有一批人是站在自由主义立场上，为首的就是巴金。在鲁迅逝世的时候，这些人就是所谓的抬棺人，大概有十六七个，再加上没有抬棺的，将近二十个。我称这批作家是文学的"新生代"，他们在 1930 年代掌握了多份文学杂志，有那么多的都市新媒体团结在鲁迅周围，那是很了不起的，可以说晚年的鲁迅声势浩大。

鲁迅与当年文学的新生代，构成了一个非常亲密的同构关系，他们既是两代人，又同属一个团体，他们一方面批判国民党政权，另一方面又与周扬他们保持距离。这个团体一旦形成，最敏感的人就是左联领导人周扬，他看鲁迅不仅不接受他的领导，而且还把那批青年作家团结在自己周围，对他显然构成了威胁。当年的两个口号之争便是这样挑起来的。当然周扬他们不敢骂鲁迅，也不敢公开忌恨鲁迅，于是就恨鲁迅周围的年轻人，第一忌恨的人是胡风，第二个是巴金，还有黄源等人。而鲁迅则挺身出来保护巴金、胡风和黄源。周扬搞了一个文艺家协会，鲁迅不参加，他周围的人也都不参加。以巴金、黎烈文为首的作家们又起草了一份跟文艺家协会对立的宣言，叫文艺工作者宣言，表示支持抗日，追求进步。冯雪峰一看是自己人跟自己人打起来了，马上叫茅盾去做工作，让他在两个文件上都签字，既要团结鲁迅这批人，也要拉住"左联"的那批人，结果这件事处理得比较好。不久，鲁迅就生病去世。从整个矛盾爆发到鲁迅去世，大概只有几个月。

鲁迅去世以后，紧接着是抗日战争爆发，本来团结在鲁迅身边的那些人一下子都散掉了。周扬到延安以后就经营鲁艺，后来成为党内掌管文艺工作的最高领导人之一。在这个过程当中，鲁迅精神在国统区被他的学生们继承下来，最坚定的人就是胡风和巴金。在延安也有鲁迅精神的捍卫者和实践者，如萧军、丁玲等，但大都失败了。

胡风一直认为中国老百姓身上有封建专制压迫导致的精神奴役创伤，精神上有一道伤痕，这道伤痕是长期被专制体制的残酷压迫而形成的一种奴隶习性。所以胡风就号召作家首先要高扬自己的主观战斗精神，首先是要做一个战士，才能写出具有战斗性的作品，才能克服心里面的奴役创伤。当时有很多年轻人都受胡风这一理论的影响，写出了一批精神高昂的、具有战斗性的诗歌、散文、小说，形成了现代文学史上一个重要的文学流派——七月派。阿垅、绿原、冀汸、牛汉、彭燕郊、曾卓等都是七月派的代表诗人，还有写小说的如路翎、贾植芳等。后来《七月》杂志停办以后，胡风又创办了《希望》杂志，于是《七月》和《希望》就成为了一个流派。胡风通过他的杂志传播了鲁迅的精神，把鲁迅的战斗精神融化到具体的文艺理论体系中，影响了一大批年轻人。

另外一个是巴金，他把鲁迅的战斗精神融化到自身的工作当中。抗日战争时期很多年轻作家都流离失所，四处逃难，巴金主动搜集他们的作品，借助他担任总编辑的文化生活出版社，把他们的作品集结成书，再用版税、稿费支持这些作家渡过难关。有人这样说，如果抗战时期没有巴金和胡风为理想而努力工作，大量年轻人可能就不会走上文坛。巴金的一个朋友罗淑，因为产褥热去世，之后巴金把她的小说一篇一篇找出来编辑出版，传诸后世，否则这个作家现在谁也不会知道了。同时胡风还把延安地区的年轻人的诗歌拿到重庆来出版，扩大了解放区文艺在敌后的影响，所以慢慢地他们两个人的文坛地位越来越高，影响也越来越大。这便是鲁迅精神不死的证明。

　　1949年以后，大批解放区来的作家掌握了文艺工作的领导权，国统区作家还是比较失落的。但是巴金和老舍两个作家，仍然拥有崇高的威望。他们在文坛有领头羊的作用。老舍在抗战时期是文艺家抗敌协会的总务部主任，是实际领导人，领导着整个文艺界的抗战。老舍其实是个自由主义者，并不左倾，但是共产党团结他。1949年共产党建立了全国政权，那时老舍在美国，周恩来一次一次叫人带口信，让老舍回来。于是老舍就真的回来了，回来后担任了北京市文联主席，创作了大量的歌颂新社会的作品。巴金同样如此，我曾经问过巴金，问他为什么没有离开大陆？共产党有没有做过他的工作？他说做过，当年夏衍通过黄佐临带信给他，让他留下来不要走，所以巴金吃了定心丸，知道共产党不会对他怎么样。我觉得当时共产党新政权对巴金、老舍是非常重视的，沈从文就没有得到这样的待遇。统一战线为什么要团结老舍和巴金？因为他们在知识分子中间都有非常广泛的影响。而胡风又是另外一种情况，他本身是左翼作家，胡风没有料到将来自己会在政治上出问题，他一直认为自己是鲁迅的传人，是鲁迅最信任的人，而且鲁迅很多精神是通过他的努力来体现的。巴金的创作里也体现了鲁迅精神，他是把鲁迅那些先锋、前卫的思想大众化。比如鲁迅的《狂人日记》发表的时候，当时大家所能够理解《狂人日记》里的吃人的问题，就是封建礼教吃人。老百姓接受的是通俗化的理解，封建礼教吃人，吃人的是封建礼教。"礼教吃人"的关键传播者是巴金，巴金的《家》其实就是把鲁迅说的"吃人"演绎成"礼教吃人"，把"我曾经吃人"的核心思想变成"礼教吃人"，去描写大家庭里的年轻人，像鸣凤、梅、瑞珏是如何被封建礼教"吃"掉的。

通过这样一个过程以后，鲁迅的精神被保留下来。我觉得在胡风的身上，体现了鲁迅这种不屈不挠的精神；在巴金身上则体现了很深刻的自我反省精神。

复旦大学教授吴中杰写过一本书，叫《鲁迅的抬棺人——鲁迅后传》，说的是帮鲁迅抬棺的很多人后来命运都很坎坷，这里也有一个很重要的原因，就是周扬不能原谅1930年代左翼阵营的分裂。继承鲁迅思想、继承鲁迅风骨的人后来因各种原因都被打倒了，但也有侥幸者，就是巴金，他既没有成为"反革命"，也没有成为"右派"，而且在当时是一个很高的荣誉。周扬曾在文代会上表扬了中国当代五个语言大师，巴金就是其中一个，此外还有老舍、赵树理、曹禺和茅盾。

1927年，巴金看到国民党政府屠杀共产党的时候，他感到很愤怒，他忍不住要问：为什么北伐革命胜利了，军阀打倒了，中国人民应该过好日子了，可是国民党偏偏又开始屠杀共产党人了。为什么每当革命成功了，人民看到的不是欢乐，而是看到了屠杀。

在1950年代初期，丁玲还是作协领导，她要求巴金到朝鲜战场采访抗美援朝的将士，巴金先后两次到朝鲜去，回来之后写了很多歌颂志愿军的文章，在某种程度上，巴金内心非常复杂，他从苏俄"十月革命"的经验中知道，革命一旦成功以后，新政权为了巩固新生的政权，一定会镇压敌对势力。但很多知识分子都意识不到这种危险性，不知道这个历史经验，但巴金知道，他尽量把自己放低，低调做人，做成一个努力改造自我的人。但是他心里面很明白，这样的做法是违背自己良心的，也违背了鲁迅硬骨头的精神。

"文革"时期极"左"路线达到了登峰造极的地步，老舍自杀了，胡风被迫害患了精神病，巴金既没有自杀，也没有得精神病，忍辱负重地熬过去了，但同时也受了很多苦，被批判，被下放劳动。可是他坚持下来了，他太太萧珊顶不住压力，患癌症去世了。有很多人不了解巴金，觉得巴金和鲁迅距离很远，其实不然，因为巴金太了解这个社会，鲁迅也了解，鲁迅既了解这个社会，又善于斗争，巴金了解这个社会却无法斗争，但并不代表他内心没有是非，所以他就非常痛苦。

晚年巴金在"文革"结束之后，他痛定思痛，觉得自己不能再沉默，于是就产生了巴金晚年最重要的一部著作——《随想录》。在这本书里面我们可以看到鲁迅对他的影响，巴金从自我忏悔开始，讲述自己为什么会屈服、为什么会不讲原则、为什么不敢斗争。其实就像《家》《春》《秋》里面的觉新，牺牲了别人来保全自己。巴金对这样的人物典型写得非常好，就是因为他内心深处非常了解，自己身上也有这种软弱的因素。巴金在晚年大声疾呼要自我忏悔。很多人当时都说自己是"文革"的受害者，那罪恶都是"四人帮"造成的。可巴金说，如果仅仅是"四人帮"四个人，中华民族不会受那么大的损失，在打倒刘少奇的时候，全国老百姓都曾举手，这就是说我们每个人心里都有奴性。当巴金大胆站出来忏悔的时候，他恰恰复活了鲁迅的精神。

从鲁迅到巴金，这当中有曲折，比如胡风就被打倒了；也有屈服，比如像巴金在 20 世纪五六十年代的精神状态，但是最终巴金通过自己的忏悔，通过一代知识分子的教训，终于站出来恢复了鲁迅的精神。我把从鲁迅到巴金看成是一个完整的精神过程，这是一个经受了考验的知识分子的精神历程，今天在我们的面前完成了。至于这个精神以后能否成为知识分子、成为我们中华民族优秀的传统，就要靠我们一代代人的继承学习和发扬，靠我们后代人的努力了。

2011 年 8 月 20 日应《文史参考》杂志社邀请在杭州市浙江省图书馆举办的"文史大讲堂"上的演讲。主持人为王军女士。演讲稿由胡元整理，初刊《文史参考》2011 年第 9 期。

巴金研究的困难与展望

　　首先我对各位来宾表示感谢。大家来到复旦大学，这么闷热的环境，整整两天都聚在这里参与热烈的讨论。我心里非常感动，非常感谢！同时，这个会议给我的鼓舞非常大。巴金研讨会已经开到第九届，二十年了，有好几年，我一直有点担忧，这样的会以后还能开下去吗？昨天辜也平对我说，今年我们的论文集编出来有三十多万字。我就想到我们以前有好几次研讨会都没有编成论文集，当然没有编成论文集有很多原因，可能是经济问题，或其他问题，但有一点我很有感触，原来有很多论文质量不是很高，我们想找一些有突破性的观点编论文集就有难度。有一年我与辜也平一起编，把两届或者三届的论文选出来放在一起，才凑成一集。可是今年我觉得，不管提交了论文或没有提交论文的，或者即兴发言的，都非常精彩。昨天我坐在那里听吴泰昌先生、陈漱渝先生等好几位前辈的发言，我真的是讨厌这个掌握时间的闹钟，应该让他们讲下去，他们讲的内容非常宝贵，又没有写成文章，但是会议就安排这点时间，我感到非常遗憾。今天另有几位前辈的家属在座，像毕克鲁先生、吴念圣先生的发言，也被打断了，我也感到非常遗憾。还有很多来宾没有发言，像马绍弥先生，还有坐在后排的陈福康先生，他是著名的郑振铎研究专家，对于谁是巴金第一篇小说《灭亡》的责任编辑问题，提出过尖锐的批评。本来我很想请他在这里发言，因为我觉得只有通过不同领域的研究专家，如研究郑振铎的专家，研究冰心的专家，研究鲁迅的专家等等的参与，才能汇成一个气势磅礴的巴金研究阵营。因为时间不够，这个遗憾没办法弥补，但我衷心希望没有发言的来宾，或者没讲完的来宾，希望你们能够把论文修订好，补充好，我们一定会尽心尽力地把论文集编辑出版，把大家的声音都保存下来。

接下来我想谈谈我对这个会议的想法，谈不上总结，我是最不善于做总结的，大会总结每次都是李存光先生做的，但刚才他被记者找去了。我只能谈我自己的感想。

第一，关于巴金研究的理论视域问题。巴金研究有两个难点，一是巴金与"五四"新文化运动的关系，二是有禁忌。这两点，使巴金研究与别的作家研究区别开来。第一个难点是，巴金的一套话语，与从"五四"新文学发展出来、后来又被主流意识形态整合过的主流话语系统非常接近。比如，主流话语里说到"五四"新文学，常常会用"反帝反封建""人道主义""提倡个性解放""启蒙"等等概念，这些话语，巴金好像也经常用。这两套话语表面上是重叠的，正因为这两套话语的重叠，我们谈巴金，就好像是在按照主流意识形态的话语谈"五四"。我们现在研究"五四"，是有个大框架的，这个框架是通过主流意识形态把它营造起来的，然而因为这两个系统的话语重叠了，我们的巴金研究就容易被这个框架束缚住，所以，我特别重视这次会上坂井先生提出来的问题，他的论文就是对这种现象的质疑。"五四"新文学传统与巴金到底是什么关系？何为"五四"、何为新文学、何为传统？我们为什么要把巴金与"五四"新文学连在一起？这说明我们潜意识里还是希望把巴金作为"五四"新文学的一个代表，通过研究巴金把"五四"的精神传承下去，当然不是对巴金一个人是这样，还有如鲁迅、茅盾、冰心、老舍、曹禺等等，通过研究这一大批人，我们把这样一个精神传统传承下去，通过我们这一代人的研究，把"五四"精神传承下去。昨天我看了坂井先生的论文，听了他的发言，我自己也有反省。坂井先生提出的这个问题，是击中了我们研究巴金领域的一个要害。我注意到这次会议论文中，好几位代表都谈到了巴金精神与启蒙的关系，好多作者在讨论这个问题时都不约而同地引用了康德关于启蒙的论述，有的引用了福柯的论述，有的阐释了西方启蒙的一些理论。这些讨论，我也注意到了，但我想问：这些论述包括康德的论述，与"五四"到底有没有关系，有没有直接的关系？或者说"五四"是不是哪一个人，陈独秀或胡适，或者其他人，在读了康德的话或者读了启蒙主义的书来发起"五四"的？显然不是。至于后来的发展就更不是了。我们现在很多流行观点，捍卫"五四"也好，反思"五四"也好，解构"五四"也好，都有非常精彩的论述，但他们都是套用西方标准的主流的启蒙学说来分析"五四"的问题，而不是把"五四"经验作为一个启蒙经验，放入他们对启蒙的理论思考。如果中国的"五四"的启蒙运动，本来就不是在西方的启蒙运动框架下发生的，那么，我们凭什么要以他们的标准来看我们的"五四"？"五四"本身是非常复杂的。各种思想力量、各种西方思潮汇集起来构成了一个"五四"精神。但因为 1980 年代我们需要对"文革"的极"左"路线和现代迷信进行拨乱反正，需要提倡启蒙精神，那时候叫做"新启蒙"。站在新启蒙的立场上，我们先是把"文化大革命"包括"文革"以前的某些个人迷信、专制主义的倾向，定义归纳为"封建"的残余影响。说白了这也是一个策略，你不能说它不对，因为封建主义的许多特征确实在当代中国政治领域存在着，这也成为一个话语策略。这个策略一旦被确定以后，很多人就借鉴"五四"批判封建传统这样一种经验，来解释 1980 年代的思想运动。这样就造成了误解，好像"五四"就是启蒙，我们现在往往把"五四"文学说成是启蒙文学。我觉得这是一个简单化的说法。我们对 1980 年代也是一个简单化的理解。由于这样一个简单化的分析，导致了我们对巴金思想及其价值的相应简单化的理解。我们现在讨论"五四"一代作家可以用一样的话语，如我们讨论冰心也可以用人道主义、个性解放、反帝反封建、爱国主义等等话语。这套话语也可以用来讲鲁迅、巴金、茅盾、郭沫若、老舍等等。由于这样一个"五四"话语系统，束缚了我们对这个学科的理解。巴金研究走不出去，我们整个现代文学研究也走不出去，我们这个学科的发展被束缚了，我们今天的现代文学研究碰到的瓶颈，就在这里，这个瓶颈如果一旦打破了，很多理论问题就可以突破，如果这个瓶颈打不破，那我们研究巴金也好，研究其他的作家，包括"五四"新文学整体，都会遇到很大的障碍。

　　我曾经做过一点尝试。巴金先生刚刚去世的时候，我写过一篇题为《从鲁迅到巴金》的文章，我想解释"五四"这样一个发生很大影响的思想运动，是多元的，除了人道主义、启蒙主义、社会主义，还有其他非常重要的元素，我们过去没有注意到的，比如先锋文学。"先锋"（avant-garde）这个词，最早是法国的军事术语，18世纪被运用到文化领域，是被无政府主义者、空想社会主义者傅里叶、欧文用来形容乌托邦理想，也就是无政府主义、空想社会主义。由于无政府主义具有前卫性、理想性，所以它是先锋，先锋这个概念是这样引出来的。假定以此来理解"五四"，如果说"五四"新文学运动中，有一个非常核心的、激进的思想艺术运动，这个运动可以称为先锋运动。我们从鲁迅的《狂人日记》中就可以知道，鲁迅的《狂人日记》之所以与众不同，就是它具有先锋性，具有一种彻底的批判精神，连自己也揭露也批判，承认自己也吃过人，不管是有意还是无意，所有的人都吃过人。那种惊心动魄的寓言，那种非常欧化的语言，包括那种彻底的与周围世界决裂的精神，都是一般的人道主义所不可能达到的。人道主义强调人是完美的，人是伟大的，可是鲁迅在《狂人日记》里却毫不客气地指出：人是吃人的，人是有兽性遗传的，鲁迅在这里对人进行了自我批判。这已经冲破了人道主义，当然也冲破了启蒙运动，启蒙不可能讲人是吃人的。我觉得，以鲁迅为代表的先锋思想，以及这个先锋思想推动的文学运动，是整个20世纪文学的核心。先锋运动是短暂的，很快就被政治力量吸收了，真正的先锋精神，只能靠间断性的先锋运动来推动发展。巴金是继承了鲁迅的传统，又把先锋精神传播到大众中去的中介。这里具体就不讨论了。

所以在巴金的作品里，有很多因素，是"五四"精神，包括人道主义精神、包括"反帝反封建"等概念不能涵盖的因素，有一些超越"五四"范畴的因素。我再举一个例子，就以《家》为例。《家》里写了觉慧、觉民、觉新，巴金写觉民，完全是按照当时"五四"的时尚精神——人道主义、个性解放、婚姻自由等精神来塑造这个形象的，可是巴金在描写觉民的时候是带批判的，他认为觉民是个人主义，走不远的；而觉慧比觉民更大胆、更有希望与社会结合，觉慧才是青年榜样，当然就是安那其主义者，所以，觉民和觉慧的关系，就是巴金与"五四"传统的关系，或者说，是巴金与启蒙的关系。通过这样一种关系的考察，可以理解巴金在"五四"传统中代表了怎样的一种立场，其实这也不是巴金个人的现象，鲁迅也好，老舍、沈从文也好，都是溢出"五四"传统的，我们过去老是把作家往既定的意识形态的"五四"话语系统框架里装，现在我隐隐约约地意识到，我们研究这些作家，就应该把他们从被意识形态化的"五四"话语系统拉出来，看看这些作家与他们自身拥有的活生生的血肉生命是怎么贡献于新文学，贡献于我们这个社会的。这是我通过学习坂井先生的论文得到的一个启发。

　　巴金研究的第二个难点，就是有禁忌。研究鲁迅、茅盾、郭沫若，研究其他人，包括沈从文，都没有什么大禁忌，唯有研究巴金有两个禁忌，一个是无政府主义，一个是"文革"。巴金偏偏挑了我们这个时代最亟需突破的两个问题，别人最不敢说的两个问题，就好比鲁迅在"五四"时期提出了吃人的问题，别人不敢说，鲁迅敢说。而研究巴金呢？譬如说无政府主义的问题，经过二十多年的努力，无政府主义现在已经不是一个完全被禁忌的词汇了，可以自由讨论了。但是在实际境遇下还是会被遮遮掩掩的，巴金晚年写了这么多的创作谈，唯独不写《爱情的三部曲》，因为《爱情的三部曲》都是写无政府主义运动的，他在生命最后的阶段，想到一个词：理想主义者。他们是理想主义者，他总算找到了一个话语可以解释他的无政府主义战友了。为什么就不能说无政府主义呢？不就是因为我们今天有禁忌么？今天与会的有很多年轻人，如果你们将来在巴金研究这个道路上走下去的话，如果要真正研究透巴金的话，我觉得不研究无政府主义，是没法理解巴金的精神情怀。比如，"文革"以后所有的作家都在反思"文革"的时候，为什么只有巴金出来写了一部《随想录》，要忏悔自己？我们似乎觉得巴金胆子比较大，或者说巴金比较热情，但我觉得，巴金骨子里是有理想的，当他看到现实状况与他的理想不一样的时候，他就要思考，就像克鲁泡特金当年在"十月革命"以后被软禁，他就思考一个问题，为什么革命成功了，布尔什维克政权还在镇压那么多"反革命"？很多参加革命的人都被镇压了。他从这个角度思考、研究，从伦理学的角度写了本大书《伦理学的起源与发展》，巴金的思路与克鲁泡特金非常相像。他在 1927 年国民党建立南京政府后大规模屠杀共产党时，他重复了克鲁泡特金的思路，为什么我们北伐战争胜利了，国民党还要杀支持革命的共产党人？这是不可理喻的，革命胜利了，应该更和平更欢乐，怎么反而屠杀了呢？巴金这时候就翻译了克鲁泡特金的《伦理学的起源与发展》，当时他外文也不怎么好，西方哲学也不怎么熟悉，他翻译得非常辛苦，但是他把这本书译出来了。

巴金为什么在 1940 年代的小说《第四病室》里赞美了《甘地传》？因为甘地的无抵抗主义的失败，恰恰是巴金要思考的。关于印度殖民地人民经过了那么多年的斗争，最后独立了，可是独立以后反而开始自相残杀，而且残杀的规模比在英殖民统治下争取独立而死亡的人还多。本来反殖民主义是为了争取民族独立，可一旦独立了，伊斯兰教和印度教就打起来，甘地再绝食也没用了，他以前绝食是给英国人看的，英国人讲人道，后来他绝食给自己的人民看，那些人都不理他了，照样互相厮杀，他就绝望了。巴金思考的就是这个问题：为什么人类每一次革命胜利了，都要用杀人来作为第二步的工作？这是很奇怪的现象。这个问题用我们过去的理论，就是叫"无产阶级专政下继续革命"，对不对？不对。"文革"以后巴金做的工作完全是依循克鲁泡特金的思路，从伦理学上、从道德上、从自我忏悔上来写一部伦理的大书，就是《随想录》。这些现象如果不与巴金的无政府主义思想联系起来，不与他作为一个无政府主义者的品质联系起来加以考察，是没法讲清楚的。他说的什么"化为泥土"，什么"只知耕耘不问收获"，这样的话语都是无政府主义者的修身话语，不是巴金一个人专有的。在我研究巴金的时候，我有幸认识了吴朗西先生、毕修勺先生等等，还有我的导师贾植芳先生，这样一批老人，都是这样的。我有幸与这样一批老人交往，成为他们的忘年交，我觉得这批老人在精神上对我的滋养，远远超过我在复旦大学读的书，他们教会了我在人欲横流的时代，怎么去坚持自己的理想，怎么去实现自己的理想，在这一点上，他们整个造就了我，塑造了我这个人，所以，我觉得坚持理想主义是不能缺少的。

第二，我想讲的是，这次看到很多陌生的面孔，看到很多青年朋友，我很高兴。李存光那篇论文回顾了二十年来从第一届到现在第九届巴金研讨会的历程，我始终觉得，不管巴金先生健在还是已经不了，他的精神始终笼罩着我们，我们这些研究巴金的学者，二十多年来互相都非常亲热，都视为同志，我觉得这里就有巴金先生的精神在照耀着我们。现在开会规格高了，搞得很豪华，而以前每次开会，都是我和李辉还有李存光等很多朋友凑一凑，然后东拉一点钱西拉一点钱，我们坚持民间的立场和道路，就是要维持一种自由、快乐的工作精神。我本来是反对建立巴金研究会的，现在没有办法，出于发展、宣传巴老的精神事业的需要，只好成立了。只是我觉得，继承巴金精神是要靠自觉的，从我们每个人的心灵出发，为实践一点理想。这与建立一个组织、一个学会没有必然联系，更不是说，我们能够多耗费一点国家的钱来办会，把会办得豪华一点，就对得起巴金先生在天之灵。但是在今天又实在是一个没有钱办不了事的社会，在这个社会必须有个平台来推广巴金先生的精神，深入巴金研究的事业，所以我们成立了巴金研究会。但是我觉得根本之于我们的，不是学会，不是金钱，也不是权力，更不是各种方面的荣誉和利益交换，重要的还是我们自己要耗出自己的生命，耗出自己的精神来做这件有意义的工作。

我过去有些担心，每次开研讨会就像老朋友聚会。这次就不同，年轻人明显多了。这个事业，特别是在巴金先生去世以后，特别是在今天的社会环境里，有点回到1930年代。其实

1930年代也没有那么多理想教育，也是一个人欲横流的社会，也是商品经济的社会，也是一个人不为己天诛地灭的社会，如果不是这样的社会，就不会有巴金先生、冰心先生、沈从文先生等那么多的人站出来，为传播"五四"的理想去工作。他们也是当时的少数派，他们就像一片黑暗的天空中闪闪烁烁的星星，但是星星多了，就连成一大片，星空灿烂了。1990年代我和李辉还有几个朋友联合编过一个"火凤凰文库"，搞过一个基金，我们那个基金会是没有什么钱的，当年我想模仿巴金先生，恢复文化生活出版社的精神。名称没有意义，意义是在实际工作。我们当时只有很少的钱，这个钱还是我一个做生意的朋友捐的，他总是说要资助我出书，我真的成立基金会了，他就把自己的汽车卖掉，给了我十四万，十四万拿来我们编了多少书啊！现在出一本书出版社就要我们资助好几万，可那个时候我们用十四万做得有声有色。那时候就是一个理想，就是不为名不为利，当时我和李辉顶了很多压力，但就是这么过来的。这些事情就是要这么做的，在中国这个社会环境，你不想做的事，你就到处宣传嚷嚷好了，反正你也不做。但如果你真的要做，那就最好先不要到处嚷嚷，好好地埋头去做，才有成功的可能。

在巴金研究这个事业里，第一是我们要有理想，第二是我们的理论要有突破，第三是我们要有青年梯队，所以我们巴金研究会的工作，除了整理巴金的著述以外，更重要的工作是吸引更多的研究者。研究会现在开始施行招标制度，我们巴金研究会绝不把研究资料垄断起来，我可以保证，我们巴金研究会所有的资料都是公开的，我们会建立最完备的巴金研究的资料文库，我们绝对不为赚钱，也绝对不为什么名利，我们还设计了一些方案，要不断地吸引大家，无论哪个高校的研究生愿意写有关研究巴金的论文，本科生、硕士生、博士生都可以，我们的资料全部敞开，而且我们给予资助，如果写得好，我们资助出版，如果需要提供什么方便，我们都可以提供，用这样的方式，我想是会把很多年轻人慢慢地团结到我们巴金研究的队伍当中来。

李存光先生在开幕式那天发言的时候很感慨，我们的老师一代，王瑶先生、贾植芳先生等都已经过世了，巴金先生也已经过世了，过去是同代人谈巴金，现在已经变成下一代人谈巴金了，现在像毕克鲁先生也已经高龄，六十多岁了，所以，时间很无情。在巴金图片展的图片里，我和李辉还很年轻的，是本科生研究巴金，现在都已经须发皆白，再过几年我们都要退出历史舞台，所以，我衷心希望年轻人真心地投入到研究巴金的行列中来，研究巴金不是写篇文章拿点稿费，或者到上海来聚聚，做个票友。我们研究巴金，就先要把它当作一个理想的事业，这个事业是我们可以安身立命的，这样的话，即使有禁忌，有困难，有压力，正因为这样，才吸引我们年轻人来参加这样的活动。

最后，我还是要讲讲理想的问题。刚才有三位校长的发言，无锡的周校长、四川的陈校长，以及上海立达中学的凌校长与杜老师，杜老师是研究匡互生先生的，他们的发言都非常精彩。理想不是唱高调，我们每个人有自己的工作岗位，在自己的工作岗位上把自己的工作做好，这就是理想。出版也是这样，教育也是这样。我想如果巴金先生再回到人世间，巴金先生和毕修勺先生、匡互生先生、吴朗西先生，等等，他们还是会平凡地工作。刚才那几位校长，都是学校的领导，他们都有这样的决心，把巴金的精神，通过他们的教学实践，传播到孩子身上去，哪怕每届一百个学生里面有一两个学生真正感受到了理想的力量，我们这个社会就会有希望。在我们今天这个社会里，理想主义是受到嘲笑的，理想其实很简单，就是不计报酬，不计得失，默默奉献。过去毕修勺先生就是这样教导我，他当时八十岁，身体很好，还在翻译左拉，他对我说，年纪大了，可能不能把左拉的全部著作翻译完，他就先翻译左拉最难的一本书，这本书翻译完了，他就心定了。毕先生当时没有希望看到书的出版，可是他一直在翻译，这就是一种精神，他就是默默地奉献，默默地做。还有吴朗西先生，晚年的时候，他已经病得不能动弹了，有一次他用颤抖的手写了条子约我去他家，跟我说，他还想搞一个合作社，说现在社会老龄化了，我们现在每个人捐一点钱出来，可以办一个为老人服务的事业，将来可以保障老人的生活，说我们不要靠国家，我们只靠自己。这是什么心声？在这个时代当然是空想。可是他这么跟我说，我觉得有一种托付的意思，因为他已经没法说话了，说话都说不清楚了，他很生气在拍桌子，把茶杯都打翻在地上。我很理解他。这批老一辈的人，一直到生命的最后，始终在想着怎么为社会多做点实际的事情，而从来没想过从国家那里拿到多少钱。他们始终相信，人们可以通过自己的工作和奉献，来保证自己理想的纯洁性。这个想法在我们今天几乎是一个神话，但是我想，在 1930 年代这也是一个神话，但是在那个社会，就有这么一群有理想的人，他们顶着社会的压力，逆流而上，通过自己的实践，点点滴滴地在做，匡互生就是这样。匡互生是"五四"第一个点火烧楼的人，可是他从来不自我吹嘘，匡先生有那么高的荣誉和历史地位，但他就是埋头于社会实践中，办学失败再办学，最后把自己的生命都耗进去了。这种精神是我们今天最最需要的。

2009 年 11 月 26 日在复旦大学举行的"纪念巴金诞辰 105 周年暨第九届巴金国际学术研讨会"闭幕式上的演讲。研讨会由上海市作家协会、复旦大学中文系、巴金研究会共同主办。演讲稿根据录音整理，初刊编年体文集《耳顺六记》，云南人民出版社 2015 年版。

我的导师贾植芳先生

同学们好！尊敬的黎书记、刘校长，河西学院的朋友们，让我特别感动的是，我这次来张掖，没想到能遇到来自兰州的朋友——作家张存学和马步升，我们能在张掖相会格外高兴。因为时间关系，我今天下午就要回上海，所以只能有这样一个短促的时间与大家见面，但这是我期盼已久的。

我们的学校，从张掖师专到河西学院，都与我有密切的关系。1990年代初我刚刚评上副教授，第一次以我个人名义指导的硕士研究生中间，就有一位来自张掖师专的老师，从他那里我一直听到"张掖"这个城市及其历史文化，心向往之。很久以来，我就想有一个机会到张掖来，刘仁义校长实现了我的愿望。他高瞻远瞩，启动了复旦大学与河西学院校际交流计划，尤其是我导师贾植芳先生的藏书捐赠到河西学院，学院从校领导到图书馆工作人员极其重视，迅速而认真地把这些图书编号、上架、编目录输入电脑。我开始还在想，今天我只是来参加一个揭牌仪式，可能还看不到这些书，没想到我已经看到了这批对我来说非常亲切的书籍，就好像看到我导师本人一样。

在此我对河西学院的领导和图书馆工作人员表示崇高的敬意和衷心的感谢！贾先生已经离开我六年了，这批书应该是他唯一的遗产。

贾先生曾亲口对我说（师母也在场）："我们无子无女，也没有任何家产，所有财产就这几本书。"贾先生喜欢买书，散步时总是跑各家书店，有人劝他："你都这么大年纪了，还买书干嘛？"他说："读书人如果不买书了，还像什么读书人？"贾先生以前也说过有关卖书的话，那是开玩笑的，他说："一个读书人，如果沦落到要卖自己的书了，就好像要卖老婆一样的痛苦。"贾先生一生颠簸流离，1950年代前期，他在复旦大学教书，与师母住在一起，还收养了几个侄子侄女，难得的幸福安定生活。但是好景不长，1955年又被抄家入狱，师母后来也被送到青海劳改，家又破了。所以，他现在的藏书都是在1980年代以后慢慢购买积累起来的。贾先生去世后，桂芙与我多次商量，怎么处理好贾先生留下的这批藏书。

我很感谢陈晓兰，她主动向桂芙提出，把贾先生的书捐给河西学院。我也非常感谢河西学院接受了这些书！

贾植芳先生捐赠的图书中，没有古代善本或者很有版本价值的民国藏书，但是贾先生与图书的关系非常密切。他在退休前担任过复旦大学图书馆的馆长，大概是1983年到1987年，他工作到七十一岁才退休。再早些时光，我有幸认识贾先生也是在图书馆，但不是在学校图书馆，而是在中文系的资料室。1978年下半年，贾先生政治上还没有平反，但已经不受监督了，只是让他回到中文系资料室来工作。那时中文系资料室还是一个很小的房间。他来了以后，资料室面貌就发生了变化，因为有一个老人在那里不停地讲话，非常热情。我们在他的言行里一点儿也感觉不出他是个长期受迫害的人，他看我们同学在资料室里读书，不仅会主动给你推荐书，还会指导你如何阅读。

大一下半年开始，我和我的同学李辉在一起研读巴金的书。贾先生看到了，他主动对我们说："你们在读巴金的书，你们要不要看一看西方人对巴金的研究？"先生推荐我们读美国学者奥尔格·朗（Olga Lang）研究巴金的著作：《巴金和他的作品：两次革命之间的中国青年》（Pa Chin and His Writings: Chinese Youth Between the Two Revolutions），是英文原版。他借给我们看了以后，问我们觉得怎么样？我们就说，看了以后大开眼界。他又问我们能不能翻译几篇？那时我们已经是大二学生，但什么都不懂，也不懂什么是学术，什么叫做学问，文学又怎么研究。就在这个时候，一位老先生突然出现在我们面前，他让我们翻译这些外文文献。后来我们知道，贾先生当时正带领一个教师团队编辑巴金研究的资料专集。他不仅指导我们做文献翻译，还指导我们阅读巴金的著作，讨论巴金的思想。就这样，我们毫无拘束就与贾先生熟悉起来了。

我和李辉写的第一篇研究巴金早期思想的论文，是在贾先生具体指导下完成的。巴金在"文革"中被打倒，有一个很重的罪名，说他是一个"无政府主义者"。我们不理解"无政府主义"是什么罪名，我们阅读巴金的作品，读的是人民文学出版社出版的《巴金文集》十四卷本，读完以后觉得巴金小说里讲的都是革命啊、反抗啊，看不出什么无政府主义的东西，于是我们就写了一篇文章讨论巴金的早期思想，说巴金不是无政府主义者，而是革命民主主义者。文章写完以后，我们就向贾先生请教。贾先生就问我们："你们是一般地阅读巴金作品，还是要研究巴金？"我们说："我们要研究巴金啊。"（什么叫"研究"？现在想想有些汗颜。）贾先生就说："如果你们要研究巴金，就不能依据《巴金文集》研究他的早期思想。"为什么呢？因为这个文集是1958年到1962年编辑出版的，那时无政府主义被当作马克思主义的敌人，在中国受到了批判，巴金在编自己文集的时候，对自己以前的作品作了修改，把有关无政府主义的内容都删掉了。贾先生就对我们说："你们要真做学问，就不能看被修改过的文本，因为它不能真实地反映作家当年的真实思想。你们要去图书馆，找初版本来研读。"那时，民国时期的初版图书我们是看不到的，图书馆也不对我们开放，通过贾先生的私人关系，我和李辉就跑到上海图书馆、徐家汇藏书楼，就这样一本一本地看，从旧报纸、旧杂志中去找巴金的文章，对不同的版本做了校勘。从这个时候开始，我们慢慢走上了学术研究的道路。

我和李辉第一本合作出版的著作就是《巴金论稿》，人民文学出版社1986年出版。也是贾先生推荐的，他还为我们写了序。可以说，如果不是贾先生及时指导我们，我们可能也会写出研究巴金的文章，但观点和方法都是错的，研究的基本立场可能也是错的。后来我在巴金研究领域比较自信，因为我看过巴金以前的各种版本，还看过国外无政府主义的各种文献资料，理解就比较全面。这样我就知道了怎么追求学术真实，怎么实事求是地研究学问、讲真话。沿着这个道路，慢慢地成为一个学者。

我们对贾先生非常佩服。当时贾先生还戴着"胡风分子"的帽子，我现在想，我和李辉那时候与贾先生那么亲密地交往，可能是被人关注的。那时学校里也有一些老师会提醒我们说：贾植芳是个"胡风分子"，你们不要多接触。更有意思的是：后来发现贾先生的日记里记了很多我和李辉到他家里聊天、跟随他学习的事情，他却不写我们的名字，而写小陈、小李。这些日记，李辉帮他整理出版了，李辉问他为什么不直接写我们的名字，贾先生说就是怕以后万一牵连我们。后来先生就把我们带到他暂住的宿舍，先生住的地方很简陋，一幢小楼里住着许多人家，毫无隐私，先生的小房间里就是一张床，一个桌子，一个小书架。那时师母还在青海。先生一个人住在那里。我们经常在那个小房间里聊天、喝酒，吃一些花生米啊、酱菜啊。就那样聊天、聊天。

如果说，我对现代文学还有些研究，那么，这些知识主要不是上课听来的，而是与先生聊天聊出来的。跟着先生，听他今天说这些，明天说那些，慢慢地就把我引进了现代文学领域。我所知道的现代文学史上的许多故事和教科书里的内容是不一样的。历史细节不一样，认知价值也不一样。可能有的同学读过我主编的文学史，或者是我写的著作，你们就会感觉到，我的学术观点和主流教科书不太一样，这种"不太一样"，不是我杜撰的，而是与我受到的教育直接有关。那么，贾植芳先生给了我什么教育呢？为什么说他是"胡风分子"呢？下面我要讲讲贾先生与鲁迅、胡风这样一个新文学传统之间的关系。

　　贾植芳先生出生在山西襄汾的农村，少年时期在太原读初中。当时太原的成成中学是一所有名的中学，许多老师都是北师大的毕业生，他们把"五四"的火种传到了那里。初中毕业以后贾先生就去了北京一个教会学校读高中，在那里打下了英语的基础。高中期间他参加"一二·九"学生运动，被国民党政府抓到牢里。先生的伯父很有钱，是个买办。贾先生被抓以后，伯父花钱把他赎了出来，然后把他送到日本去读大学。先生到东京的日本大学学社会学，才读了两年，抗日战争就爆发了，他又放弃了文凭，回到国内来参加抗战。他伯父知道后写信给他，让他不要回来，在那边好好读完书，但他人已经跑到香港了。于是伯父再写信给他，说："你千万不要回中国，我马上给你钱，你到欧洲去读书。你不愿意拿日本人的文凭，那么你到欧洲去读书，也可以留在香港读书。"他伯父生意做得非常大，在香港都有买卖。可是贾先生血气方刚，还是回来了！1988 年，我陪先生访问香港，当年与他一起从日本回来的同学都留在香港做生意，退休后每天聚在一起打麻将。先生去香港，他们就去机场迎接他，请他吃饭，都非常开心。那时候我问先生："您当时如果不回来，可能现在也在香港当个太平绅士了。而您回国参加抗战，前前后后坐了几次牢，苦了一辈子。您觉得值得不值得？"先生亲口对我说："我还是会回来的。看到他们现在的生活，我觉得真的很无聊。"——这就是一个"五四"知识分子的精神！

　　贾先生参加了抗日部队在前线打仗，利用他的日语优势，在军队里搞宣传和翻译工作。在前线，他写了许多报告文学和战地通讯，发表在胡风先生主编的《七月》杂志上。先生在日本读书期间参加了东京的左翼作家活动，1936年鲁迅去世以后，先生在东京街头看到一本中文刊物《工作与学习丛刊》，他从刊物的编辑风格和作家阵容，觉得这是一个高举鲁迅文学旗帜的进步刊物。尽管他不认识刊物里的任何编辑，他还是把自己创作的小说投寄给刊物。不久，刊物就发表了他的小说。这个刊物的编辑是胡风先生。就这样，贾植芳先生与胡风先生，从通信、投稿开始，渐渐地成为莫逆之交。胡风先生是中国现代重要的马克思主义文艺理论家，他主编的《七月》杂志是抗战时期文艺界的一面旗帜，而贾植芳先生通过写作，成为一名"七月派"作家。

胡风是什么人？胡风是鲁迅先生最忠实的弟子。我们先说说鲁迅。鲁迅是一个不断追求进步的人，在动荡的20世纪上半叶的中国，鲁迅的思想非常激进，非常先锋，但也正因为先锋，常常陷入极度的孤独，甚至颓唐。鲁迅一生中多次与社会激进思潮结合在一起，对旧社会的形形色色进行批判。鲁迅早年在日本留学的时候，参加过反清组织光复会。但是不久以后他就发现，光复会的想法和他的想法有距离，光复会老是搞暗杀，而鲁迅不喜欢恐怖活动，就和他们脱离了关系。第二次是在辛亥革命，鲁迅又参加了绍兴的光复。绍兴光复的领导是绿林出身的，叫王金发，鲁迅与这些人走不到一起，于是鲁迅就离开绍兴，跟着蔡元培到教育部工作。1917年以后，鲁迅又与《新青年》阵营结合，与陈独秀、钱玄同他们在一起，参与了新文学运动，成为著名作家。没过几年，《新青年》阵营开始分化了。鲁迅跑到广州，在中山大学任教。大概没有多久，国民党发动清党，屠杀共产党，他又一次跟国民党决裂，跑到上海与共产党联盟，成了左翼作家联盟的精神领袖。可是没过几年，他与左联领导人周扬他们又闹矛盾，这时候，左联也面临解散了。鲁迅就是这样，他不停地寻求与中国最激进最先进的社会力量结合，在一起战斗。但他又很快会感到失望，再次回到孤独的状态之中。所以，鲁迅的一生其实是非常动荡的，一直在探索、寻求、失望与超越之中。

但是值得我们注意的是，鲁迅晚年与周扬他们决裂以后，他再也没有继续寻求外在的革命力量。1930年代中期，也有一些比共产党更为激进的反抗组织，比如托派，来争取、拉拢过鲁迅，但鲁迅拒绝与他们结成同盟。因为那个时候的鲁迅已经完全成熟，他在上海深深地扎下了根，团结了一大批青年作家、编辑以及媒体人在他身边，成为支持他独立作战的基本力量。其中最著名的就是胡风。

胡风是卓越的马克思主义文艺理论家。他是留日学生，在日本参加的共产党，然后从日共转到中共领导下的左翼作家联盟。参加左联以后他主要是写文艺评论，也写诗歌，艺术感觉非常好。他与鲁迅的关系密切，成了鲁迅忠实的弟子。鲁迅非常信任他。周扬与鲁迅的关系搞不好，就怪罪胡风，以为是胡风在挑拨离间，把鲁迅与左联的关系搞坏了。其实是周扬自己不尊重鲁迅造成的，但他把责任都莫须有地推到胡风身上，还怀疑胡风是内奸。

鲁迅与周扬等左联领导人决裂以后，就特别依靠身边的那群年轻人，我把这个年轻人群体称为文学的"新生代"。他们当中，为首就是胡风。胡风身边团结了一群左翼作家，如萧军、萧红、聂绀弩、叶紫、彭柏山等等。另外还有巴金、黎烈文、黄源、吴朗西、孟十还、赵家璧等等，凝聚的核心是巴金。同学们如果读《鲁迅全集》，就会发现，在鲁迅晚年的书信日记里，鲁迅经常会提到这些名字。也就是说，鲁迅周围有两群文学青年，一群是左翼作家，另一群虽然不是左翼作家，但都是追求进步的作家。在这个新生代群体中，与鲁迅关系最亲密的大概有十来个，都是非常活跃的年轻人。他们中间有两个担任出版社的编辑：一个是巴金，文化生活出版社的总编辑；一个是赵家璧，良友图书公司的青年编辑。还有十来个文学刊物，胡风编《海燕》，黄源编《译文》，黎烈文编《申报·自由谈》，后来又编《中流》，靳以编《文季月刊》，孟十还编《作家》，等等，还有一些编报纸副刊。两个出版社、十来个刊物，这在今天看来就是说，鲁迅掌握了上海文学领域的很重要的工具——媒体，鲁迅的力量非常强。所以说，鲁迅晚年的精神发展和组织发展都已经成熟了，他不再寻求激进的社会力量作为支撑，他可以独立地对抗国民党专制、对旧社会进行批判了。但是很不幸，鲁迅就在这个时候（1936年）去世了。所以我们研究鲁迅，看鲁迅晚年"两个口号"之争、"两个宣言"等等问题，其实都与鲁迅最后的道路选择有关，他就是把一批年轻人团结在周围，独立作战。鲁迅只活到五十五岁就去世了，鲁迅的突然去世，使这批年轻人失去了精神领袖。我们现在媒体经常说鲁迅去世以后有十几个人为他抬棺材，这些人基本上就是鲁迅身边的年轻人。

鲁迅去世以后，抗战爆发，这个文学新生代就分散到全国各地。以胡风为代表的一批年轻人在抗战中一直高举鲁迅旗帜。胡风主持的最著名的杂志就是《七月》和《希望》，通过这些刊物，胡风培养了一批青年诗人和作家，绿原、冀汸、路翎、我导师贾植芳等等，我们称之为"七月派"作家。这批"七月派"作家的著作，在贾先生捐赠的图书里都有，贾先生所藏的"七月派"作家创作的图书资料非常丰富。我翻阅捐赠书目，其中有些"七月派"诗人的著作，我也没有读到过。我前面已经说过，贾先生在日本留学的时候，因为给《工作与学习丛刊》自发投稿，结识了这个刊物的编辑胡风先生。虽然两人没有见过面，却一直保持着通信。贾先生的捐赠图书里有一本线装的《贾植芳致胡风书札》，就保留了当年的情景。当年的贾植芳先生还是一个热血青年，从日本回来赴前线作战，胡风先生就鼓励他，给了他一个"七月社前线特派记者"的名义，请他写前线的报道。后来贾先生写的作品主要就发表在《七月》杂志上。他们虽然称兄道弟，却没有见过面。

后来，贾先生从军队出来，写了一封信给胡风，说他到重庆了。那时的贾先生很落魄，认识了一批和他一起留日的学生，他们其实都与中共地下党有关系，以留日学生身份在国民党军报《扫荡报》工作。于是，贾先生也去了这个报馆工作，并写信告诉胡风，他在重庆的一个报馆里工作，但他既没有告诉胡风是哪一个报馆，也没有说他具体住在哪里。胡风接到信后，就匆忙地在重庆报界找贾植芳这个人。他并不认识贾植芳，只是想他应该在新华日报社，就跑到新华日报社去问有没有贾植芳，人家说没有。他又到别的报馆去打听，一家家问下来，都没有问到贾植芳这个人。后来，他问到了那批公开身份在《扫荡报》工作的留日学生，在一个记者房间，像今天群租房，很多人住在那里。胡风就问："你们知不知道有一个叫贾植芳的人，在重庆报馆里工作？"那天，贾先生上完夜班后躺在地上睡觉，身上盖了一件破旧的军大衣，听到后就醒了。就这样，他俩相识了。贾先生回忆说："这时我正忙着穿衣服，那是一套已看不出是什么颜色的灰白布军衣，我又黑又瘦，一副落魄的样子，一定使他感到意外又不是意外，所以显然使他竟有些黯然伤神的表情。他的眼睛湿润了，以至他竟顾不上围绕着他的那片亲切笑容，立即从长衫口袋里摸出一卷钞票，跨步递给还坐在地上的我，声调温和地说，'这是二十元钱，你过去在前方寄稿子来，还存有一点稿费'。"

　　贾先生与胡风认识的时候，胡风在文坛上已经惹了很多事情。胡风是一个从日本留学回来的马克思主义理论家，他对马克思主义文艺理论的理解，与中国左翼作家联盟领导人周扬所理解的马克思主义可能还是有些分歧。最早是表现在对马克思主义文艺理论中"典型"问题的理解上，两人的观点不一样。这种分歧和争论本来是很正常的，可是慢慢就发展成为宗派主义甚至是政治陷害了。鲁迅及时地支持了胡风，周扬感到很不爽。抗战爆发后，周扬去了延安，成为毛泽东文艺思想的权威解释者。胡风则坚持在国统区大后方，因地制宜地领导文艺界的抗战活动，培养了大批的青年文艺工作者。胡风的文艺理论也是在抗战中越来越成熟的。他与周扬之间的矛盾并没有消除，随着周扬担任了文艺界重要的领导工作，用今天的话说，就是掌握了话语权。从 1950 年开始一直到 1955 年，周扬他们发动过很多次对胡风文艺思想的批判，对胡风一派越来越不利。

贾植芳先生与文艺界宗派主义之争是没有什么关系的，他只是一个作家。当时受到中共主流理论家批判的，第一是胡风，第二是路翎，第三是舒芜，后来又加上了阿垅。但舒芜很快就公开发表检讨，还检举了路翎和胡风。在这个过程中，贾先生没有太多的卷入。因为解放后，先生在复旦大学担任教授，与文艺界关系比较远。更重要的是，先生的哥哥是贾芝先生。

贾芝先生现在已经一百零二岁了①，他是我们现代民间文学学科的创始人之一，早年是北平中法大学学生，诗人，读大学时他自由恋爱，与李大钊的女儿李星华结婚了。李大钊在1927年被张作霖军阀绞死时，李星华还小，是由李大钊的朋友周作人、刘半农等人照顾长大。后来，李星华要到延安去，贾芝就托弟弟贾植芳把李星华及其弟弟李葆华从家乡送到西安八路军办事处，转道去延安。他们的关系是很密切的。贾芝在延安时期已是鲁迅文学院的领导干部。

所以，在1950年代初的几年，贾植芳先生处在一个非常奇怪的关系里。一边是他的哥哥贾芝，李大钊的女婿，在文艺界担任了领导工作，与周扬是同一阵营的官员；但另一边，先生的朋友胡风又是与周扬他们对立的文艺理论家。贾植芳先生是处在两种对立的力量之间。1954年，贾先生到北京探望哥哥，他哥哥特意安排他与何其芳以及其他官员谈话，意思是让

① 贾芝先生2016年去世。享年一百零四岁。

他检举揭发胡风。如果他表态说站在他哥哥一边、站在周扬一边揭发胡风，可能他后来的遭遇就不一样了。但贾先生没有这样做！就这样，贾先生后来被抓到牢里了。在这种情况下，任何人都会考虑：一方面他哥哥是政治上的保障，他检举揭发，出卖朋友，他就会获得安定的生活；另一方面他的朋友胡风，注定是要倒霉的，已经被批判好几年了。可是就在那样一个时候，贾植芳先生很坦然地对他哥哥他们说：我与胡风是好朋友，我从来没有听他说过反革命的话，我与他在一起，他一直是宣传鲁迅、宣传革命思想、宣传马克思主义的，这样的朋友怎么会是反革命呢？——他就不相信胡风是反革命，不相信，他就遭殃了。

到 1955 年，"胡风反革命集团"正式立案，抓了一大批人，包括胡风的朋友、与胡风通过信的人、胡风日记里提到过的人等等，甚至有的人与胡风没有关系，只间接有联系，都受到牵连。贾先生在复旦大学有几个学生，也是他培养最着力的学生，比如古代文学专家章培恒，英年早逝的美学家施昌东，现代文学专家范伯群、曾华鹏等等。这些人都是贾先生钟爱的学生，已经把他们培养到公开发表文章、准备出书了。但贾植芳先生被抓进去之后，他们都被审查，被开除党籍，开除团籍，本来安排留校的都被打发到农村教书去了。面对这样的形势，贾植芳先生因为不肯与胡风划清界限，当然被列入反革命行列抓到监狱里去了。

贾先生一生，第一次坐牢是因为参加"一二·九"学生运动，第二次坐牢是在徐州被抓到日本宪兵队，第三次坐牢是1940 年代末，在复旦大学参与学生运动，第四次坐牢就是这一次，时间最长，连坐牢带出狱后被监督劳动，受迫害时间长达二十五年。人的一生才多少年？先生活到九十二岁，差不多四分之一就在牢里度过。

我在与贾先生一起喝酒、聊天的时候，他对我讲的，不是他在监牢里受了多少委屈，也很少说起受迫害时他遭到了什么困难，他不给我讲这些。他总是讲他的朋友们的故事，还有文学史上的故事，他讲胡风怎么样，鲁迅怎么样，郭沫若又是怎么样，茅盾又是怎么样。他本人就是一个活生生的文学史。他与我讲的茅盾与教科书里讲的茅盾是不一样的。他没见过鲁迅，但他与胡风的关系很密切，他通过胡风来传递鲁迅的信息。他讲的历史是一个活生生的历史。

这样，我慢慢地感觉到，一部现代文学史就在我的眼前展开了。如果我不认识贾植芳先生，我读现代文学史就与读古代文学史一样。古代文学史老师讲李白、杜甫、白居易、关汉卿、《红楼梦》等等，与我是没有关系的，他们不过是文学史上的一个个名字而已。同样的道理，如果同学们你们觉得自己与现代文学史一点关系也没有，那么，我在这里跟你们讲鲁迅、陈独秀、胡适、巴金……，对你们而言，也是文学史上的一个个名字而已，没有感情色彩，没有生命交流，对吗？但是因为有了贾植芳先生，对我而言情况就不一样了。我脑子里的胡风就是作为贾先生朋友的胡风，我脑子里的鲁迅就是曾经教育过胡风的鲁迅。这样一来，这些人与我的距离就完全拉近了。说到鲁迅的时候，贾先生叫"老先生"（一口山西话），他讲"老先生"的时候我就知道他是在讲鲁迅了，好像是很亲密的关系。还有比如讲到胡风生病到上海来治病，他去看胡风的情况，还有路翎有精神病，对着天空吼叫，等等。这样你会觉得，那些现代文学史上赫赫有名的或者在文学史上发生过重要影响的作家，一下子就到了你的面前。

我学习现代文学这个专业，感到幸福的就是我有幸认识了两个前辈先驱者，一位是贾植芳先生，一位是巴金先生。我研究巴金的时候，巴金先生的身体还挺好。我研究巴金，巴金就在我面前，他会跟我谈一些我不了解的事情，他会告诉我文章写得对不对。

这样一来，现代文学史对我来说，不是历史，而是一个现实环境，就是一代代人从鲁迅传到胡风，胡风传到贾植芳，贾植芳传到我。所以，我自己的感觉就是——我一直对学生这样说：

> 现代文学是一条河流，我是这条河流里的一块石头。不仅我个人，所有研究现代文学、从事现代文学的人都是这条河流里的石头。你们也是。这条河带着前人的生命信息，从我们身上流过去，流过去时把我们淹没了。但当河水流过我们的时候，就把我们的生命信息也带了进去。那么这个文学史就是一个活的文学史，是有生命的文学史。这样来理解的话，这个学科就不是一个外在于我生命的学科，我喜欢现代文学，就是因为我是存在于里面的，我是这里面的一个人，就像河流里的一块石头一样，我感到这个传统在我身上这样流过去。

很多现代文学的研究者都是这样培养起来的。北京大学现代文学的博士生导师王瑶先生，他是朱自清、闻一多的学生。我想王瑶先生在培养钱理群、陈平原、吴福辉等学者的时候，不会讲教科书上的鲁迅怎么样，他一定是讲朱自清先生当年讲的鲁迅是什么样，闻一多先生上课是什么样。对钱理群他们来说，朱自清是活的朱自清，闻一多也是活的闻一多。

我们这一代现代文学的学者就是这样培养起来，大家之所以都很有使命感，都对现代文学这个学科这么热爱，有一个很重要的原因，那就是我们有一点文脉相传，不是一个公事公办的老师在课堂上教给大家一些教科书的内容。当你进入现代文学史的时候，你就是这中间的一个人，你就是这个学科的一份子。作为中文系的学生，毕业以后你们可能当一个作家，你们就是当代文学史上的一个作家，对不对？所以，从某种意义上说，我们中文系的学生都是这条河流里的石头。将来如果你们去做老师，就会把这些知识再传播给你们的学生；如果去做一个编辑，就会编出最好的作品；如果当一个作家，就会写出最好的作品；如果当一个评论家，就会为这个学科发展做出你的独特研究……所有的人都是这个学科传统里的一份子，都在发展着这个学科。这样的话，我们与这个学科之间，就是一种生命相连的关系。我是一直有这种感觉的。

我在我的人生道路上遇到贾植芳先生、巴金先生，他们就给我定了一个研究格局。我的研究主要是现代文学的两个部分：一个是从巴金研究领域进入到思想文化、出版文化这个传统；另一个就是胡风研究，包括鲁迅研究，进入到"五四"传统的研究。这两个传统对我来说好像是一回事，都是让我融入到这个学科中。

现在我简单地来归纳贾植芳先生这个人。

第一，贾植芳先生是一个有理想的人。他不是一个无产阶级出身的人，他出身在北方农村的一个地主家庭。家里也不是没有钱，不需要靠两把菜刀闹革命。但他是一个自觉的知识分子，一个为了理想、为了国家而放弃个人一切的人，一个对这个社会有理想有担当的知识分子。

我前面说到过，贾先生的伯父是一个买办，很有钱。但伯父没有儿子，只有女儿。旧社会家业财产传儿不传女。抗战爆发先生回国抗战，他伯父对他说："你实在没地方混，你就回来吧，我就把你当儿子，我就把这个家产交给你，你去打理，你来管这个产业。"先生对他伯父说："伯父，你出钱培养我们去读书，不就是要我们做一个对国家有用的人吗？你如果只是要我去继承你的这些产业，我只需要跟你学做生意就可以了。你既然培养我出去读书长知识，我就不能继承你的产业了。"那个时代的知识分子与现代人的观念很不一样，认为做生意的人是不需要什么学问的，只要算算账就可以，有点轻视商人。所以我也在想，像贾先生那样，有家人送他出国求学，有家人给他丰厚的家产，这都是我们今天许多凤凰男苦苦奋斗的目标，可是先生就这样把财富、名誉、学历、前途，都轻轻地推开了，回到苦难重重的祖国，参与了追求民族解放的事业。

贾先生在晚年写了一部回忆录，叫《狱里狱外》。这是先生最重要的一本书。在这本书里先生也在想这个问题：我这样一生过来，值不值得？但是他想来想去，觉得还是应该这样。为什么？他说他是属于"五四"一代知识分子，他们受的教育不是怎么发财、怎么找一份好职业、怎么建设一个好家庭。而今天我们很多的教育目标恰恰就是这些，很多学生就是为了这些来读书的。而在"五四"那个时代，教育培养的目的、方式都不一样。当时教育人首先要做一个对国家有贡献的人，愿意投身到民族解放事业中的人，要成为一个为国家为民族有担当的人。其实，一个青年学生到底用什么来贡献国家？怎么来担当？他也不是很明白，但是他总觉得应该做一些更大的、对国家更有用的事情，不应该平庸地追求一己之幸福。这样一个志向，我们在现代文学这个学科里学习，特别有感受。

巴金先生也是这样。他一生写了那么多小说，是名满天下的大作家。1990年代末，有个杂志社要我采访巴金，请他谈谈对即将过去的20世纪的感想。我拟了一些问题先写信告诉他，然后再约定时间去拜访他。他自己准备好了，拿出一个练习本，写了一些准备要回答我的问题。你猜他怎么说？他也是说："我不应该当一名作家，我应该去做实际的工作。"我就问："您如果不做作家，那么您觉得做什么样的工作可以比现在对社会更有贡献？"他就笑了，说："所以我充满矛盾呢。"我很了解巴金老人，他早年一直想当一个革命者，从事实际的工作，要对国家未来的发展负有更大的责任。做作家写小说是无可奈何的选择，也是没办法，别的事业都失败了，只好去当一个作家。

当年的人，理想非常大，这个理想可能不是很具体，只是朦朦胧胧的一个追求：当一个知识分子。所谓的知识分子，就是受过新文化教育、对社会有担当、有大的贡献。所以对先生这一代人来说，家里有点财产，拿一个国外大学的博士学位，都是小而又小的事情，他们不会在意。就是这样一种精神，鼓励了一代又一代优秀人才的成长。我们今天回顾历史，就明白了为什么"五四"新文化运动会造就那么一大批优秀的知识分子，他们出国留学，到国外学了很多东西，可是当他们回到祖国时，想的不是升官发财，而是要为祖国作贡献。当年一大批留法、留日、留苏的知识分子都回来了，结果有的死在了国民党的监狱里面，死在了前线的炮火里，甚至死在自己阵营的极"左"路线的屠刀下，轰轰烈烈，可歌可泣。中国现代史上死了多少优秀知识分子？他们本来可以做别的事，可以在自己的工作岗位上做出成就，可是他们不想做，他们就想为这个国家有所担当。贾植芳先生不是一个成功的革命者，也不是那种伟大人物，可他是一个合格的知识分子。我觉得他一生追求的，是一种理想，一种抽象的信念。那是在我们国家最危险的时候，他不要国外文凭，不要家里财产，他要回到祖国来当一个普通的战士，在前线作战。你想他对祖国是多么的忠诚啊！

第二，贾植芳先生是一个有情有义、对家人和身边人有大爱的人。

贾先生对朋友有情有义，宁可自己遭殃也不肯出卖朋友，这在对待胡风问题上已经呈现出来了。这里我想讲讲他对师母的了不起的感情。

贾先生与师母是患难相交。他们结婚的时候，师母对他说："我跟你吃苦不怕，就是不要给我受气，受气不愿意，吃苦没有关系的。"结果他们一辈子受苦，苦得家破人亡。可是两个老人晚年还是相濡以沫地过完了悲剧性的一生。

我讲一件令人感动的事。有一年师母脑溢血，病得很重，躺在医院里不停发出悲惨的叫声，医院整个楼层都能听到。连医生都说病人没有存活希望了。一天我把先生接到医院，让他再与师母见个面。先生来了，紧紧抓住师母的手，高声地说："任敏任敏，你要挺住，别人那时候要打倒我们，我们没有办法，现在我们自己不要被自己打倒啊。"我当时就在他们身边，亲眼看到师母眼泪哗哗地流下来。第二天奇迹出现了，师母活过来了，变了一个人似的，沉沉地睡着了。后来，先生就把师母接回家，每天给师母量一次血压，量一次热度，四大体征要正常。其实先生并不懂医，他就是坚持这样做。就在那个时候，先生每天看着桂芙给师母量血压，量体温，喂师母吃一个猕猴桃，吃一根香蕉，吃一个苹果，这些东西都吃完了，先生就放心了。就这样，整整五年，先生在身边照顾师母，和她说话，说"任敏啊，今天怎么怎么样"等等。师母是植物人，虽然她听不到，但我觉得这就是爱，一种大爱。师母就这样在先生的关爱下又活了五年。

在今天这个时代，连做人的基本准则也变得模模糊糊。我们到处说要弘扬国学，还要到两千年前的孔子那里去找什么是仁，什么是义，可是我从先生那里就看到了一个现代知识分子的品行里，什么是忠，什么是义，什么是爱，什么是仁。做人，就是要做到仁，对国家就是要敢于担当；对朋友就是要有情义，要一诺千金；对爱的人，不仅仅爱人，还有对学生、对朋友、对世界，都要爱，要有大爱。做人无非就是这样。

第三，贾植芳先生是一个勤于学习的人，活到老学到老。一个真正的知识分子，任何时候都是在学习中。

复旦大学现代文学学科是贾植芳先生创建的，那是在1950

年代初，现代文学还是一门新兴学科。复旦大学中文系除了贾先生，还有著名的戏剧家余上沅先生，散文家方令孺先生，小说家靳以先生，民间文学学者赵景深先生，等等。当时贾先生培养了好几个立志研究现代文学的学生，指导他们写现代作家评传，分别研究冰心、王鲁彦、郁达夫、朱自清，先生还为他们找了出版社，准备推出他们的著作。那时候，现代文学作为一门学科，正在建构所谓鲁郭茅巴老曹的新民主主义的经典模式，但先生指导学生的关注点完全不同，他重视的是有创作实绩的自由作家。后来贾先生被冤案所累，他的学生也都受到牵连。范伯群、曾华鹏两位先生在艰难中坚持合作研究，一起完成了郁达夫、冰心、王鲁彦的评传，贾先生这一师门传统得以光大发扬。

"文革"后，贾先生已经是六十多岁的老人了，中文系又给他安排了新的任务，希望他主持建立比较文学学科。因为那时中文系老师的外语都比较差，而贾先生懂日语、英语两种外语，就请他创建比较文学学科。他为了了解这个新的学科，认真阅读了大量的中外相关书籍。我们从贾先生的藏书中也可以发现，比较文学方面的图书比较齐全。从 1980 年代中国开始建立这个学科起，贾先生就是创始人之一。他不断地学习，组织我们阅读翻译国外的汉学家著作、比较文学的著作，研究中外文学的关系，还承担了"外来思潮、流派、理论在现代文学史上的影响"等国家社科项目。这项工作完全是从零做起，一点一滴，最后就创立了比较文学学科，组建了比较文学的研究团队。

记得有一次，贾先生让我给他买一本叔本华的《作为意志和表象的世界》，商务印书馆出版的。我送书过去时，有几个朋友在聊天，一位朋友拿起书看看封面，说，老贾你还买这种书看？我们早就不看这些了。先生连连点头，说，要看的要看的。我看他也是一脸无奈的样子。先生就是这样，有时候他也感到力不从心，但是学校交给他的任务，他总是勉力去做，而且尽力把它做好。

贾植芳先生在复旦大学创建了两个学科，是复旦中文系现代文学、比较文学两个学科的奠基人。同学们可以去看贾先生的藏书，他的书很多是比较文学的，有些书可能现在市面上已经找不到了。如果同学们当中有人想学习比较文学，可以在贾先生的藏书里找到第一手的资料。

时间过得很快，我可以讲很多关于我导师贾先生的事情，但由于时间关系，今天就先这样简单地做一个汇报，以后如果有机会，我还会来河西学院，和同学们交流，谈贾先生，谈各种各样的学术问题。

谢谢大家！

2016 年 7 月 7 日在河西学院作的学术讲座，原题为《做人与作文——我的导师贾植芳先生》。主持人为刘仁义校长。演讲稿根据录音整理，初刊《史料与阐释》第 4 期。

回顾文学道路四十年

改革开放四十年，从理论上说，是从 1978 年 12 月 18 日到 22 日的中共十一届三中全会召开算起。从那个时候开始，中共决定了改革开放的正确路线。在这之前的差不多一年中，值得回忆的事情还是很多：2 月份是恢复高考的第一届学生（77 级）进入高校；5 月份是关于《实践是检验真理的唯一标准》大讨论的开始，中共高层开始批判"凡是"派；8 月份《伤痕》公开发表，掀起"伤痕文学"的思潮；10 月份话剧《于无声处》发表，正面歌颂了"天安门事件"的英雄；11 月份，北京市委为"天安门事件"平反；紧接着，中共中央正式为反右运动中被错划的"右派分子"平反，文艺界王蒙等一代中年作家复出，掀起了"反思文学"思潮。十一届三中全会以后，思想解放运动在中国大地轰轰烈烈地开展起来。

没有思想解放运动，中国人不可能打破思想牢笼，后来的改革开放也无从做起。一切都是从思想觉悟开始的。四十年前的今天，我已经考上了复旦大学中文系。77 级的大学生，是恢复高考的第一届大学生，应该是 1978 年 2 月进校。但我是第二批被扩招进校的走读生，比第一批的同学要晚些时间入学，是4月份进复旦大学中文系上课。进校后第一件引起我注意的事情，就是卢新华写的《伤痕》。在文学意义上的思想解放运动，复旦大学是作出过贡献的。《伤痕》的稿子贴在学生宿舍的墙报上，观看的人挤得满满的，上下楼梯都不能走了。《伤痕》的名声就从这里传出去，传到社会上，后来形成了"伤痕文学"的思潮。

《伤痕》引起的争论最早出现在中文系的课堂上。那时候"文革"时期的什么"三突出"等文艺理论都已经被批判了，我们读的是"文革"前以群主编的《文学的基本原理》，还是原来提倡的主流理论，其中有个主要论点，就是塑造"典型人物"。所谓"典型"，就是要揭示出人物的阶级本质，那么，就如恩格斯所说的伦敦东头的工人形象就不能以消极落后、不觉悟的面貌出现。当时正在揭批"四人帮"，所以呢，文学作品中的典型人物就要塑造与"四人帮"作斗争的"英雄"，而《伤痕》写了一个因为迷信"文革"及其发动者权威的女孩，她参与了对自己母亲的迫害，与母亲划清界限，最后母亲死了，她后悔莫及。这个故事同时也赢得了读者的同情。这样的人物算不算"典型"？这样的悲剧能不能成立？在文艺理论上就有了分歧，按照当时的主流理论来说，王晓华这个人物应该受到批判和清算，但现在作者用同情的立场写了这个人物，那就是政治上不正确。我记得我们77级的辅导员曾经很诚恳地与我说，他有点想不通，为什么这样一篇小说，那么多的读者都认为是好作品，都支持这篇小说，可是从事理论的专家却总觉得它有点问题。事实上就是，《伤痕》的创作触犯了当时文艺理论的主流观点。如果《伤痕》是正确的，那么，文艺理论上的典型人物的问题、社会主义有没有悲剧的问题、如何表现社会本质的问题、人性论还是阶级论的问题，等等等等，一系列主流文艺理论教条都受到了挑战。但是当时的情况是，决定一部文学作品是否优秀是否成功，不再由理论家来说了算，广大群众阅读了《伤痕》，反响极其热烈。卢新华每天都收到一大叠读者来信，都是支持他、赞扬他、向他倾诉读后感的。（这些读者来信，卢新华都把它们捐给了复旦大学图书馆，我们都做了电子数据库，欢迎大家来查阅。）后来官方也表态了，我记得是1978 年 9 月 2 日，《文艺报》正式开座谈会，讨论《班主任》和《伤痕》，"伤痕文学"的提法开始流传开了。也就是说，当时的主流理论界终于认可了离经叛道的《伤痕》。

不过说起来还是很有意思的。当时关于"伤痕文学"的解释，总是把刘心武的《班主任》放在前面，《伤痕》放在后面，隐含的意思是，《班主任》似乎更加正确一些，容易接受一些。后来的文学史谈到"伤痕文学"思潮，更多的是以《班主任》为代表，《伤痕》反而谈得少了。最近我看到什么刊物搞了一个改革开放四十年"四十部最有影响作品"的提名，没有《伤痕》，却有《班主任》。这就证明了我的猜测。其实，要从"伤痕文学"基本定义去衡量，《班主任》不是伤痕文学，它更像是一篇"反思文学"的先驱，主人公是正面人物，由正面人物来反思"文革"中对青少年愚昧化教育的教训，这符合反思文学的特点。为什么要把一篇属于"反思"性质的作品归纳到"伤痕文学"中去呢？从文学史发展的角度去理解，就是先有"伤痕"后有"反思"，然而实际上，刘心武的《班主任》已经具有了反思的内容。当时的人们还没有把两者分得很清楚，就把两篇小说放在一起谈了。不出一年时间，"伤痕文学"思潮基本上被边缘化了，"反思文学"继而崛起，很快就成为新时期文学的主流。

在这样一个短短的过程中。上海的文艺创作走到了时代前头。《伤痕》触动了这个时代的"魂"，把老百姓说不清楚的对"文革"悲剧的认知，一下子给捅开了，民众的情绪就此爆发出来。在北京，这时候也出现了相似的文学思潮，如《今天》为代表的诗歌。《今天》文学思潮是以民间思潮的方式呈现出来，因此更加激烈地表达了文学与政治的关联，北岛的《回答》说出了一代人的心声，当时在校园里，谁不会背诵北岛的诗简直是丢人的。"伤痕文学"思潮尽管也有激烈批判"文革"的政治立场，但它毕竟是公开出版物，有时候还会有一些"光明尾巴"之类的设计，即使这样，"伤痕文学"还是引起不少争议。在上海的非专业文艺创作中，不仅出现了小说《伤痕》，还出现了话剧《于无声处》，公开赞扬当时官方还没有公开平反的"天安门事件"，这也是文艺走到了时代政治前头的典型事例。就这样，新时期文艺在诗歌、小说和戏剧三个领域都拉开了大幕。时间都在中共十一届三中全会召开的前夕。

为什么文艺会走到时代政治的前头？这就是文艺具有的特殊功能。一个大时代转型的时候，旧的理论体系崩溃，新的理论话语还来不及产生，思想界、理论界都来不及建构起说明社会转型实质的话语体系，这个时候，最能够把时代精神特征超前表现的，只能是文学艺术。因为文学艺术的创作不是依靠成熟的理论建构，而是依靠敏锐鲜活的感知能力，文学需要新鲜事物的刺激，它依靠一种贴紧时代、但又是模模糊糊的艺术感觉，就能够把大多数人对时代的认知活泼地表达出来。用今天的眼光来看，我们可能会觉得"伤痕文学"比较稚嫩，但是它确实起到了社会转型的催化作用。就像《汤姆叔叔的小屋》被说成是一部小说引发了一场战争的功能一样，我觉得在改革开放初期，文学艺术把它的政治批判功能发挥到了极致，产生了极大的社会影响。这是我非常强烈的感受。

这也是改革开放以来，所谓新时期文学发展的第一个阶段。"伤痕文学"以后的"反思文学""改革文学"等等，都可以作如是观。

新时期文学发展的第二个阶段，是从1985年"寻根文学"开始的，文学艺术逐渐形成了它的自觉意识，也就是说，文学艺术真正走向了成熟。从"五四"新文学开始，文学主流一直是"为人生""为大众""为工农兵"……，其背后有着强烈的社会革命的政治诉求在起作用。所以，文学与政治总是非常紧密地结合在一起的，是水乳交融，彼此不分。到了1985年"寻根文学"的出现，两者开始有了区分。"寻根文学"的旗帜是文化审美，以文化审美取代直接的政治诉求。我之所以要把文学与艺术联系起来谈，因为文化思潮不是孤立的，1980年代中期，电影领域出现了第五代导演，以《黄土地》《老井》为代表的文化意识在银幕上呈现魅力。绘画中也出现了相应的信息，如罗中立的《父亲》，审美倾向上与《黄土地》是相一致的。

我这么说，并不是要强调文艺与政治的脱离，其实文艺也不可能完全与政治脱离，只是一部作品，究竟是以政治诉求为主体，艺术形式为载体工具（传声筒或喇叭），还是以文化审美为主体，政治只是包含其中的元素之一，这是有区别的。"寻根文学"之所以重要，因为它为青年作家提供了一条新的创作道路，这是一条符合创作规律的道路。

"寻根文学"的作家，大多数是知青作家，也就是我这一辈的作家，以1950年代出生居多。他们都是在新时期文学初期崛起的，但是在政治诉求为主导的文学创作思潮里，他们没有找到自己的位置。这是很显然的。历次政治运动的苦难经历，他们没有深刻的体会，远不及张贤亮那一代作家那么触及身体和灵魂；他们的政治经验也不够丰富，不可能像王蒙等作家那样，站到尖锐复杂的社会变革前沿。那时候知青作家刚刚走上文坛，他们要沿着前辈的政治诉求道路来进行创作，显然是达不到前辈们已有的成就。他们的历史知识和经验，都没有前辈作家那么丰富，他们这代人对时代有自己的认知方式，仅有的一点知青生活，如果从政治诉求方向走下去，也是走不通的，结果是，他们从微薄的乡土文化经验中感受到一点文化审美的新元素。今天回过头来看"寻根文学"思潮，也可以看出很多不成熟的地方。但是"寻根文学"的开创性，在当时无人取代。"寻根文学"思潮里涌现出一大批实验小说，如张承志的《北方的河》、贾平凹的《商州初录》、阿城的《棋王》、韩少功的《爸爸爸》、王安忆的《小鲍庄》等等。就这一批作家，他们都描写了一块很小的土地（与他们的知青生活经验有关），写了这块土地上神奇的故事和经验，这与大叙事完全不一样，也没有什么思想领先，或者政治诉求，都没有。寻根作家们究竟在写什么？可能他们自己也没搞得十分清楚，但是他们模模糊糊地提供了另外一种新的审美形态。这种新的审美形态，因为不清楚，因为模糊，只能用很大的概念来涵盖，那就是"文化"。如韩少功的小说就联系了楚文化，贾平凹的小说着力体现黄土高原的文化，李杭育的小说涉及到吴越文化，张承志小说里隐隐约约地透露出伊斯兰文化，阿城写的"棋""字""树"，更是含有古代汉文化传统的内涵。还有新疆的西部文学，西藏还有"西藏魔幻现实主义"等等。所谓"文化"，在这里就是作为一种方法，作为艺术本身的一种力量被强调起来。

"寻根文学"有很强健的艺术创新能力。由于它提供了一套新的审美话语，包容了传统文化元素和西方现代主义元素，两者一结合，就会再生出许多新的文学思潮。如果从现代主义艺术技巧上发展，就形成了先锋艺术；如果从世俗层面上普及化，就生出往后的新写实小说、新历史小说等思潮。尽管这些思潮都有各自的特点，但有一个共同的倾向，就是原先从"五四"新文学运动为发轫的现实主义的、为政治服务的叙事范式被改变了，"为……文学"的话语模式也被放弃了，文学实践性的工具功能被文学自觉的审美功能所取代，文学艺术成为一种独立自觉的精神形式介入当下社会生活。

新时期文学发展的第三个阶段，是从 1990 年代初开始的。从 1980 年代中期到 1990 年代初，大约只有六七年的时间，期间发生了许多事情，尤其是中国社会的转型，1992 年以后社会主义市场经济迅速取代了传统计划经济的发展模式，中国当代文学的格局有了很大变化。诸种原因，一大批作家放弃了文学创作道路，他们有的出国，有的下海，有的转向拍电影，也有的专门去研究《红楼梦》。于是，原来作为主流的以政治诉求为主体的文学思潮明显衰落，而原先仅仅关注一块小土地的寻根作家，在这个时候却都默默地坚持下来了，不仅坚持了写作道路，他们的创作风格也是在这一段时间里得到调整和发展，慢慢地成熟起来了。也许我这样的概括有点绝对化，也有我自己的选择标准和审美倾向。1990年代以来，文学被批评得厉害，在许多批评家的眼中，1980年代才是文学的黄金时代，而90年代以来，文学被边缘化，一再衰落，不再被人重视。我觉得这样的指责是不公正的。至少对一部分作家来说，他们正是在1990年代特殊的社会环境下，得到了充分的发展。我把这部分作家的文学发展道路，称之为"到民间去"的道路。社会转型促进了文学分化，其中一批"寻根文学"的作家，得到了得天独厚的发展。我们可以看张炜，他原来是一个有强烈政治诉求的作家，《古船》可以作为代表，但在1990年代初，他发表了《九月寓言》，政治批判的立场应该没有变化，但创作的路向变了，胶东半岛的民间文化、传说成为他的小说的主要元素；张承志一度隐居在西海固，在那里他真正成了一个伊斯兰哲合忍耶的信徒，发表了影响重大的《心灵史》；贾平凹经过了一段时期的精神颓废以后，沉入到家乡商洛山区，写出了一大批表现陕南民俗风情的作品；而莫言则明确了高密东北乡这一块邮票似的地方，成为他的小说的根据地，《丰乳肥臀》《檀香刑》成为他的代表作；王安忆虽然不是写农村的作家，但她成功地把上海文化场域变成她的小说的主要描写对象，创作了《长恨歌》；韩少功从海南回到湖南，在汨罗建立起烙有他个人印记的"马桥"；原来的先锋作家也在变化，像余华，把他的笔调转移到家乡的江南小镇，写出了《活着》和《许三观卖血记》。几乎每一位"寻根文学"的作家都找到了一个适合于他的创作世界，开始了民间写作的道路。

同时期当然有很多作家是写都市生活的，都市与改革开放的关系似乎更加密切。但是在一个都市经济迅速发展的过程里，天旋地转，文学未必就能及时赶上这辆飞速前行的时代列车。我举两个例子，都是发生在1990年代。一个例子是南京出现过以韩东、朱文为代表的新生代文学群落，这个小群落聚集了一批很有才华的青年作家，他们敏感地感受着现代都市经济的迅速发展与个人的精神虚无之间的紧张关系，如朱文的长篇小说《什么是垃圾，什么是爱》，便是一部代表作。但是这个创作思潮很快就销声匿迹了，吊诡的是，在这个群落里，后来在创作上发展得比较好的，仍然是以写农村著名的毕飞宇。另外一个例子是以上海的青年女作家卫慧和棉棉为代表的创作思潮，她们集中表达了现代都市发展过程中青年女性的都市欲望，以及家庭在财富积累过程中的精神沉沦和殃及下一代无法弥补的悲剧，应该说文学内涵是相当深刻的、有力的。可惜的是，她们的创作也没有能够延续下去。这些写都市生活的创作的困顿受挫，原因当然是多方面的，都是发生在1990年代，我们从中也能够体悟出当时的创作环境和时代风气。

接下来就是新世纪以来的第四个阶段。新世纪到现在也有十八年了，但文学没有发生根本变化，没有提供新的审美范式。所以，我经常说，今天的文学仍然延续了20世纪的文学审美精神。其标志之一，就是一批从"寻根文学"发展而来的作家，他们经过了1980年代寻根的起步，经历了1990年代走民间道路的锤炼，平稳地走在新世纪的文学道路上，他们的艺术风格进入了成熟期。大浪淘沙，许多在改革开放四十年中跋涉过来的作家，已经开始谢幕，逐渐淡出文学舞台。但是我们最重要的作家，像莫言、贾平凹、张炜、余华、阎连科、王安忆等等，他们每一个人就是一座独立的山峰，不是一个群体。我们过去讲"伤痕文学""反思文学""寻根文学""先锋文学"等等，都是可以罗列出一大堆作家的名字，是一个作家群落。现在我们无法从思潮流派的角度来概括文学，现在我们面对的就是大作家，一个作家一种风格，都是独立的山峰。这都是我们这个文坛上标杆式的人物，都是不可取代的。

我写过一篇文章，题目是《从少年情怀到中年危机》，谈的就是我们的跨世纪文学史。"少年情怀"是指"五四"新文学以来的 20 世纪文学，因为 20 世纪中国社会变动太大，战争，加上内乱，使社会长期动荡不定，而 20 世纪的新文学又是以政治诉求为主体的文学主潮，这就使得文学随着政治的变化而处于不稳定状态，几乎每隔十年左右，社会思潮发生变化，作家队伍也发生相应变化，一个作家真正富有影响力的创作，大约也就是十来年的时间。"五四"一代，三十年代一代，抗战一代，新中国一代，"文革"后一代，真是各领风骚十来年。很多作家的处女作也就是成名作，甚至还是代表作。因此，"五四"以来的新文学一直停留在青春文学的激情之上。它的好处是有激情、有活力、充满先锋性；不足之处也很明显。到了新世纪以后，由于国家处于安定发展的过程，这代作家从 80 年代开始走上文学创作的道路，走了整整四十年，他们一直与文学不离不弃，一直以文学创作为生，一直以文学作品说话，终于构成了今天文学领域的群峰连绵。我这么说，并不是认为改革开放四十年来文学发展都是顺风顺水的，当然其中会有曲折挫败。但是总体上说，文学发展是正常的。这些作家没有在创作中停止过他们对社会的批判，也没有妨碍他们对理想的追求。因为他们找到了一个很好的创作世界，那就是民间的文化和民间的立场。

那么，我们今天的文学有危机吗？还是有的。我把它比作"中年危机"。好像一个人一样，到了中年，人就变得丰富了，成熟了，智慧了，但是潜在的危机，譬如血压高啊什么的，还是会悄悄地存在着的。因为50后（也包括部分60后作家）作家的晚期风格的固定化，对于新世纪以来发生的一系列新的社会问题和挑战，新一代青年人的精神生活，包括我们今天所面对的从国家到个人的命运及其可能性，都是陌生的，在他们的文学创作中几乎无法看到他们的态度。更有危机感的，是文学呈现方式也在发生变化，网络文学已经偷偷占领了大部分文学青年的阅读时间和阅读兴趣，全民化的文学普及运动在另外一个虚拟空间里顺畅无阻，也许文学大众化的问题长期困扰着"五四"以来的新文学，但这个问题，在今天依然是致命的问题。

我们新世纪的文学正处于新旧交替的一个瓶颈口上。我们必须要敏感地捕捉到今天时代跳动的脉搏，时代之魂在哪里？文学需要有新的生命刺激，有新的力量充实，有一个与当下时代真正相契合的声音，呼唤出这个时代的精神之魂。就像当年鲁迅写《狂人日记》，郭沫若写《女神》；就像当年北岛写《回答》，卢新华写《伤痕》，"寻根"作家的集体崛起一样。文学需要成为这样一种力量，把今天的人们精神上最重要的元素激发出来，最需要的元素展示出来。这项工作，不仅作家应该有自觉，批评家也应该有自觉。我经常对我的学生说，我们要做同时代的批评家，不要把自己隐没在前辈的巨大阴影里，却对新的文学、未来的文学看不出方向。我们批评家的眼睛就是要发现新的作家，发现处于萌芽状态的新的因素，来催促新一代文学的产生。要做到这一点，像我这样年纪的人已经无能为力，我做不到了。但青年人应该有新的文学范式、新的文学语言、新的理论阐释。

俄罗斯文学史上有一个著名的例子。作家冈察洛夫创作了长篇小说《奥勃罗摩夫》，写了一个很懒惰、整天无所事事的地主形象，评论家杜勃罗留波夫根据这个艺术形象发表了批评文章，讨论什么是奥勃罗摩夫性格，很长的篇幅，创造了俄罗斯文学中的"多余人"形象。杜勃罗留波夫当时才二十几岁，是个青年评论家。年轻人更能够敏锐地把握时代的某些精神特点。俄罗斯文学史上的"多余人"的形象，对于中国现代文学也产生过巨大的影响。

所以，我们研究当代文学的青年学者、青年评论家、研究生、博士生，都要自觉认识到思想解放的重要性，改革开放的核心就是解放思想，不要相信条条框框，就是要按照自己的感受，自己的理解，去探索自己的道路、自己的未来。我很期待，现在有人像当年杜勃罗留波夫那样写出《什么是奥勃罗摩夫性格》，把这个时代的某种精神特征阐发出来，对这个时代有关照、有力量、有声音、有担当。成熟不成熟没有关系，粗糙一点都没有关系，但必须是要敢想敢做，无愧于这个时代。

　　2018 年 12 月 5 日在杨浦区作家协会举办的
百领沙龙讲座的首讲。演讲稿根据录音整理，初
刊《杨树浦文艺》2019 年第 1 期。

第二辑

试谈《野草》的先锋意识

《野草》是鲁迅研究中的一个永恒性题目，是鲁迅研究领域中被不断阐释的问题。近来更明显地出现了带有索隐、考据风格的研究，题目小又非常具体实在，很吸引人。这里我想结合近期对现代文学史的理解来谈自己对《野草》的一点想法。

说是"近期"，也不算近。大约十多年以前，我着手主编《中国现代文学史教程》，编来编去总是有点讲不通。为什么讲不通？因为中国现代文学在近二十年、尤其是新世纪以来，一直受到挑战。"五四"的意义一直在被贬低，被质疑，然而近代小说被抬得越来越高。这好像是个趋势，现在很多博士论文都做的是近代小说。我一直想认真解释"五四"新文学的意义究竟如何理解，但是，简单地去说我要捍卫"五四"新文学，也不对。对"五四"新文学评价很高，把晚清小说压得很低，这也确实不符事实。所以，从19世纪向20世纪转型过程中，五四新文化运动、新文学兴起究竟起了什么作用？它对我们今天还有什么意义？这是我思考的切入点，也是今天谈论《野草》的一个切口。

2005年，我在《复旦学报》第6期发表了《试论五四新文学的先锋性》一文，提出了一个观念。第一次世界大战前后，在意大利和俄罗斯都出现了政治倾向不同的未来主义，在法国出现了超现实主义，德国也有表现主义等等，当时在欧洲各个地方都相应地出现了先锋文学思潮。对先锋文学我们有不同的理解，但一个比较明显的特征，先锋文学的第一原则就是非常激烈地反对社会现状、反对文化传统，它是双重反对的。一般的反传统运动比较简单，就是站在今天的立场上反对以前的文化传统。但是先锋文化是一种彻底的反叛文化，它不仅反对传统，对当下的文化现状、政治现状它也是全盘否定的。在这样一个双重的否定当中，它把自己逼到了一个绝境上去。它不是依靠某一种力量去反对另外一种力量，它是仗着自己的一种反叛立场与勇气，以个人为主体，既反对传统，也反对现状。这样一种文化现象，在"五四"前后的新文化运动中表达得特别明显，陈独秀、鲁迅、周作人、钱玄同、郭沫若等等，都是以这样一种面目出现在"五四"文坛上的。所以那个时候进化论特别流行，进化论是把希望建筑到未来的维度，对现状与传统都是持批判立场的。五四新文化运动也是非常复杂，各种思想文化流派都容纳在里面，但其中有一种文学意识起到最重要的作用，而且在晚清小说、诗歌里面都不具备的，我把它界定为先锋意识。这样一种先锋意识是"五四"新文化最核心的元素。我把晚清一直到民国的文学发展分为两种形态，一种属于常态的变化发展。所谓的常态，就是文学变化是随着社会变化而发生的。社会发生新问题、新现象，文学中会自然而然地反映出来，然后在形式上审美上它都会相应地慢慢表现出来。这样一种变化，是常态的变化。常态变化是所有古今中外在正常情况下文学发展的模式，文学一定是跟随社会的主流发展而发展，与社会生活变化结合在一起。唯独先锋文学，是一个异端，它是在一个社会的普遍发展过程中，社会内在矛盾的突然爆发中出现的，先锋文学把自己与社会完全割断联系，与历史也完全切断联系，就像20世纪90年代朱文、韩东提出来的一个词：断裂。因为它把自己和前面的历史与现实中的社会环境都断裂了，自身的力量就一下子被夸张得非常强烈。先锋意识总是以历史超前的姿态来表达它的战斗性。这样一种意识在一般社会发展中是很少出现的，但在特殊的历史情况下它会发挥出很强大的作用。我不知道是幸还是不幸，在中国，在20世纪中国很特殊的现代化过程中，这样一种先锋意识的文化现象一再出现。不仅是一再出现，而且每一次出现都伴随着社会的动荡，与政治思潮结合在一起，然后会推动整个社会政治变化。它成为20世纪文化思潮当中带有核心力量的文化思潮。

回过来讲文学，我一直把鲁迅看作是这个先锋文化的代表者。为什么鲁迅会成为新文化运动的代表者？因为鲁迅在同时期的社会改革运动中总是超前的，代表了一种超前的社会立场。比如说，《狂人日记》，现在有很多人说，比《狂人日记》更早的白话小说都有啊。也有人说以前有比鲁迅写得更好的白话小说啊，各种说法都有，那么我们应当如何界定鲁迅的伟大特性呢？我觉得在鲁迅的身上有一种非常强烈、非常自觉的先锋意识。这种先锋意识使鲁迅不仅是对传统持彻底的否定态度。我们现在也在讨论鲁迅的这种否定对不对，比如说他认为中国青年最好不读中国书，他还认为所有的历史都是吃人的历史等等，就是这种非常夸张的自我意识，但这种夸张表达了一种与传统彻底断裂的先锋立场。这种立场对鲁迅而言，我觉得特别有意思，他不仅否定了历史，也不仅否定了现状，他连自我也放到了否定的范畴里，这就着重体现了他对于人本身的怀疑。我曾经想过，这是个非常有意思的事。周作人强调五四文学是人的文学，我们今天谈的所谓"五四"精神，就是个性解放，人道主义，认为人是最高贵的，人是至高无上的，所以周作人的《人的文学》能够成为一个纲领性的文章。可是在鲁迅的《狂人日记》里大家可以看到，他反反复复证明人就是要吃人的，而且所有的人都要吃人，包括狂人自己也吃过人。《狂人日记》这种彻底否定人自身的意识，接近了比如说西方的像卡夫卡那样的作品。按理说，"五四"新文化运动是对人的肯定，人的自我发现，可是在鲁迅的作品里恰恰不仅对抽象的人否定，而且对具体的自我也是否定的。他就是自己都觉得自己有问题。所以《狂人日记》最后几段说："没有吃过人的孩子，或者还有？救救孩子……"他的意思不是说，要保护弱者，不要让孩子被人吃掉，他是在证明礼教社会的人一代代都在吃人，说没有吃人的是孩子，也不是说孩子比今天的人好，而是说孩子还来不及吃人，还太幼小，所以我们要赶快救救孩子，让他们不要再去吃人了。

当然你可以说鲁迅对未来还是有希望的，希望下一代孩子不要吃人，可是这个大前提是孩子也会吃人。他这种彻底的否定是让人感到心寒的，鲁迅为什么会否定到这样一个极端的程度？如果不用先锋的概念界定它，就很难把鲁迅当年的文学创作与别的人（比如说胡适）拉开距离。鲁迅创作体现了非常独特的意识，那就是先锋意识。这个先锋意识在《野草》的创作中，我认为是达到了完美的标杆，在鲁迅其他小说里面。比如《阿Q正传》里也有，但是《野草》是鲁迅的先锋意识最有代表性的作品。

在《野草》里面，我们很难看到鲁迅平时说的"为人生"啊，什么拿了先驱者的将令啊，也没有"遵命文学"的气息，甚至连保护弱小者的普通的人道主义思想也是不存在的。《野草》里出现的是对人的绝望，连对孩子也一起感到绝望。《野草》里是没有希望的，但是也不是简单的绝望，而是对绝望、悲观也超越了，那也就是学者们所说的"反抗绝望"。但是"反抗绝望"不是说他就倒退到希望那里。不是的。比如《死火》，死火被遗弃在冰窟里要被"冻灭"，但是逃到冰谷外也要被"烧完"，然后也要死的。《影的告别》里，那个影子到了黎明要消失，但留在黑暗中也要消失，就是"然而黑暗又会吞没我，然而光明又会使我消失"。就是说你无处可走，无地可走，就是说，你唯有在此时此地存在着，是独立的，但是之前之后你都是要消失的，你这个处境是没有出路的，往前看吧，往前看是一片黑暗，往后看也是一片黑暗。他把一个人的可能性的状况全部否定了。那么，全部否定以后又变成什么呢？是不是就是此时此刻的我是存在着的呢？但鲁迅又说，此时此刻的存在，也是虚假的，其实是不存在的。在《墓碣文》里，我"抉心自食，欲知本味"，但"创痛酷烈，本味何能知"？而如果稍微过了一段时间，虽然创伤不那么痛了，但这个心又被风干了，当时是什么滋味也是不知道了，这就是"心已陈旧，本味又何由知"？这个意象体现了鲁迅意识中的极端的痛苦，就是最后连自己是什么、此时此刻的自己是什么也是无法知道的，所知道的永远是假象。他就这样否定的否定，最后连自己也被否定了。然而就是在这样的一种双重否定中，鲁迅塑造了一个伟大的自我形象。我们从《野草》中没有因为鲁迅的自我否定而觉得鲁迅的软弱与虚无，恰恰相反，鲁迅的生命，就是在这样一种反抗绝望中存在而且永生了。

其实这样一种自觉的先锋意识，在中国"五四"新文学中是有一定普遍性的。比如说郭沫若写《凤凰涅槃》，也是这样的，凤凰先把客观世界否定了，最后又把凤凰自己也否定了（自焚）。《天狗》里天狗把外界的月亮、太阳、星星都吞吃了，最后连自己的神经骨头都吃掉了，最后一的一切、一切的一，都没有了，都消散了。在这个意义上，我觉得像郭沫若的《凤凰涅槃》，鲁迅的《狂人日记》《野草》，包括郁达夫的很多小说，等等，他们的作品就构成了"五四"新文学最核心的先锋意识。这种核心力量，我们今天还能讨论它，就是因为它至今没有完成自己的历史使命。直到今天，我们也没有人能够这么彻底地把自己否定，把自己完全解构，今天还没有人真正做到这个程度。所以，"五四"新文学传统的核心——先锋意识——在今天仍然能够给我们一种震撼性。

如此，在整个 20 世纪文化发展过程当中，"五四"先锋精神就成为一个革命的文化核心力量。这个内核从"五四"到"四五"，它是一波一波地爆发的，包括 1927 年前后的大革命失败后爆发的"革命文学"、1930 年代的左翼文艺运动，等等，一直到 1949 年以后，甚至在"文革"中，都有这种爆发性的先锋精神。它整个过程就是通过不断地否定前人的世界，又不断否定自我的内在世界，自己把自己的外衣剥开，把自己的内在消解掉，就像郭沫若笔下的天狗意象。它不断地用一个力量否定另外一个力量，否定完这个力量，自己又被一个新的力量所否定，它永远是在革命与被革命中自我膨胀和自我消解。"五四"带来的就是这样一种先锋精神，它让人的生命中始终存在一种深刻的不安。这样一种精神，我把它界定为先锋精神。它到今天为止仍然是一个谜，一个到今天仍然没有把它识破、谈透的文化现象。如果把这种先锋意识与中国 20 世纪整个革命文化思潮联系起来看的话，我们就可能会接近 20 世纪文化发展中的某些核心的元素，就可能会理解为什么我们老是处在一种激烈的文化冲撞过程中。世界各国的先锋文化都是很短暂的，先锋文化一般兴起几年以后就会消失，会与主流的常态文化融汇在一起了。可是中国的情况很特殊，在我们整整一个世纪的文化发展过程中，我们对常态状态的文化现象往往采取排斥态度，总觉得那是不重要的，是属于大众的，然后对先锋文化现象则充满了迷恋，这就构成了我们文化追求的核心。这种核心的文化力量，被鲁迅通过《野草》表达得淋漓尽致。鲁迅的《野草》作为世界先锋文化丛中的奇葩也当之无愧。一般的先锋文学是缺乏艺术性的，先锋文学主要是要把一个最尖锐最前卫的思想讲出来，来不及在艺术上臻于成熟和完美，所以我们通常认为，像马雅可夫斯基的那种先锋诗歌，往往语言非常粗俗，意象也很简单。而鲁迅《野草》的先锋性，恰恰是创造了一个非常美的抒情形式。它的形式怪诞特异，却又异常完美。恰恰在这个非常美的抒情形式中，寄托了极端虚无的先锋意识。

2017 年 11 月 20 日在复旦大学中文系举办的"纪念《野草》出版 90 周年国际学术研讨会"上的主题发言。发言稿根据录音整理，初刊《学术月刊》2018 年第 3 期。

曹禺《雷雨》解读

　　我们今天所说的"世界名著"，通常有两种含义：一是西方文学名著。我们讨论巴尔扎克、托尔斯泰、陀思妥耶夫斯基的小说，普希金、雨果的诗歌，我们说这是世界名著。但"世界名著"还有另一种含义，可不仅仅只有西方文学才能算是世界文学，世界是个整体，在这个世界上，如果能够达到一个高的、一流水平的文学著作，都能称之为"文学名著"。如果在能够翻译成各国的语言文字在世界各国传播，那么，在这个意义上说，中国的文学名著同样可以列入世界文学名著的行列。过去我们提起"世界文学名著"，一定指的是外国文学，中国文学好像与外国文学对立。其实这个"对立"是不应该存在的。就世界范围而言，世界上任何一个国家的优秀人类文化遗产，都应成为我们这个世界的文学名著。因此，中国文学名著与外国文学名著是平等的，是在同一层面上对话的。中国不仅古代有《红楼梦》《西游记》等一批伟大的文学名著，现代文学也出现了一批十分优秀的作品。但我们将《红楼梦》《儒林外史》、李白杜甫的诗、关汉卿的戏曲等视作世界名著，一般人还能认可。而中国现代文学是在世界的大格局下产生的，所以我们谈鲁迅、巴金、老舍等作家时，人们常常会讲他们曾经受到过西方文学的影响，而不把他们的作品同样视为世界文学名著，我觉得这种认识是有偏差的。

今天我们讲曹禺的《雷雨》。

一讲到《雷雨》，大家肯定会想到，这部作品也受到过西方文学的影响，受到过欧洲伟大戏剧家易卜生、美国戏剧家奥尼尔的影响等等，都会举出一系列的例子来证明中国现代文学的产生受西方文学的影响。在别人的影响下形成的自己的文学创作，能不能成为世界文学名著？我认为是可以的。20世纪以来，人类的信息交流特别频繁，在这样的时代下，已经很难分某个国家、某个地域的独特现象，很多文学现象都是世界性的，连成一片。曹禺的《雷雨》中讲到的人性的极致的表现都是世界文学所共有的。在这样的情况下，中国现代文学虽然起步比较晚，但它在自己所形成的文化氛围和社会环境中，同样能够对世界性主题做出自己的独特回应。比如描写旧家庭的崩溃，在中国就会形成《红楼梦》《家》《雷雨》等作品，用其独特的文化视觉对这一主题进行挖掘。从这个意义上说，我觉得这就是中国现代文学的世界性因素。它反映的同样是世界性的因素，正因为它能回应世界性的主题，与之对话，我认为中国现代文学完全有资格、有能力达到世界名著的水平。所以，在此我斗胆把曹禺的《雷雨》作为世界名著介绍给大家。

鲁迅的小说、曹禺的戏剧完全可以达到世界一流的水平。什么是文学的标准？文学的标准只能有两种：一是表现出对人性刻画的深度和人性所展示的丰富性，世界一流的文学对于人性的展示一定是丰富的，而不是单调的；二是一部文学作品的优秀与否，是看它在表达时对自己民族的语言的运用，能不能将本民族的语言发挥到最大的丰富性与包含性。如果能够达到，那么这样的文学定是好的文学。有许多好的主题，可表现主题所用的语言不具丰富性、包含性，这样的作品就很难说是好作品。在这两个标准下，曹禺在二十三岁时创作的《雷雨》，完全能够达到世界一流的水平。

其实不用我介绍，在座的各位对《雷雨》都是非常熟悉的。有的读过它的剧本，有的看过据此改编的话剧、电影等等。《雷雨》剧本在发表时有点曲折。当时曹禺还是清华大学的一名学生。他写成《雷雨》之后，交给了他的好友、《文学季刊》的主编章靳以。章靳以拿到剧本，发现这部作品和以前所有的戏剧作品都有所不同，他便拿去给《文学季刊》的资深主编郑振铎看。郑振铎一下子也不能对《雷雨》剧本作出判断，暂时压了下来，一放就是一年多。第二年，巴金去北京，与章靳以住在一起，便看到了《雷雨》剧本。一看之下，非常感动，巴金说："我受到了深深的震撼。"马上向郑振铎推荐了《雷雨》，认为这是一部不可多得的好作品。于是《雷雨》正式发表在1934 年的《文学季刊》上面。但发表以后并没有引起社会上的反响，一直没有上演。第一次上演《雷雨》的是留日学生，在日本上演引起轰动，再回到中国上演。这与曹禺的其他作品演出史正好相反。

《雷雨》在初问世时相对寂寞，这种寂寞影响了对这个作品的理解。很多评论家都讲不清楚这部作品，包括曹禺本人。曹禺在为《雷雨》单行本作序时写道："这部作品别人说它是反封建的，我也可以追认。"可想而知，作者在创作时，自己也没有明确地意识到写这部作品的目的，评论家们无法很好地分析、宣传、推荐《雷雨》，导致了这部作品的命运与《日出》大相径庭。《日出》的主题非常清晰，发表就受到大家欢迎。曹禺自己都承认《雷雨》比较乱，比较紧张，所以冲突非常激烈、太巧合，就变得比较"做"。《日出》是部舒缓、抒情的作品，因此他认为《日出》比《雷雨》更成熟。这一说法影响了很多研究者。可是，在我看来，《日出》无法与《雷雨》相比，在中国戏剧史上《雷雨》也是无与伦比的。好就好在《雷雨》是部谁都说不清楚的作品。一部伟大的作品必然体现人性的极其丰富，人性丰富就很难清晰地分析，一部说不清楚的作品，也就成了一部说不尽的伟大作品。

曹禺自己认为《雷雨》是一部说不清楚的作品。他在写作的最初，脑海中最先出现了两个人物形象，也就是《雷雨》中两个人物的性格，一个是繁漪，作品中最激烈、性格最丰富的女人；另一个是作品中最单纯、最没有性格的周冲。这两个人物引起他的创作冲动，这就是《雷雨》创作最初的冲动。这不像现在某些作家写作，要事先确定中心思想，写下提纲，而是仅以一种冲动，在他脑海中活跃的两个人物，写下了这部作品。一个是一身白，单纯如天使的小男孩；一个是一身红，激烈如火、如魔鬼的女人。这两种截然不同的对比，在人性间形成了一股强大的张力，通过两极，窥探了人性的丰富和人性的深层。因此他写了这部作品。写到最后，曹禺先生自己都透不过气来，于是他又写下了一个序幕，一个尾声，以平息自己的感情。这就是一位作家创作时的真实思想。

我们再看这部作品的主题。很多人在评论《雷雨》时，都会认为它描写了一个大家庭内的冲突，暴露大家庭的罪恶。在我看来，这部作品最难以启齿的就是人性犯罪问题。作品中写了三种乱伦：一是周萍和繁漪的乱伦。在一个大家庭中，老夫少妻，相差二十岁。丈夫是社会的成功人士，每日忙于公务；年轻的妻子在封闭的家庭中非常苦闷。在故事发生前三五年，丈夫前妻的儿子从乡下回到了这个家中，他就是周萍。纯朴的周萍带了满身的乡土气息来到了这个家中，为繁漪带来了清新的空气，用她自己的话说，就是本来是个已经死掉的人，睡在棺材里了，一天天沉闷下去。可是突然一阵清风，把她从棺材里吹醒了，她所有的人性都复苏了，于是她爱上了这个年轻人。于是，便发生了这种不可逆转的人性的罪恶——后母和丈夫前妻的儿子发生了乱伦的关系。这也带出了第一宗罪。

随着周萍逐渐长大，乱伦的恐惧也逐渐膨胀，同时，周萍受不了繁漪——一个三十多岁女人的许多要求和疯狂的爱，最终想摆脱她的控制，摆脱罪恶的感觉。为了摆脱这种罪恶，他爱上了一个十八岁的小丫头，单纯、朴素的四凤。不谙世事的清纯丫头与半疯狂的半老徐娘之间形成了强烈的对比，周萍当然舍去繁漪，而爱四凤，这就导入了第二宗罪——四凤和他是同母异父的兄妹。两人不仅相爱，而且四凤已经怀孕。这种情况下，周萍从第一宗罪沦到了第二宗罪，即血缘的乱伦。这比前一宗犯罪更严重。前者是家庭乱伦，这种家庭关系是可以解体的，而后者是血缘乱伦，是无法解体的。这导致了这个故事全部悲剧的原因。故事最后四凤的死，其实是自杀，在当时作为一个十几岁的小姑娘，犯了乱伦罪，有着不得不死的理由。周萍最后也只能自杀了。当他与繁漪奸情发生的时候还能够逃走，还能够通过爱四凤摆脱第一宗罪。可当他发现非但没有拯救自己，反而陷入了更深一层的罪孽后，他也别无他法，只能选择死路。故事发展到现在，有悲剧不得不发生的理由。看似复杂，实际上完全符合逻辑推理，这就是悲剧的力量。悲剧的发生需要很多情节的推动，但其结果是必然的。

　　家庭的乱伦、血缘的乱伦，我们不禁要问：为什么会产生这样的悲剧？于是引出了第三宗罪：按照传统的说法，上辈子人造的孽，报应到了下一辈人的身上。周朴园年轻时和他家老妈子的女儿梅侍萍相爱并育有两子：周萍和鲁大海。刚生下鲁大海时，家里逼着周朴园赶走了梅侍萍和鲁大海。很多年后，故事中的人物无意中重新碰面，三十年前的故事再次发生。这导致了第三宗罪：主仆之间不正常的恋情，结果女方被遗弃，最终导致不可收拾的悲剧。

　　《雷雨》通过一系列的罪恶，完成了对人性的拷问。而这一系列的罪恶都和人的爱情有关。人的爱情在三道扭曲中，即主人和仆人关系的扭曲、后母和儿子间关系的扭曲、兄妹间关系的扭曲象征了三个悲剧，即社会悲剧、家庭悲剧、伦理血缘悲剧，构成了这部作品所有的冲突，导致了最终的悲剧结局。通过以上三道扭曲，拷问人性深处的罪恶感。这个故事的说不清楚也就在这里。故事太丰富了，内容太含糊了，社会冲突、家庭伦理、血缘关系交织在一起，构成了一部内涵异常丰富的悲剧。因此我今天抓住我们能够分析的东西，去理解它。《雷雨》中一共只有八个人物，每个人物都有其丰富的性格，从而构成了整部作品的冲突。至今为止，评论家分析《雷雨》都是从分析人物着手。只有通过对人物的不同理解，才能进入对作品的不同理解，形成对作品的多元解释。

《雷雨》中最能引起作者创作冲动的是两个人物：周冲和繁漪。周冲是个极其单纯的人，在这部作品中最没有性格，像是一张白纸，整个人如同在梦中。在舞台上他一身白，正处于做梦的年纪——十七岁，满脑子大海、白帆、远方。他对四凤有着朦胧的爱，但不强烈。他觉得所谓爱情就是要帮助别人，因此他也希望拿出零花钱供四凤读书。如今看来，周冲无疑是个幼稚的孩子。他是最不成熟、最简单的人物，看似可有可无，其实非要不可。我觉得周冲身上或多或少都有曹禺先生的影子。要一个二十三岁的青年人，窥探如此丰富、严酷的命运世界，实在太恐怖了。曹禺在窥探人性时，也充满了恐惧。所以他必须用一个小孩子的眼光去看整个世界，以达到舞台的平衡。在整个悲惨污秽的故事中，有个天使存在，有个纯洁无瑕的人存在，这是这个黑暗王国中的一线光明。一片污秽、残酷的社会背景中有一点朦胧、理想存在其间，这非常重要。如果没这点理想存在，这部戏剧照样成立，但给人的感觉就是非常压抑的，没有一点亮色。虽然四凤也是一个身处花季的少女，但加在她身上的罪孽比谁都重。一个最无辜的女孩承担最沉重的罪恶，所以整个戏就会让人感到喘不过气。但周冲也是非死不可的，单纯的理想在黑暗的社会中不可能继续存在下去，最美好的东西也会消失。但他的去世和四凤、周萍有所不同，四凤、周萍都是自杀，而周冲为了救四凤而牺牲自己。对于周冲的形象，有些像无辜的羔羊，为了救别人献出了自己。

他是整部作品中最高尚的人。如果没有周冲，《雷雨》的艺术境界要低一个层次；有了周冲，整部作品趋于完美境界。

在这部作品中，最重要的人物就是繁漪，这是毫无疑问的。但《雷雨》是部悲剧，打开这部悲剧的钥匙在梅侍萍手中。周朴园把三十年前的悲剧掩盖得非常完美，本来这个悲剧不会发生，但其中有一个破绽，就像在万里无云的天空中，远远地飘来一个黑点；逐渐逐渐近了，变成乌云；又近了，开始电闪雷鸣，倾盆大雨，最终毁灭世界。——这个悲剧的叙述节奏就是这样的。故事中，一开始不存在任何问题，但繁漪因为四凤与周萍的关系叫来了梅侍萍（那时开始叫鲁妈），使大家都去猜测四凤的妈妈来了之后会发生些什么？事实上，这个家庭的矛盾就是当梅侍萍慢慢从远方来到了周家而逐渐引发的。梅侍萍就像是把钥匙，一层层开启了所有的矛盾与悲剧，但在打开的过程中，梅侍萍始终处于被动，开这把钥匙的手是繁漪，家庭中所有悲剧都是繁漪酿成的。繁漪有自己的理由，她爱周萍，但周萍想要离开她，她才要梅侍萍前来周家。没想到梅侍萍来了之后，发现这里就是她三十年前待过的周家，也发现了她的儿子和女儿的乱伦关系。

之后，剧情转移到梅侍萍的家里。周萍与四凤见最后一面。繁漪赶到，反锁了窗，使周萍不得不从门离开，导致了整个事情的爆发。当时众人没有意识到事情的严重性，除了梅侍萍。因此，她逼着女儿对雷雨发誓，许下了"被雷电劈死"的誓言。这与最后四凤的死遥相呼应。这场戏写得非常惨烈。我觉得这段把《雷雨》所有紧张、残酷的主题都表现得淋漓尽致。

第四幕中，戏剧冲突又回到周家客厅。鲁妈为了保护女儿，同意周萍和四凤私奔。事已至此，繁漪为了留住周萍，不顾母亲身份，把周冲抬出来，要他和周萍抢四凤。但代表天使的周冲看尽了人间丑恶，不愿争抢四凤。繁漪无可奈何，又引出了周朴园，想通过他制止周萍和四凤。没料想周朴园看见这场景，以为三十年前的事情东窗事发，便先下手为强，挑明了鲁妈和周萍的母子关系。四凤因此大受打击，承受不住残酷现实，悲剧一发而不可收拾。

在此我们可以看到，繁漪也有值得我们同情的一面。作为一个三十多岁的女人，好不容易得到了爱情，当然要死死抓住这根救命稻草，为此毁灭整个世界都在所不惜，最后连自己为人妻、为人母的脸面都不顾，甚至容忍周萍有两个情人，把自己沦落到卑贱的地步，唯一的希望就是周萍能够留下。但周萍去意已决。从繁漪本人的悲剧性格来说，我非常同情她。曹禺把她作为一名女性，渴望追求个人幸福的心理刻画得细致入微。她让步让到极点，想以此挽回自己的爱情，可最后还是挽回不了。这么个可怜的人，每走一步，身上都有一团火在烧，伴随着她，毁灭她身边的事物。到最后，她自己都不知道事情怎么会发展成那样。繁漪的眼中只有周萍，她只希望通过她的方法把周萍拉住。可是她导致的悲剧却使整个家庭崩溃。所以这个故事好就好在这里，繁漪具有双重人格，一方面她受气受得最深，在她身上融入了几千年来中国妇女被压迫受苦难的地位，按陀思妥耶夫斯基的话来说，就是"被侮辱与被损害"的形象，并且将这种形象推到了极致。西方文学名著中，像陀思妥耶夫斯基的小说中，就有这种"被侮辱与被损害"的艺术形象出现。西方文学名著中，这类形象就像抹布一样，沾染了最肮脏的东西，任人践踏。但西方作家往往在他们身上赋予了神一样的光芒，遭遇了各种苦难，但人性还是十分纯洁完美，最后灵魂都会升上天堂。为什么会出现这种现象？西方以基督教为背景，宣扬"历尽苦难，灵魂最终得到升华"，这种思想在西方的文学作品中表露无遗。"被侮辱与被损害"的女性形象在历经苦难后，就会变得非常伟大，灵魂就会升华，一切以忍、爱来完成对这个世界的创造。可是在中国，《雷雨》出自一个二十三岁的中国作家，不可能也不会写出"历尽苦难，灵魂最终得到升华"的形象。繁漪一方面是个"被侮辱与被损害"、历经苦难的人，同时也是个魔鬼。她每走一步，围绕在她身边的灾难就往前推进一步，最终整个悲剧发生。所以繁漪身上同时承担了"圣者"与"魔鬼"的双重个性。

从梅侍萍被赶出周家到周朴园娶繁漪进门，中间周朴园还有一任妻子，但《雷雨》中并没有对她有只言片语的描写。计算了一下，繁漪大概在十七岁时嫁入周家，当时周朴园大概是三十七岁，已经有过两段失败的婚姻生活。我们可以想象周朴园对繁漪没有什么感情，他的感情世界和繁漪的完全不同，曾经沧海难为水，十七岁的繁漪永远走不进三十七岁的周朴园的心，永远被排除在爱情的门外，直到她三十几岁时认识了周萍。这十三四年对她是巨大的精神折磨。曹禺并没有直接写出这点，而是通过一个细节——繁漪吃药——来描写的。繁漪被认为有点精神病，所以要吃药。不仅周朴园逼着她吃，而且他还让儿子跪在她面前劝她吃药。所以繁漪对周萍说她在这个家中吃了十几年的苦。这就是个象征。但转化为现实环境来说，我认为她还是有精神病的，只是处在一个比较隐蔽的状态，在这么个大家庭中，她一边要遮掩住和周萍的感情，一边又要应付这么个大家庭的诸多事情，她的精神能不崩溃吗？在佣人看来是闹鬼，在丈夫看来她就是有精神病。不可以用好言好语，只能用强制手段来逼迫她吃药。也正是因为繁漪的歇斯底里，使周萍受不了，所以才想摆脱她。我们演出《雷雨》时把繁漪演得很漂亮，很高雅，那是不对的。依我看，繁漪不应该很漂亮，应该是个厉鬼似的人物，有变态的性格，才会导致最后的悲剧。

繁漪和周冲看上去是两个极端，但性格都非常丰富。繁漪有着不可捉摸的力量，这种力量使剧中每个人物的努力都是枉然。其中也有繁漪自己对人性的追求，可所有追求的结果都是违背人性。这种互相矛盾的追求最终导致每个人的努力都付之东流，每个人都走到了他们希望的反面。繁漪既是魔鬼，又是公正的审判者，她使每个人的努力都成为徒然。所以，要分析《雷雨》就要抓住繁漪这个最重要的人物。由于她找来了梅侍萍，才开启了周家惊心动魄的悲剧之门。这在西方经典戏剧中很常见：一个看似和平的家庭因为一个外来者的出现，使所有的矛盾逐渐爆发出来，最终一发不可收拾。由于这么两个极端，把人性的张力拉到极致，使作品中每个人物的性格都丰富化，本来单面的性格都变得多面化、复杂化，也正是因此，《雷雨》这部作品特别难以把握，不能够轻易分析清楚。

周朴园和梅侍萍三十年后的见面，过去我们分析总是从社会伦理出发，但我认为周朴园是真心爱梅侍萍的，而且是场刻骨铭心的爱情，并且两个人共同生活了几年，生育了两个孩子。他们共同生活时，有自己的房间，有自己的布置，我们在舞台上看到的客厅，布置是照三十年前的布置，没有改过，保持了梅侍萍在时所有的家具和摆设，连梅侍萍当时怕开窗的习惯也保留了下来。由此可见，周朴园当年非常喜欢梅侍萍。这种爱情的创伤不能磨灭，因此他也不能融入到后两任妻子的爱情之中，这也导致了后面两任妻子的悲剧。谁导致了这一不合理的婚姻制度？是谁当年把梅侍萍赶出家门？这里我们可以归结到封建的制度。梅侍萍如果满足于做一个有钱人家的妾的话，这种悲剧不会发生。只有一种情况，梅侍萍不愿为妾，在这种情况下，不被封建家庭所允许，她才会被赶走。我们不能说周朴园在爱梅侍萍方面是虚伪的，因为如果倒退三十年，他也只不过二十来岁。在封建家庭里，少爷的拈花惹草、三房四妾是被允许的，但正式娶妻就要门当户对。因此，周家允许周朴园和梅侍萍同居生育，但不会允许他娶梅侍萍为正室，一定要为他另择亲事。从这里，我们可以感觉到封建家庭制度的罪恶所在，在这个罪恶当中，不仅梅侍萍是牺牲者，周朴园其实也是牺牲者。梅侍萍不愿为妾，才会被赶走。由此可见，她的品行是非常高洁的。作品中一直写到四凤说她妈妈是个清高的人。梅侍萍不愿处于一个被压迫的、屈辱的地位，不愿做一个小妾，不愿与别人分享爱情，可见她的性格自立。她是个坚强、宁折不弯的人，与繁漪形成鲜明对比。

分析到这里，可以解释下面这一幕。我把它看成陆游和唐婉重逢的一幕。他们自己相爱，但因为社会环境等各种因素导致了他们不能在一起。周朴园对此怀有深深的歉意，这种歉意导致了他对后两任妻子的漠视。繁漪的变态疯狂，导致了他心情不好，便叫四凤把旧衣服拿出来看看，怀旧。当周朴园看到鲁妈时，马上想到了当年的那个小丫头，但他认为她已经死了，所以就向她打听梅侍萍。鲁妈开始时也不敢认周朴园，两个人开始打哑谜，开始怀旧。后来鲁妈发现周朴园还不能认出她时，就逐渐亮出了自己的身份。周朴园颤声问道"你，你，你……你是谁"时，鲁妈说了句非常精彩的话。她说："老爷，侍萍想不到老得连你也认不出来了。"一个妇女沧桑相隔了三十年，变成老太婆了，可在她三十年前的情人面前，她首先想到的是自己已经变老了，心疼自己的容貌竟然连以前最亲近的人都认不出来了。可这时周朴园说了一句很煞风景的话："你怎么来了？""是谁派你来的？"很多评论家都把这两句话认为是周朴园虚伪本性的表现。我觉得不然。因为鲁妈一表明身份，马上使周朴园从怀旧回到了现实。他想到鲁妈的现实身份是鲁贵的妻子，鲁大海的母亲，而鲁大海正在和他打官司。因此他问了这么两句话，很符合他的身份，毕竟他当了那么多年的老板。但这两句话也给鲁妈以沉重打击，受了三十年委屈的女人一下子把所有的怨吐向了自己的情人。

这部作品中台词丰富的意义，是同时代的其他作品无法比拟的。台词中既有批判现实的意义，又有男女间丰富的感情，两者交织在一起。如果我们仅仅把周朴园和梅侍萍的关系看成阶级对立关系，我认为是简单化的、肤浅的；把他们的关系说成欺骗也是不符合人性的。只有看到了人性的丰富性，才能看到人性的悲剧性。人性越丰富，感情越细腻，性格中的悲剧成分也就越大。周冲和繁漪的两极化，赋予每个人物的性格最大的张力，很难用简单的公式去讲清楚他们。我们每个读者都能根据自己不同的年龄经历在这部作品中读出自己的感受。因此，也就成为了一个说不尽的《雷雨》，一个说不尽的曹禺。由于精彩丰富的内涵，使作品的语言充满了紧张感，这真的是部大师的作品，几乎每一句话都有丰富的潜台词，每一句话背后都有可以截然对立的解释。

曹禺笔下每个人物的心灵历程，都是个心灵辩证法的过程，人物的心理总是随着故事的发展，走向其相反的另一面。从这个意义上说，我认为《雷雨》如果作为一部世界名著，完全是当之无愧的。

2003 年 3 月 22 日在上海图书馆演讲厅的演讲。演讲稿根据录音整理，初刊上海作家协会、上海图书馆主编的《名家解读名著（二）》，上海科学技术文献出版社 2004 年版。

巴金《家》解读

今天我们来一起读一部巴金的代表作：《家》。在确定这个题目的时候，很多朋友对我说，《家》，大家已经太熟悉了，你是不是挑一部大家不熟悉的来谈。但是我想了一下，还是选了《家》，不是偷懒，而是因为我对文学研究有一个观念，就是在文学史上被称为经典的文学作品，是需要一代代人去阅读、去理解的。比如我们今天说《诗经》是经典，《离骚》是经典，李白、杜甫的诗是经典，《红楼梦》《水浒传》是经典，就是因为几百年以来，一代代的人都在阅读，每一代人在阅读过程中都结合了自己这个时代的思想来重新阐释。如果这个作品经得起一代代的阐释，那么它才叫做经典作品。如果它在一个时代非常轰动，很受大家欢迎，可是过了这个时代，大家就把它忘了，这样的作品就不是经典，而是畅销书或流行书。

在现代文学史上，巴老的《家》是公认的经典，是他的代表作。这个作品的创作时间距今已七十多年。今天的很多读者都以为这部作品所描写的故事离我们太远了，已经过时了。这个话过去巴老自己也说过。"文革"刚结束的时候，人民文学出版社重印《家》，巴老在《后记》中说：《家》是反对封建主义的，现在已经进入了人民当家作主的时代，它已经完成了自己的历史任务，让读者忘记这些故事可能更好一点。我认为巴老的《后记》很典型地反映了那个时代人们的思维方式，他们认为这部小说是反封建的，那么中国社会就一定要有个"封建"在那儿，这样，小说才有意义。如果封建时代已经过去了，这部小说就没有意义，就过时了。但也可能是巴老对自己的创作持比较谦虚的态度。实际上我在想，《红楼梦》呢？《水浒传》呢？《水浒传》讲强盗造反的故事，总不能说今天有强盗造反才去读这本书啊？

那么，现在再来读《家》这部文学史上的名著，我们该怎么理解这部作品？怎么使这部作品的意义、内涵和今天的生活、社会心理以及人们所关注的问题连接起来？如果能够达到这种沟通，那么这部作品就仍然有意义。

巴金的《家》最早在报纸上连载的时候，书名是《激流》，后来出书的时候"激流"则成了"三部曲"的总名。显而易见，在创作中"激流"是巴金一再要表达的重要主题。什么叫激流？江水从上到下奔腾而来，那样气势磅礴的冲击力就是激流。在《激流三部曲》中，我们可以把这股冲击力看成青春的象征。这是《家》最主要的东西。如果阅读《家》看不出这种强烈的激流精神，那么《家》的意义就没有被充分解读出来。以往，我们阅读和阐释现代文学作品，所有的作品都用"反帝反封建"来涵盖，因为中国新民主主义革命的主题是反帝反封建，大家就觉得"反封建"最可以解释"五四"新文学的作品。但我曾有过个疑惑，那就是，我发现巴老在20世纪三四十年代讲到《家》的时候，他并没有用过"反封建"这个词。"反封建"是在 1950 年代以后才用的，由于我们国家把革命定义成"反帝反封建"，大家才用它去阐释巴金的作品。我注意到，巴金在最早谈到《家》，用词最尖锐的一次是"我在揭露一个资产阶级家庭的罪恶"，我觉得这是他用政治词汇用得最尖锐的一次，当时我心里感到很奇怪，为什么巴老讲的是资产阶级家庭？

后来我有点理解了，一是对这个社会性质的认识问题，一是对家庭特征的认识问题。当巴老提出"资产阶级家庭"的时候是把这个概念和他当时的无政府主义的社会理想联系在一起的。因为在那个年代（1920 年代末 1930 年代初）中国社会性质是什么，当时大家还说不清楚。1930 年代以后，左翼阵营才开始讨论中国社会性质的问题，对中国究竟是资本主义社会、封建主义社会还是半封建半殖民地社会产生了争论。毛泽东发表《新民主主义论》，才明确中国社会是半殖民地半封建社会。巴金的《家》出现之前，当时对中国社会没有一个固定的、明确的、权威的解释。中国在推翻了清王朝后进入民国时代，社会属于什么性质？在当时不像我们今天有个统一的说法。而巴老从无政府主义社会观念的解释出发，他当时是资产阶级时代，同时也进入了无产阶级革命的时代。在这样理解过程中，巴金始终把资产阶级社会跟资产阶级法权、资产阶级专制结合在一起，跟资产阶级国家机器等概念放在一个系统上，所以早年当巴金提出资产阶级家庭时，他脑中是没有"反封建"这个概念的。其实当时人们（包括读者和作者）脑中也没有像我们今天这么明确、这么认可的"封建家庭"概念。巴金其实就是通过写一个家庭揭露专制社会的罪恶。为什么要写家庭专制？实际上是有影射的。是用"家"这个空间来象征整个社会。在巴老看来，当时的社会是个资产阶级的专制独裁社会。1930年代国民党刚刚统治了中国，一直在推行独裁政策，进行思想文化控制，巴老就是要反对当时的资产阶级专制社会。所以他在解释《家》的时候，表现"家"的时候并没有今天这么清楚地说的所谓的"封建家庭"。说句老实话，我们今天也不知道封建家庭是什么。我们只知道家长专制：家长作主，儿女婚姻不自由。我们通常把这样的东西概括成封建家庭，但我认为巴老当时写《家》，不完全是为了批判家庭这个主题，他是以家庭为象征物来影射、攻击当时的社会。

那么，巴老为什么要以家庭影射社会？这与巴老特殊的创作背景有关。巴老在走上创作道路以前，不过是我们今天所说的"文学青年"，他并不想当作家，巴老早期是个社会革命家，是从事社会运动的。他有一个非常清晰的理想：无政府理想，即人类走向平等与打碎一切国家机器，走向一个没有人压迫人、人剥削人的社会。他当时抱着这个理想到法国去读经济学。巴老给我的印象一直是个沉默寡言的老人，沉默寡言的人的内心感情却很丰富，对社会生活中各种现象都有非常强烈的反应，可是他不擅于口头表达，只好通过文字来写，所以巴老一直说他创作是因为心里有感情要倾吐、有爱憎要发泄。比如在法国，他参与营救萨珂和凡宰特两个无政府主义者的政治运动，但没有成功，他眼睁睁地看着他所崇敬的人被杀害。这个消息传来后，巴金内心的愤怒和悲伤，都无法用语言表达出来，这个时候，他就在一本练习本上胡乱地写下一些不成形的片断。这根本不像一个小说家在写小说，而像个导演在拍电影。他脑中先浮现出各种各样的镜头，然后把镜头串起来，最后修订成一部小说，这就是《灭亡》。他写一个青年人，因为不满这个世界，感情上又受到刺激，生了肺病，遭受病魔折磨，很痛苦，也憎恨这个社会。后来实在忍受不了，就走上了恐怖主义的道路。暗杀没有成功，他就牺牲了。写完小说，巴金就在前面写了一句"献给我亲爱的哥哥"。后来他把这本书寄回来，准备自费印一本小册子给他哥哥看，给他哥哥看是什么意思呢？写了个恐怖的故事就是要告诉他哥哥，这个时代是多么黑暗，我们年轻人受到的刺激是多么深，我已经走上了革命的道路，不会再回来了。稿子寄到上海以后，交给一个在开明书店做编辑的朋友准备自费印刷，而朋友把稿子送给当时的知名作家叶圣陶先生看，叶先生当时在主编《小说月报》，就把它放在当时发行量最大的文学期刊《小说月报》上连载。当《灭亡》发表的时候，巴金已经从法国回国。那是他第一次用"巴金"这个笔名发表小说，他自己也没在意，而当他回国时，"巴金"已经成了人人皆知的文坛新人。

巴金回国后的第一年还在从事无政府主义宣传工作。到了第二年，这种政治活动已经完全失败了。这些人都充满理想，但也知道自己的政治理想已经不能实现。所以这些无政府主义者就把自己的理想转化成另外的工作，在福建泉州有的办学校，有的办报纸，有的搞工会，做各种各样的事情。巴金回来以后本来是满腔热情想继续从事无政府主义运动，可到了1930年代，他发现昔日的同志都散掉了，他没有战场，也没有阵地。他就把这痛苦悲愤的感情完全转移到写作上去。他说

1930 年 7 月的一个晚上，他突然听到耳边有一片哭声，然后他就醒过来了，醒过来就觉得当时有什么人控制了他一样，他拿起笔来就写了一篇短篇小说《洛伯尔先生》。他写完这篇小说，丢开笔，推开门，走到天井，看到天上一片彩霞，麻雀都在树上叫。他感到非常欢乐。从那天开始，巴金整个心绪都转变了。他把这件事郑重其事地写在回忆录里。在这以前，巴金是个社会活动家、职业革命者。可是从那年以后，他原来从事的活动基本上不搞了，而成了知名作家。

1930 年 7 月到 1931 年底，差不多一年半的时间，他写了一个长篇、两个中篇、一本短篇小说集，还有散文、翻译等，其间，还曾两次到福建去旅游。当时他差不多每天都在写作，写完一部作品他去旅游，旅游途中也在写作。其实这个旅游也不是真的旅游，他是去找他昔日的无政府主义阵营里的战友。他到广东、福建，去看了很多朋友。可是最后他就发现那儿不是他事业发展的地方。因为巴金不喜欢说话，不喜欢说话的人是不能做教师的，所以他去了几次，到学校看看，他很佩服那些在泉州教书的人，可是他自己最后还是回来了。因为他的理想不在这里。回来以后，他就连续写了好几部作品，包括《新生》《死去的太阳》《爱情的三部曲》的第一部《雾》等，这些作品都是写如何战斗、如何反抗、如何搞革命。但这样的作品在那个时代是被禁的。到 1933 年前后，他的新作品几乎都遭到国民党政府出版审查机关的查禁或者删改。在这种情况下，我觉得巴金当时写《家》是改变了策略，这部作品的写作和其他作品有着非常不一样的地方，《家》是一部连载小说，连载的媒介不是政治性的报刊，也不是知识分子精英的刊物，而是我们今天所说的小市民报纸。写连载小说，过去是鸳鸯蝴蝶派的写法。张恨水等人都是这样一段段地写，写哥哥妹妹、妹妹哥哥的。而巴金这样一个写革命、写暴动、写暗杀的人，他要这样写连载小说，肯定要表达另外一种内容。

《家》的产生还与巴金一个庞大的写作计划有关。他在写完《灭亡》以后，当时有很多人都对他说，这部小说你可以把它再扩大写续篇。巴金自己在法国读了作家左拉的系列小说《卢贡－马加尔家族》，这部小说有二十卷，每卷写那个时代的一个领域，比如《土地》就是写当时法国农村的事，《萌芽》写的就是当时法国矿山矿工的事情，《小酒店》讲的就是普通市民的故事，《娜娜》写交际花的故事等等。二十卷小说，题材都不一样，一个家族，二十卷小说的主人公都是一个家族的成员，但每个人的故事都反映了一个领域，一个时代。这部小说对巴金的影响非常大，他对左拉非常崇拜，他后来的很多创作都受左拉影响。于是他也想模仿左拉把自己的《灭亡》写成一个多卷本的故事。他计划写五本：《春梦》《一生》《灭亡》《新生》《黎明》。前两本准备写杜大心的父母及家庭的故事，第三本写杜大心之死，第四本写杜大心的同事怎么前仆后继地革命，第五本写理想，革命成功以后的故事。《春梦》写杜大心家庭的故事，巴金主要取材于自己家族的故事。当时他把这个理想跟他大哥说起，得到了哥哥的热情支持。在他哥哥的鼓励下，写了《春梦》的一些片段，但是《春梦》没有写完，后来就把这个故事用在另外一部小说《死去的太阳》里面，还有一部分就划到《家》里面去了。其中有一个场景就是《家》里的瑞珏被赶到郊外生孩子的场景。到了1931年，因为他有个朋友请他在《时报》上写连载故事。他又把他以前《春梦》里的片段拿出来加以修改，如果不是他的大哥去世，《家》可能是另外一副面目。因为小说到第六章时觉新才出现，前面五章都没有写到他大哥。前面五章写的是觉慧和他的二哥觉民以及觉民的女朋友琴，还有个小丫头鸣凤，前五章都是写这些故事。可是就在巴金写完第六章，他接到了他大哥自杀的电报，而且正好这一天也是《家》开始在报纸上正式连载。大哥的死讯传来，巴金非常难过。他觉得本来写这部小说是要给他大哥看的，大哥现在却看不到了。反过来，他本来不想写自己家庭，或有顾虑怕得罪人，让他大哥为难。现在没有什么好顾忌的了。因为他和他的家庭的唯一关系就是大哥。所以我觉得这个事情是个出发点，对于大哥的怀念和悲痛使他把自己从无政府主义战场上退下来以后对社会的全部积怨都激发起来了，把这个家庭变成了抨击的目标。在小说里，我们看到他对这个家庭是满怀仇恨，充满了攻击性的情绪。我觉得这种情绪和当时他所处的特定环境有关。巴金自己的家族是一个大家族，爷爷传下来有几房，巴金的父亲过早去世了，巴金和他哥哥都是第三代，与叔叔辈的其他各房之间的矛盾肯定是很大的。受制于长辈的欺负，对于小孩来说特别敏感，特别容易感受世态炎凉，看到这个家庭无情无义。我觉得巴金年轻的时候是带着这样一种情绪看待这个家庭的。

但是更重要的不是这个，而是刚才我所说的一系列的过程。巴金写《家》的时候刚从政治战场上退下来，是在政治活动中失败的角色。一个充满着理想主义的人在政治上却无所作为，这样的人回到写作的岗位上其实是不安心的。可是虽然他不安心，却偏偏在写作上很有成就。他想做的事情却偏偏都失败了，所以他是把失败痛苦都倾注在这个作品里面。这个作品有股特有的味道，是其他类似的写家庭的文学作品所不具备的。对于巴金来说，底蕴却是一种孤独，一种失败感，一种凄凉。巴金在文坛上是非常独特的作家，他与别的以文学为生、以文字为生、以语言为生的作家是完全不一样的。作为一个政治上的失败者，巴金以他最大的愤怒在批判、抨击这个社会。可是这是个黑暗的专制社会，不允许他那么赤裸裸地、直接地去攻击，于是他改变了方式，他以公开攻击自己的家庭为旗号来表达他对社会的攻击。这是他写作的基本策略。这不是他发明的，是托尔斯泰发明的，他是从托尔斯泰那儿学来的，即用自我忏悔的形式来攻击社会，《家》里他写了一个专制的家庭，攻击批判它。国民党再专制独裁，总不能禁止他批判自己家庭的罪恶吧？他用这种自我暴露、自我忏悔的方式来达到对社会的深刻批判。所以说"反封建"都是后来加上的，他的基本主题是攻击当时的社会专制和文化专制。这是《家》里面的核心，不让年轻人、底层的人有一点自由，杀害了他们的生命，杀害了他们的青春，这是有罪的。至于这样的家庭性质是封建的还是资产阶级的，我认为根本不重要。

巴金创作《家》的这个目标是非常清楚的。这个目标是通过对高老太爷——整个故事的核心、《家》里的最高统治者——的塑造来实现的，高老太爷的原型是巴金的祖父。我在写《巴金传》时作过认真的对照，我对照过巴金祖父的资料和小说中高老太爷的形象，就发现巴金的祖父并不像巴金自己所说的，也不像《家》里面高老太爷那种人，巴金故意把高老太爷描绘得非常专制、非常独裁。而实际上，巴金的家庭并不是像他所写的所谓封建家庭那么专制。为什么？第一，首先从大的政治上、文化上看，巴金的祖父是个非常开明、非常有眼光的人。那时大约在晚清，还是在西方影响很少的清王朝，他有几个儿子，老大就是巴金的父亲，曾做过县官，老二死了，老三、老四都被送到日本去学习法律，巴金的两个叔叔都是律师。在四川那么封闭的地方的土财主，能够想到把儿子送到日本去读书，首先就是了不起的事。如果没有世界性的眼光，没有看到世界潮流的话，土财主整天在那儿花天酒地，怎么会想到把儿子送到日本去读书？那毕竟还是个做官为主的科举时代。而且巴金的两个叔叔到日本学的是法律。这是资本主义国家文明最重要的一部分。从这里可以看到巴金祖父的眼光一点都不落后，一点不保守，不是那种拖着小辫子，整天只知道打麻将娶姨太太的人。第二，看他对几个孙子的安排：巴金的大哥，因为父亲早死，要他回来做生意，继承家业，这无可厚非；巴金和他的三哥李林都是在成都外国语专科学校读的外文，而不是四书五经等传统学问。因为他祖父听说，会外文才能在邮电局工作，而邮电局的工作在当时是铁饭碗，是不会失业的。从这些对子孙的安排上，也可以看出这个家庭实际上是非常开明的家庭，不是封建保守的。从这个故事反过来看这个家，因为他是以这个为社会象征——以高家为专制社会象征——来攻击社会，所以把高老太爷放到专制地位上去描写。但是再退一步讲，即使在《家》里面，巴金写的并不是高老太爷本人的什么问题，而是这个专制体制的罪恶。巴金始终认为造成这个社会罪恶的就是这个体制、这个制度。而这个制度已经形成了专制权力至高无上的可怕结果。举《家》里面最重要的故事为例，有三个女子，即鸣凤、梅和瑞珏，在小说里都先后去世了。这三个女子的死从表面上看都和高老太爷有关系。鸣凤是由于高老太爷把她送给冯乐山为妾，而她不愿意，所以她就自杀了。梅是因为高老太爷想抱重孙子了，高觉新的父亲就用抓阄的方法很随便地安排觉新和瑞珏结婚了，而牺牲了梅的爱情生活，以至梅后来的婚姻不幸福，备受压迫。瑞珏的死更惨，也更有意思。鸣凤是个丫鬟，那个时候本来就不当人的，是个奴隶；梅虽然是个小姐，但女孩子还是个弱者；可瑞珏不是弱者，这个家庭的长孙娘妇，是当家的，在《红楼梦》里面就是王熙凤的位置，而且瑞珏还是他们家里第四代的母亲（海臣当时是他们家唯一的第四代），那瑞珏这个人在高家应是有很高、很重要的地位，她是这个家里的掌家的人。可是这么一个贤惠宽容近乎完美的人就是敌不过那个已经死去的高老太爷。因为当时高老太爷已经死了，瑞珏又怀孕了，陈姨太就说如果在家里生孩子的话，就会冲犯尸体，所以一定要把瑞珏送到乡下去生孩子，瑞珏的一条命也没了。这里写得很深刻。一个在家里占着类似王熙凤的位置的女性，因为老太爷死了，就把她赶出门生孩子，就是一个活生生的人还抵不过一个死了的老太爷。从表面上看，这三个女性的死都和高老太爷有关，不管是直接的还是间接的。这样的关系好像在证明高老太爷是个十恶不赦的专制魔王，他的死活都要把人逼死。巴金通过这三个不同层面的故事来证明封建家庭的可怕，高老太爷的可怕。

可是你再想一想，仔细阅读这个文本的时候，会发现这三件事情没有一件是高老太爷应该负责的。比如说鸣凤的故事，从我们今天的角度来看，好像是地主阶级对丫鬟的迫害，把她当礼物一样送人去做妾。如果你还原到那个时代，一个丫鬟的出路不就是做妾吗？她除了做妾还能做什么？那个时代所有大家庭里的丫鬟，她们的最高理想就是做妾。扶正也不大可能，都是姨太太，只是你嫁的男人好不好，可靠不可靠，而不存在迫害的问题。我们从今天来看，这个事是一件罪恶的事，是对女性的人格污辱。可是在那个时代，我们看《红楼梦》里的晴雯、袭人不都是当主人小妾的命吗？只是方式不一样而已。当然把鸣凤送给冯老太爷，我们知道冯老太爷是个性变态，但那时高老太爷怎么知道他是个坏蛋呢？他们是朋友，又是知书达理的人家。所以鸣凤的死不是因为把她嫁给冯，而是因为她爱的需求，她心里已经有了爱，爱了觉慧而得不到自己的爱人，这才是她死的原因。反过来，她爱了觉慧是否就一定能得到觉慧，就一定能嫁给觉慧？我们从小说里面看，从头到尾，至少我没看出觉慧哪里爱着鸣凤。他对鸣凤完全是小孩子和小孩子之间很亲切的感觉。一开始出来，就和她开玩笑，拦住路不让她走啊等等。小说里有一段写得很有意思，鸣凤临自杀前去找觉慧时，觉慧不理她。觉慧为什么不理她，因为觉慧怕她影响自己写革命文章，其实这是很说不通的。家里发生了这么大的事，鸣凤只要把窗户打开，和他说一句话就行了。可是话剧《家》里面有个片段，觉慧在里面写文章，鸣凤在外面跳湖。这个故事只能在舞台上这么做，如果还原到现实生活中，很难说得通。事实上鸣凤已经把窗户打开了，和三少爷说话了，三少爷也和她说话了："你有事明天再来找我，我今天要写文章太忙了。"那个时候只要鸣凤一开口说这件事，问题就是另外一回事了。她既然那么爱三少爷，为什么在这关键时候不把这件事说出来呢？如果干脆写鸣凤跳河那天觉慧不在，出差去了，或被警察抓起来了，那么事情还讲得通。但是觉慧明明在家里，只隔了一层纸，在窗外，就是不告诉他，让她跳河去，这是很戏剧化的东西，不是日常生活的东西。我想，巴金写到这个地方，作为一个作家，他是有错觉的，实际上他心里是有个底线：觉慧从来就没有爱过鸣凤。如果觉慧是爱鸣凤的，那么他应该在鸣凤死了以后就离开这个家庭，或者和家里大吵大闹，至少他要大病一场，但是什么都没发生。他到头来还是个小孩子。我的理解是觉慧对鸣凤只是一个少爷对丫鬟的爱护，觉慧作为一个无政府主义者的理想即人与人是平等的，应该互相友好爱护。但鸣凤对觉慧是有爱情的。一个小丫头被主人宠爱了，她会产生朦胧的爱情，这种爱情使得她把三少爷看成唯一的依靠。但在那个时候她发现三少爷根本不能保护她，甚至自己还是个小毛孩，什么都不能保护她的时候，她只好跳湖。所以我觉得，从故事的层面来看，鸣凤的死是因为高老太爷把她送给冯做妾，她不愿意去，她自杀了；但是从心理层面上来看，是因为鸣凤爱上了三少爷，但这种爱很绝望。这种绝望就是她发现三少爷并没有意识到爱，也没意识到鸣凤在爱他，所以她的爱是很绝望，很孤独的。我们仔细看《家》里，觉慧对两个嫂子都有感情。对琴（觉民的女朋友）他一直在和她开玩笑，一直在打情骂俏；对大嫂，他心里有一种潜在的情感，一直有爱慕之心。所以大嫂的死导致他离家出走。这个在心理和伦理上完全成立。一个小孩子，从小父母死了，缺少母爱，他

122

把心里对母亲的爱转移到了大嫂身上，这个很正常。小说里面觉慧对鸣凤的感情完全是对小妹妹似的感情。两个年龄差不多的人整天在一起开玩笑，"欺负"她（没有恶意的欺负），青梅竹马的感觉，不是爱的感觉。很多人把小说改编成戏的时候，强调了他们俩的感情，过分强调了这两个人的感情，就不能解释鸣凤自杀了对觉慧的心理产生什么样的冲击和影响，这个小说没有讲。没有讲是因为作家没有认为觉慧是爱鸣凤的。我现在解读这个问题，目的是想讲鸣凤的死和高老太爷是没有什么直接的关系，当然也有一定关系，但是这个关系还不至于导致鸣凤会自杀，还不是主观上的迫害（不是主观上的辱骂毒打）。高家主人，如他们的继母周氏，还和鸣凤说冯家是个好人家，很有钱，从主人的眼光看去这是件好事，不是因为鸣凤坏要惩罚她，把她嫁给个老头去。瑞珏的事更是这样。因为高老太爷已经死了，死了就不能为以后的事负责。所以在《家》的故事里高老太爷是个坏人，是个封建家庭的家长，可是其实在整个悲剧故事里面，直接能够负责的事很少。他能直接构成破坏的是，是觉慧要出去游行遭到他阻止，这是一件。还有当时他要觉民和冯乐山的孙女结婚，结果觉民逃婚了，这件事给高老太爷很大的打击。但这两件事无论如何都不构成作为封建家长罪恶的证据。那么这个家庭的罪恶是什么？

我认为这整个"家"里是没有敌人的，敌人就是"家"的制度。这个制度就是影射社会的强权制度。由于强权专制和独裁，不是由个人来负责，是这个制度的存在才造成了无数人的牺牲。而且导致悲剧的这些人，可能也不是坏人。比如导致鸣凤死的高老太爷、周氏，包括把瑞珏送到乡下去的陈姨太，这些人里面，并不是说某个人是坏人，这些人可能干了坏事，但这些坏事是由于制度的存在每个人都可能干的事。如果一个制度好，是民主而不是专制的，一个坏人想做坏事也做不了的，最多就是些吊儿郎当败家子。道理很明白，社会就是这样，如果这个社会制度、环境、风气好，清明，那么即使是坏人，他的作用也是个别的，他不能导致一件很大的坏事。但如果这个社会制度、环境、风气不好，在暴乱的时候，任何一个好人都会变坏，都会去参加批斗别人迫害别人的事。不一定说某个人是坏的，是这个体制造成的。这个社会制度造成人人可能都会变坏的恶劣环境，人人都可能有血债。巴金在那个时代写的《家》所阐释的社会批评原理，一直到后来总能引起我们不断的反思。这是我对《家》的第一个解读。

第二个解读是关于觉新。觉新是中国现代文学史上不可多得的艺术典型，是涵盖量很大的典型性格。我们的文学史上写英雄的很多，写懦夫的很少，如果要描写也是通常从鞭笞坏人出发的。而像巴金这样把一个懦夫、一个软弱的人当作艺术典型反反复复写进三大卷的并不多，其实第一卷《家》里的主角还不完全是觉新，它的真正主角应该是觉慧，但是《春》和《秋》的主人公就是觉新。特别是《秋》，主人公完全是觉新了。这里巴金也是有个转变过程。我们刚才说巴金本来想写五卷，第三本是《灭亡》，第四本是《新生》，第五本是《黎明》，最后一本书是巴金一直想写而没有写出来的作品。这本书一直到了 1958 年，巴金还把它作为创作计划报到上海作协，是《家》《春》《秋》的续篇，书名《群》，就是《黎明》，他要写一个理想的社会，想写觉慧走出家庭的故事。我的理解是当时《家》写完，这个"激流"的名字应该是指高觉慧，而不是高觉新。高觉新是没有激流的，这个人青春早就没有了，暮气沉沉的。巴金本来写"青春是美丽的"，青春应该放在高觉慧身上。觉慧在第一卷上还是个小孩子，他受了家庭的刺激离开了家庭。那离开了家庭后怎么办？肯定像杜大心一样，去从事反抗社会、暗杀等等活动了。但是觉慧出去后的事情，巴金一直要写却没有写出来。他写了《爱情的三部曲》《新生》《灭亡》，就是没有把觉慧当成故事主人公来写。但是在《春》里面，有几个片段，写觉慧从外面写信回来，告诉觉新说他在外面很好，参加了很多社会活动。我推测巴金原来的设想是《家》以后的《春》应该写到觉慧了。可是这方面或者是因为觉得时间不成熟，或者更吸引他的是高觉新的故事。所以最后他就改变了这个创作计划。

我们今天在讨论《激流三部曲》的时候，我们实际上是把《家》《春》《秋》作为一个整体来考察的。如果作为一个整体来考察的话，觉新毫无疑问地就是主人公。三部作品加起来是一百多万字。一百多万字的主人公，这在中国现代文学史上是很少的。西方有《约翰·克利斯朵夫》，四大卷就写一个人。中国也有，但总体来说在现代文学史上这么成功的一个艺术典型还是很少的。他就是写了一个非常软弱的、非常屈辱的人，这个人清醒地软弱着。什么叫清醒地软弱着？清醒的反义词是"糊涂"，我们中国人大多数都是糊涂地软弱着。就是说，他软弱，但不知道为什么软弱。他只知道对方很凶，我就屈服算了。他没考虑这个世界为什么是这样？而觉新不是这样的。他是受过五四新文化运动熏陶的。他当时就订阅了很多新思潮的书报杂志，这就跟巴金的大哥情况一样。巴金的新思想都是看了他大哥买的书后培养起来的，如果说巴金思想成长的道路，那他大哥是个很重要的人物，一直到巴金离开成都，从事社会运动，到他去法国留学，所有的经济资助全部来自他大哥。他大哥是个思想很开阔的人，他很清楚自己的处境，但小说里的觉新为什么要这么软弱，为什么一直向专制势力屈服？小说里总是说觉慧是个很大胆的人，什么都不怕，整天敢和家长对抗。可是他对抗完了并没有胜利，而是他大哥出去给他收拾残局。最后倒霉的还是他大哥，给人家赔不是、打招呼都是他大哥。大哥打完招呼，觉慧还不原谅他大哥，说大哥软弱没用。这就构成了一个非常奇怪的关系。在这种关系当中，他大哥承担着什么样的责任？他大哥不能像两个弟弟那样要逃走就逃走，因为他自己是这个大家庭里最重要的角色。在传统的中国家庭里，家里的权力是传给大儿子的，大儿子死了就传给大孙子，所以家里所有的经济活动是由大哥承担。爷爷死了以后，大哥实际上是这个家庭的家长，而不是他的三爸、四爸、五爸，那些人都是些二流子、败家子、吊儿郎当的，他们对这个家庭是不负责任的，他们就是被供养着的。而真正承担这个责任的是大房。所以觉新中学刚刚毕业还没来得及出国深造，就让他回来结婚，继承祖业了。从旧时代来看，人一结婚就成熟了，因为有家庭了，有责任了，然后家里就把经济大权交给了他。所以，为了自己的家人，他可以奉献出自己的一切。

小说里的觉新有非常复杂的性格。首先，这个家庭是以他为中心的，在这样的情况下，他当然不会反对家庭。因为他和这个家庭的关系太密切了，他的身家性命都是和这个家庭制度联系在一起的。他和两个弟弟则不一样。觉民可以为了逃婚一走了之，觉慧闹着要出去他就可以跑掉，如同叔辈的老四、老五一样，他们可以在外面吃喝嫖赌，没有太多责任感。家庭的权力也不在他们手上。像我们今天说的"谁有权，谁管事"，权力全在老大手上。觉新是个非常复杂的人，他是家里真正的主人，因此，当然要使这个家庭兴盛起来；同时对于家里那么多黑暗的东西，他也没办法斗争，因为他又是小一辈的，做坏事的都是他的长辈，他没有能力和长辈去斗争。这令他很痛苦，觉新的意义就在于他是一个行将灭亡的制度下的忠臣，他要尽力把这个家庭或社会搞好，可是上上下下都在干坏事，都在败坏这个家庭，再怎么呕心沥血也不能使它起死回生。这样的人的典型意义非常大，但是巴金没有从这个典型意义上来刻画这个人物。我们没看到觉新在外面办公司，做股票，看到的都是他在家里劝人。巴金没有把他的社会职能充分展示出来，他强调的是性格缺陷，觉新是个识大体、有全局观念的人，在这个全局观念中，他就意识到自己不得不向邪恶势力屈服。不屈服他没法做事．妥协了才能协调，才能做事。可是他这种妥协往往是以牺牲自己或自己人的利益为代价。这个就很可怕。如果你牺牲的是你自己的利益，你活该。但如果靠牺牲其他人的利益来换得一个权利上的妥协和事业上的进步，这是非常可怕的事情。你有资格牺牲你自己，哪怕你累得吐血或自杀，那是你自己的事情。但问题是你为了协调与家族的关系，不得不牺牲瑞珏的生命、鸣凤的生命，或者他两个弟弟的前途时，这就不可以。为什么不敢保护自己的妻子？顶多落得人家说你不孝，不孝又不能影响你做生意或赚钱，股票也不会因此而跌。但问题是心理上的折磨，觉得自己对不起死人。说到底，也不是对不起死人，而是在乎自己的声誉，高家的新掌门人一上台就野心勃勃不顾长辈了，只为自己的利益着想。说到底，他怕人家说这个，是为了维护自己的形象，为了维护家庭的团结，而牺牲了自己的妻子瑞珏。牺牲别人的生命和利益来顾全大局，这本身就是罪恶的。在小说里面，我们对觉新这个人是抱有同情的，但是这种同情背后是有罪恶在里面的，而罪恶本身是不可以被原谅的。觉新的内心很矛盾，他非常清醒自己的软弱，明白自己这么做是有罪的，可是为了顾全大局还是牺牲了自己和自己人的利益。

一直到今天，我们都可以看到觉新这样的人，他有很大的概括能力。这个人物的艺术生命含量到今天仍然没有减低，而且涵盖面更大。比如瑞珏在屋里面快死了，一直在叫喊，高觉新就在门口，他拼命敲打门，可就是打不开，始终见不到自己的老婆。所以巴金说"这个沉重的大门终于把他关在外面"，可是你想想乡下的一个破草房的破门怎么会砸不开？一砸就开，里面都是人，只要打开门不就解决了？这个故事看上去很富有戏剧性，像假的，不真实，实际上这是个象征。门当然是能打开的，问题是觉新有没有胆量把它打开。他心里本来对瑞珏就没有真正的爱，有愧于瑞珏，根本就没有勇气把门打开，没有勇气直面瑞珏的死。他是有罪的，所以只好借助于这扇门打不开。这种象征手法看上去写得幼稚，事实上我认为有很深层的心理因素在里面。

最后，我想讲一讲高觉慧，也就是"激流"的意义。巴金说"青春是美丽的"，我认为这是这部小说的主题。青春是美丽的，那么谁在"屠杀"青春？谁在阻碍青春？是专制社会制度。因为专制主义就是要把任何人的生命都控制到它的权力之下。奴隶社会里，奴隶是没有青春的，没有生命自由的，所以说青春必须要像一道激流冲破各种各样的障碍，奔腾向前。如果从这个意义上来说，巴金的《家》里的主人公不能不是高觉慧。可是高觉慧在小说里年龄实在太小，就十三四岁吧，这么年轻的人要面对这么黑暗的家庭，他显然无力承担起这个故事，所以我们读不出觉慧的主人公意义。巴金在当时写得最出色的一批年轻人，都是社会革命家，都是内心单纯热情又容易脆弱绝望的这些人，觉慧恰恰是这一系列人物中的一个。

在对觉慧的理解上，大家还容易忽略一个问题，也不是读者的问题，而是常识的问题，就是我们长期以来不能正面对无政府主义做个解答，我们只能把觉新、觉慧的形象容纳到一般的"五四"新文学潮流里，把高觉慧看作"五四"新文化运动中成长起来的一个年轻人。其实不对。为什么不对呢？这里有个比较。高家有三兄弟，老二叫觉民，他与觉慧是有区别的。区别在于老二是"五四"新文化运动熏陶出来的，他是巴金心目中的"五四"新文化影响下的年轻人。这个人是个人主义者，他强调的是个人。小说有一段是两兄弟在念一本书，是屠格涅夫的《父与子》，里面有一段话说"我不是畸人，我不是愚人"。这段话是说我们是人，有人的权利；我们是个人，不是指集体的人，也不是指全人类的人，我是一个人，我有人的权利。我的权利不是人人的权利，只是我的权利。我的权利是神圣不可侵犯的，所以我要给自己把幸福争过来。这样的思想在传统的中国是没有的，中国过去孔子讲的是君君臣臣父父子子，每个人都没有自己的权利。权利都产生在相对的关系当中，做儿子的权利在父亲手中，做臣子的权利就在皇帝的手里，妻子的权利就在丈夫的手里。在传统社会里面，个人是没有权利的，是没有能力掌握自己命运的。只有到了"五四"以后，西方的民主思想传到中国以后（也就是"五四"所宣传的民主与科学），对中国社会心理冲击最大的是个人主义。我们后来长期对个人主义持批评态度，其实"五四"时期"个人主义"是最吸引年轻人的一个新思想。因为个性第一，我要和谁结婚就和谁结婚，这是我个人的权利；如果不让我结婚，我就逃婚出走，根本不理会别人的情绪。觉民逃婚，这个事情给高老太爷一个沉重的打击。另外给高老太爷的打击就是他的两个儿子不孝，到处挥霍嫖妓赌博，最后把家产都挥霍掉。他看到自己辛辛苦苦赚来的钱，建立起来的这么一个家庭，就这么被两代子孙毁掉了。一代子孙是败家子，一代子孙是革命者，抛弃了家，高老太爷就这么绝望而死。在这个意义上，觉民的个人主义、爱情至上、自私自利，都是进步的，都是革命的。正因为他这种为了个人的恋爱和个人的幸福不顾一切离家出走，才致命地打击了高老太爷，把老头子的命都送掉了。这就是革命性啊，也就是我们今天所说的颠覆性，颠覆了这个家庭秩序。但是在巴金的眼睛里，新文学运动所培养出来的个人主义者，并不是理想的英雄。在小说里一直用觉慧的嘴批评觉民的个人主义，批评他太自私，不关心社会运动，不关心人家的事，只关心他自己。

为什么觉慧会批评觉民？因为觉慧的理想比觉民的要高得多。觉慧就是巴金所想象出来的理想主义者，即后来说的社会主义者，实际上是无政府主义者。他想的是人类的事情，是全社会改变命运的事情。虽然他是小孩，但他立足于穷人的立场，要反抗的是整个家庭制度。所以说他大胆，所以他在鸣凤死的时候还全神贯注地写文章，所以最后他会离开封建大家庭。觉民的逃婚是为了自己，而觉慧的离家出走是为了追求更大的理想。两个人的差别是非常明显的。我要强调这个差别是为了说明什么呢？巴金虽然说自己是五四运动的产儿，可是他却接受了无政府主义的理想，他就觉得自己比当时一般的"五四"新文化运动的资产阶级民主主义或个人主义要深刻得多，要高一个层次。对他来说，爱鸣凤，爱婉儿，或者爱其他丫鬟都差不多，对穷人都爱，对受苦的弱势群体都爱。小说里面觉慧的很多品质，我们没有很深地去挖掘。他对鸣凤不只是恋爱或者男孩对女孩的喜欢，他心里有着很高的精神向往。他经常给外地的人（如上海的一些无政府主义者）写信，和外面的朋友接触，他的视野完全不在家里面，他有更大的天地。这样一个代表着青春力量的人，才是真正要颠覆家庭的人，才是一个革命性的力量。这个人物我们没有很好地去挖掘。为什么觉慧在这个家里面一直处于格格不入的境地？一开始，家长们对觉民好，对觉慧是最不放心的，想着把他关起来，始终把他当成异端。到了《春》和《秋》，觉慧就消失了。可是觉慧一直成为这个家庭的希望。他们一绝望的时候就会想到"三哥在上海"，觉慧又鼓励家里的淑英等一些年轻人逃出去。觉慧成为了这个家里青年的理想，来照耀这个家庭，鼓舞着这个家里的年轻人去反叛、去抗争。这一点我们今天还是没有很深入地挖掘。到底觉慧所带来的理想，所带来的乌托邦，所带来的社会道德理想，究竟在今天有什么意义？

我想，今后随着我们社会的进一步开放，像巴金的作品里所隐藏的很多含义会进一步得到人们的关注。现在，我们读者也有很多局限，研究者也有局限，时代也有局限，对于巴金作品中很深刻的思想都没法理解。但更重要的是研究视线已经把它规定好了，就是"反帝反封建"，就会用很多很狭隘的定义把作品给固定起来了。这样我们就打不开思路，没有办法从更广阔的角度来理解。我看了很多演《家》的戏剧，从一个爱情的故事来演也好——因为舞台上总需要男男女女，而且一部经典作品是需要不断地被改编、被演出、被改成各种各样的不同的剧本，才能使经典成为大家所喜闻乐见的作品——但是对这个作品的真正解读，还是应该回到原始的文本，回到《家》本身去。其实《家》像个宝藏，很多问题都没被开掘出来，还需要我们进一步地去阅读和研究。

2004 年 12 月 17 日在上海档案馆演讲厅为上海巴金文学研究会举办的"庆祝巴金诞辰 101 周年"系列活动所作的演讲。演讲稿根据录音整理，初刊巴金文学研究会编的《巴老与一个世纪》，上海社会科学院出版社 2005 年版。

张爱玲《金锁记》解读

　　《金锁记》是文学史上的名篇，曾经获得评论界极高的赞誉。小说发表不久，傅雷化名"迅雨"发表评论，盛赞《金锁记》是张爱玲"目前为止的最完满之作，颇有《猎人日记》中某些故事的风味。至少也该列为我们文坛最美的收获之一"。文学史家夏志清教授更加直截了当地评价说："在我看来，这是中国从古以来最伟大的中篇小说。"也许这些评价都有些过分，但《金锁记》是张爱玲所有作品中最令人感到心灵震颤的一部，大约是毫无疑义的。

　　但是对《金锁记》也有不同的理解。我先讲一个故事：十多年前，《金锁记》曾经被改编成话剧搬上舞台，当时编演都希望一位著名表演艺术家来主演曹七巧，这位艺术家是我的朋友，没想到她认真读了剧本以后却婉言谢绝了。为此我特意问她为什么不愿意演这个角色？她沉吟了一下，告诉我说："我读了剧本，无法找到角色性格的内在'种子'。一个做母亲的人，怎么会对自己的儿女有如此扭曲的毒恶？"这位朋友在舞台与银幕上扮演过各类母亲的艺术角色，可是在她眼里，像曹七巧这样的母亲实在匪夷所思了。

本讲就从这里开始讲起：曹七巧与她的子女究竟是怎样一种关系。

《金锁记》创作于 1943 年，在故事的叙事时间上，大致分三个时间片段。小说一开始就说："三十年前的上海，一个有月亮的晚上……"接着又说，那两年正忙着换朝代，当指辛亥革命。那么，小说第一个片段是指 1912 年前后，曹七巧嫁到姜家才五年，已经生了一双儿女。接着一个片段就是十年以后，曹七巧的丈夫和婆婆先后去世，于是有了大闹分家会的场面，时间应是 1922 年前后，儿子长白不满十四岁。然后故事慢慢地延续。再到下一个时间节点，就是女儿长安已年近三十岁了。曹七巧破坏姜长安与童世舫婚姻的时间，应该是 1940 年前后。这样再留出一年时间，儿子长白的姜绢姑娘自杀，再过一两年时间，就轮到曹七巧带着仇恨死了。——那正好是 1943 年。于是，小说结尾说："三十年前的月亮早已沉了下去，三十年前的人也死了，然而三十年前的故事还没完——完不了。"这就是小说《金锁记》完整的时间概念。

据张爱玲的弟弟张子静回忆，《金锁记》故事自有其本。故事来源于李鸿章家族中的某房家庭故事，人物基本上都是有原型的。但是发生在前两个时间节点的故事，1912 年张爱玲还没有出生，1922 年张爱玲才两岁，都不可能是第一手材料，多半是张爱玲听旁人叙说再加上她的特殊写作才能，所以，这两个场面——曹七巧出场、叔嫂调情以及曹七巧大闹分家会的场面，主要来自她的艺术想象，这些都是小说中的精彩场面，也是最有匠心的场面，看得出张爱玲刻意模仿古典小说的许多表现手法。然而，故事发展到姜家分家以后的岁月，才是张爱玲走进现实版《金锁记》的日常生活的阶段。小说后半部的意境变得开阔，笔法近于写实，场面也走出了大家庭模式，集中表现曹七巧与子女长白、长安之间的纠葛。如果说，小说前两个时间段的曹七巧显得可笑兼可怜，那么到了后半部分——从曹七巧折磨媳妇芝寿、破坏长安婚姻两个故事中，则刻画出这个人物性格中令人恐怖的一面。

现在我们可以来讨论曹七巧与她的儿女的关系了。首先我们要分辨清楚：是什么样的动力造成了她与子女之间的畸形关系？大约张爱玲的本意是强调曹七巧因为正常情欲得不到满足，转而把财富视为命根子，为此她一生被套在黄金枷锁里面，牺牲了自己本来可以享受的天伦，成为一个丑陋、刻毒、乖戾又不幸福、害人又害己的被异化的人，从而也形成了一个怪异的人格。这是张爱玲为这篇小说取名"金锁记"的原因。张爱玲太看重金钱的力量了。她是这样来写晚年的曹七巧：

> 三十年来她戴着黄金的枷。她用那沉重的枷角劈杀了几个人，没死的也送了半条命。她知道她儿子女儿恨毒了她，她婆家的人恨她，她娘家的人恨她。

这似乎是盖棺定论了。再早些年，曹七巧的丈夫还没死的时候，作家也写到黄金枷锁的比喻："这些年了，她戴着黄金的枷锁，可是连金子的边都啃不到，这以后就不同了。"我们从这两处关于黄金枷锁的描写中可以体会："金锁"是在曹七巧三十五年前嫁入姜家豪门时就开始被戴上了。但在前十五年中，她忍受委屈，压抑情欲，苦心照料病人，并不能真正享受

（支配）这个家庭的财产；但是在后二十年中，丈夫死了，家产也分了，她掌控了一大笔财产，过着衣食无忧的寄生生活，但是她还是不幸福，不仅不幸福，而且陷入了半疯状态的迫害症里，她与娘家、婆家的亲戚都断绝了关系，对子女苛刻狠毒，都是为了把财富紧紧抓在手里，唯恐旁人谋取她的财产。——这就是张爱玲对于《金锁记》原型的亲戚故事的解读。一般研究者也自然沿着张爱玲的思路来理解曹七巧。夏志清就是这样分析道："小说的主角曹七巧——打个比喻——是把自己锁在黄金的枷锁里的女人，不给自己快乐，也不给她子女快乐。"

但是我觉得，《金锁记》的阐释如果仅仅停留在"金锁"的隐喻上，那么，这部小说后半部分的意义远远没有被发掘出来。"金锁"的隐喻在前半部分表现得很充分，因为曹七巧在丈夫的残废身体上得不到情欲的满足，唯一能够安慰她、约束她的就是对这个豪门家族拥有的财产的向往。可是，"金锁"仍然无法解释，小说的后半部分曹七巧为什么有了钱财还对自己的子女如此刻毒，为什么要破坏儿女们应有的幸福权利？这就是我们要追问的：在"金锁"以外，还有什么更为可怕的力量推动了曹七巧向自己的子女疯狂报复？曹七巧不是西方文学经典里的守财奴的形象，不是夏洛克、葛朗台、阿巴贡等守财奴，曹七巧的故事是一个中国故事，她的性格就是中国封建大家庭文化中锻铸而成的一种怪异的典型。更加隐秘地隐藏在她的身体内部，制约了她的种种怪诞行为的，不是对财产的欲望（因为这点在她的后半生已经得到满足），而是一个无法填补的巨大空洞似的欲望：性的欲望。这一点傅雷在评论《金锁记》

时已经注意到了，他尖锐地指出："爱情在一个人身上不得满足，便需要三四个人的幸福与生命来抵债。可怕的报复！"

曹七巧本来是一个市井之女，家里是开麻油店的，她在做姑娘的时候，与猪肉铺的卖肉老板打情骂俏，油腻腻的猪肉给她带来虽然粗俗却又温厚的情欲。请注意：作家把曹七巧的情欲与猪肉连结在一起，直截了当地表现出她的情欲就是一种肉的欲望，物质的身体的性爱欲望，可就是这么一个充满肉体欲望的女人被嫁入豪门，去陪伴一个虽然有钱，却没有好身体的男人。她男人从小患软骨病，虽然不影响生育，但是肌肉萎缩的身体，与曹七巧向往的强壮的男性肉体大相径庭，这显然不能满足曹七巧的身体欲望。这样就能够解释曹七巧为什么嫁入姜家后连续生有一双子女，依然不能满足她的身体欲望。小说开始部分就描写在老太太的起坐间里曹七巧与小叔子姜季泽的调情。姜季泽是个纨绔子弟，一来生得风流倜傥，身体结实；二来是在外吃喝嫖赌无所不为，没有道德底线。这两个条件都符合曹七巧的感情意愿，所以她主动出击，挑逗三叔。这一场面，作家这样写道：

> 七巧直挺挺的站了起来，两手扶着桌子，垂着眼皮，脸庞的下半部抖得像嘴里含着滚烫的蜡烛油似的，用尖细的声音逼出两句话道："你去挨着你二哥坐坐！你去挨着你二哥坐坐！"她试着在季泽身边坐下，只搭着他的椅子的一角，她将手贴在他腿上，道："你碰过他的肉没有？是软的、重的，就像人的脚有时发了麻，摸上去那感觉……"季泽脸上也变了色，然而他仍旧轻佻笑了一声，

俯下腰，伸手去捏她的脚道："倒要瞧瞧你的脚现在麻不麻！"七巧道："天哪，你没挨着他的肉，你不知道没病的身体是多好的……多好的……"

这一段描写很像《水浒传》里潘金莲与西门庆的调情场面，但是用在张爱玲笔下，强烈体现了曹七巧对男性健康身体的生理需要，她的语言近似于梦呓，直接地、无羞耻地倾诉出来。傅雷在分析曹七巧时用了"爱情"这个词，其实不是很恰切，在曹七巧的感受里，"爱情"不包括精神性的愉悦追求，甚至也不是生儿育女的繁衍本能，她需要的就是生理上的男欢女爱，需要男人直接给她的身体带来热烈刺激。可惜的是，这种一般市井女人轻而易举能够得到的肉体享乐，恰恰在这座用黄金堆砌起来的大宅门里无法满足。

曹七巧身体里这种隐秘的饥渴得不到满足，又是二爷正房太太的身份把她钉在继承财产的位置上，使她也不敢轻易出轨，姜季泽虽然荒唐，毕竟还有道德底线，不敢在叔嫂关系上乱了伦理大纲。在这种极度压抑的环境下，曹七巧对姜季泽的感情由怨恨发展到报复，才会在财产分配上斤斤计较，欲置死地而后快。所以在大闹分家会上，表面上表现出来的是曹七巧对姜季泽的所有财产锱铢必较，冷酷无情，似乎物质欲望压倒了一切，其实追求财产的背后恰恰是情欲的报复。

再接下来就是分家后姜季泽重访曹七巧，企图再续旧情，而曹七巧也不是没有过对新生活的向往，下面一段描写，被所有的评论家都津津乐道地做过分析：

七巧低着头，沐浴在光辉里，细细的音乐，细细的喜悦……这些年了，她跟他捉迷藏似的，只是近不得身，原来还有今天！可不是，这半辈子已经完了——花一般的年纪已经过去了。人生就是这样的错综复杂，不讲理。当初她为什么嫁到姜家来？为了钱么？不是的，为了要遇见季泽，为了命中注定她要和季泽相爱。她微微抬起脸来，季泽立在她跟前，两手合在她扇子上，面颊贴在她扇子上。他也老了十年了，然而人究竟还是那个人呵！他难道是哄她么？他想她的钱——她卖掉她的一生换来的几个钱？仅仅这一转念便使她暴怒起来。就算她错怪了他，他为她吃的苦抵得过她为他吃的苦么？好容易她死了心了，他又来撩拨她。她恨他。他还在看着她。他的眼睛——虽然隔了十年，人还是那个人呵！就算他是骗她的，迟一点儿发现不好么？即使明知是骗人的，他太会演戏了，也跟真的差不多罢？

　　这是一种血淋淋的灵魂自白。在曹七巧的欲望世界里，物质欲望与身体欲望展开了紧张搏斗，身体欲望一度也上升到了感情欲望，她竟然也用了"相爱"这个词，幻想自己踏进姜家豪门不是为了钱而是为了爱，虽然她想到钱的时候也暴怒过，犹豫过，但终究妥协了，甚至为了这个男人她愿意做出钱财上的牺牲。但是，很不幸，在曹七巧进一步不动声色的试探中，她终于发现姜季泽完全是在欺骗她的感情，而且是蓄谋已久的欺骗！难道还有比热恋中准备牺牲一切去爱的女人突然发现这个男人始终在欺骗她更加可怕的事情吗？曹七巧愤怒的爆发以及赶走姜季泽，不是为了捍卫财产，而是为了被欺骗的感情。失去了爱的痛苦远远超过了对财产的占有欲，是姜季泽的欺骗才使曹七巧全面崩溃，从此她失去了与现实社会环境接触的可能性，对什么人也不再信任，此时此刻，她穷得只剩下钱了。

爱的缺失比钱的缺失更可怕。爱情、性欲、男欢女爱，那是生命的元素，是与人的生命本质联系在一起的，爱的缺失会导致生命元素的缺失，生命就不完整不健康，没有爱的生命就是残废的生命、枯槁的生命；然而钱和物质只是在一小部分的意义上与生命发生关系，大部分是人生的元素，它只能决定人的日子过得好不好，缺失钱的人生也许不是好的人生，但并不影响生命本质的高尚与饱满，更不能决定人在精神上的追求和导向。所以，曹七巧面对的不仅仅是金锁的桎梏，更残酷的是她即使想打碎金锁，仍然得不到真正的爱与异性的健康肉身。在这种地方特别能显现出张爱玲创作的现实主义力量，她不给生活留一点暖色，因为她本人也不怎么相信人间确有真爱。

所以在小说的后半部分，曹七巧并不是死死守住黄金的枷锁专与子女过不去，而是她无可奈何地被锁在黄金的枷锁里，忍受着欲火的煎熬，终于把她熬得形同厉鬼，转过身来害周围一切被她逮着的人。不幸的是，由于她把自己封闭在黄金的枷锁里，她周围的人只有自己的子女。张爱玲在这个人物身上完全抽去了作为母亲的元素，把她变作人不人鬼不鬼的恶魔典型。

曹七巧与儿子长白是什么关系呢？小说这样写道：

她眯缝着眼望着他，这些年来她的生命里只有这一个男人，只有他，她不怕他想她的钱——横竖钱都是他的。可是，因为他是她的儿子，他这一个人还抵不了半个……现在，就连这半个人她也保留不住——他娶了亲。他是个瘦小白皙的年轻人，背有点驼，戴着金丝眼镜，有着工细的五官，时常茫然地微笑着，张着嘴，嘴里闪闪发着光的不知道是太多的唾沫水还是他的金牙。他敞着衣领，露出里面的珠羔里子和白小褂。七巧把一只脚搁在他肩膀上，不住地轻轻踢着他的脖子，低声道："我把你这不孝的奴才！打几时起变得这么不孝了？"

张爱玲的特点就是写作不避鄙俗，这样令人难堪的场面她都敢如实写出来，我们读了这个片段，面对这样的母子关系，能不感到恶心吗？接下来她就描写这对母子双双蜷缩在鸦片榻上的卑琐场面：

久已过了午夜了。长安早去睡了，长白打着烟泡，也前仰后合起来。七巧斟了杯浓茶给他，两人吃着蜜饯糖果，讨论着东邻西舍的隐私。七巧忽然含笑问道："白哥儿你说，你媳妇儿好不好？"长白笑道："这有什么可说的？"七巧道："没有可批评的，想必是好的了？"长白笑着不做声。七巧道："好，也有个怎么个好呀！"长白道："谁说她好来着？"七巧道："她不好？哪一点不好？说给娘听。"长白起初只是含糊对答，禁不起七巧再三盘问，只得吐露一二。旁边递茶递水的老妈子们都背过脸去笑得格格的，丫头们都掩着嘴忍着笑回避出去了。七巧又

141

是咬牙，又是笑，又是喃喃咒骂，卸下烟斗来狠命磕里面的灰，敲得托托一片响。长白说溜了嘴，止不住要说下去，足足说了一夜。

第二天，长白说的那些媳妇的隐私都变成了七巧在牌桌上的闲话，这种难堪的侮辱间接导致了儿媳妇芝寿的死亡。当然不能说世界上不存在这样一种变态的母子关系，但在这种关系中的曹七巧已经丧失了母性，堕落成一个被性饥渴折磨得没脸没皮的女人。

如果说曹七巧与儿子长白之间畸形的母子关系，还是来源于封建大家庭里的种种龌龊生活真实，那么，曹七巧对女儿长安的态度就更加过分，更加刻毒。曹七巧用尽手段来破坏长安的婚姻，当然不是因为舍不得陪嫁，更不是舍不得女儿出嫁，曹七巧心里对儿女的（哪怕丝毫的）爱早就荡然无存了。我们从曹七巧几次诅咒长安的刻毒话语中，可以体会她的情绪复杂混乱，既是一个没落的老女人对时代潮流（男女自由交际）的抗拒，也有对姜家豪门的极度怨恨与快意复仇。但是这都不是最根本的理由，如果从生命形态而言，就是一个极度性饥渴的老女人不愿意看到自己眼前的儿女有正常婚姻生活。她无法理性地掌控自己被折磨得死去活来的情欲：一听到儿子与媳妇的隐私，就莫名兴奋，丑态百出；一听到女儿私下恋爱，心里就窜起无名之火，不择手段地进行破坏。在外人看来，曹七巧就是一个半疯状态的性变态者，但从内心来分析，正如张爱玲在小说的结尾时描写的一段话：

她摸索着腕上的翠玉镯子，徐徐将那镯子顺着骨瘦如柴的手臂往上推，一直推到腋下。她自己也不能相信她年青的时候有过滚圆的胳膊。就连出了嫁之后几年，镯子里也只塞得进一条洋绉手帕。十八九岁做姑娘的时候，高高挽起了大镶大滚的蓝夏布衫袖，露出一双雪白的手腕，上街买菜去。喜欢她的有肉店里的朝禄，她哥哥的结拜弟兄丁玉根，张少泉，还有沈裁缝的儿子。喜欢她，也许只是喜欢跟她开开玩笑，然而如果她挑中了他们之中的一个，往后日子久了，生了孩子，男人多少对她有点真心。七巧挪了挪头底下的荷叶边小洋枕，凑上脸去揉擦了一下，那一面的一滴眼泪她就懒怠去揩拭，由它挂在腮上，渐渐自己干了。

　　这个从"滚圆的胳膊"到"骨瘦如柴的手臂"的比喻，夏志清教授赞扬为"读者读到这里，不免有毛发悚然之感"。依我的理解，这个比喻依然在通过曹七巧的身体变化暗示情欲对人的生命的摧残，由此才会引申出曹七巧弥留之际对她人生道路的反省，以及对人生另一种可能性的向往。张爱玲对这个麻油店女人作践挖苦够了以后，也隐隐约约地流露出一丝同情来。

　　曹七巧无疑是现代文学史上的艺术典型之一，是个独一无二的人物。但是在曹七巧与她的儿女之间的敌对关系中，她失落了作为母亲最本质的元素——母性，正因为这种人性的缺失，使曹七巧性格变得黑暗愚昧，没有一丝暖意和亮点。我的朋友不愿演出这个角色是有理由的，作为一个演员，在她还没有找到"这一个"角色性格的内在种子的时候，放弃也是对艺术的严肃态度。她还对我说："其实母亲的元素，本来是多少可以在曹七巧的自我折磨中起到一点挽救作用，可惜张爱玲不了解这一点，再坏的人，做了母亲，对子女也是有爱的。"于是我想起了张爱玲的《小团圆》，即使对她自己的母亲，她也是充满了误解与偏见的。

> 2019年9月9日在喜马拉雅音频平台上的讲课。讲稿根据录音整理，初刊《名作欣赏》2020年第4期，原题为《爱的缺失比钱的缺失更可怕——讲张爱玲的中篇小说〈金锁记〉》。

当代短篇小说的阅读

我们聚在沪东工人文化宫谈文学，现在已经是一件很奢侈的事情。这个地方我是很熟悉的。四十年以前，我还是个文学青年，大约十几岁吧，经常在这里参加工人赛诗会啊，听一些工人作家谈创作啊，还有看电影啊。从某种意义上说，我也是在东宫渐渐爱上文学的，那时我不过是个中学生。后来我在大学里教书，由于自己喜欢文学创作，还是会不停地关心文学、参与当代文学创作。所以今天能与大家一起谈文学，真的很高兴。在来这里的路上，我还在想今天谈点什么呢？原本想讲一些当代文学创作，特别是小说创作一些大的发展趋势。但我觉得在座各位对这些应该很熟悉了，还是放弃原先的思路，和大家谈谈我对当代小说的阅读感受。

今天我主要讲的是短篇小说。现在和以前有一个很大的区别：我们以前强调国家的民族文学标志，通常是指长篇小说。这个想法到现在还是这样。我们常常会听到这样的说法：一个民族最好的文学标志就是长篇小说。举例就是托尔斯泰，好像只有长篇小说才能代表我们民族的最高文学水平。我前几天在香港参加浸会大学举办的"红楼梦长篇小说奖"，这是华语文学奖金最高的文学奖。两年里只给一部长篇小说，但是这几年长篇小说滑坡得很厉害，挑来挑去，好像没有特别满意的作品。这似乎与这个时代有关。市场化进入了我们的文化生活，制约文学创作的，似乎不像以前是政治权力，而是市场。长篇小说成为市场激烈争夺的对象。一篇短篇小说卖不了多少钱的，但长篇小说可以卖到天价。这就吸引了大多数的作家都去写长篇，而短篇小说几乎没有人去关心，中篇也是如此，不管你有没有足够的文学创作力量或者对生活的深刻看法。一部长篇小说出版，媒体会不断地宣传，出版商后面的利润是指挥棒，但是短篇小说没有一个杂志社去帮它宣传，所以短篇小说现在非常寂寞，非常冷清，正因为这样，我想讲讲短篇小说。

因为文学艺术这种东西，只有在一个非功利的状况下，安安静静的，才可能呈现出文学艺术本来的面貌。文学创作是很艰苦的，需要反复琢磨、思考和修改的，它才有可能成为一个好的作品。如果一个作家写作时后面有人催啊催啊，他肯定写不好。我在 2003 年到 2006 年，主编过三年《上海文学》杂志，当时我力推短篇小说创作。为了找到好的短篇小说稿子，我一次次跑到宁夏、新疆、甘肃等西部地区，因为这些地方相对比较寂寞，人们对文学的看法比较神圣，创作也比较认真。我那时候连续发了河南作家的专号、西北作家的专号、甘肃作家的专号，不断力推这些作家，这些作家和你坐在一起还会和你讲文学，和你一起谈构思，讲他这个想法好不好，如果你觉得不好，他会与你一起讨论，还有兴趣来对这个艺术本身进行探讨。但是我觉得在大城市里这样做就很困难，就算作家们坐在一起谈，也很难谈什么艺术构思。好像大家都不是这么考虑的，因为长篇小说是不用考虑什么开头结尾的，长篇小说一写就是十几万字，怎么开头都可以的，但是短篇小说不一样，你一个头开不好，就写不好了，总共就一万字，你如何进入叙事，是个很重要的问题，所以我觉得从各位写作的实践当中，真的要让自己写作能力提高的话，短篇小说还是一个最好的表达形式，所以我讲讲对短篇小说的想法。

可能你们会对我的说法提出质疑。优秀的文学作品要反映生活中重要的题材或者厚重的历史容量。以这样来要求一个作家的话，那必须要写长篇小说。因为短篇小说是很难表达历史容量的，短篇小说给大家的印象就是一个生活片段，不可能全面地展示历史。其实我在想，文学的历史容量表现在哪里，不是说只有时间概念。现在一部被认为重要的作品，总是说，横跨几十年的历史啊，或者从辛亥革命写起，一讲就是中国百年历史，或者把建国六十周年的风云都写进去了，这种写法就是把时间作为小说叙事的支撑点。就相当于我们现在编电视连续剧，你看电视剧都是这样的：像《激情燃烧的岁月》，像《金婚》，一写就是五十年，都是电视连续剧的模式，这个模式是不适合写短篇小说的。但短篇小说有另外一种写法。我介绍一篇小说，探讨这个小说怎么来表达时间的。这篇小说名叫《送一个人上路》。作者是宁夏作家张学东。西北作家的语言都比较厚重，不像我们上海作家的语言比较轻松。作家是通过一个孩子的眼光来看这家人家。他的祖父曾经当过生产队长，现已退下来，在村里很有权威，每个人都怕他祖父，唯独有一个人不怕他祖父，而且祖父对这个人是百依百顺，这个人是一个五保户老人，天天喝得醉醺醺的，一不高兴就跑到他家里骂人，骂他祖父，骂他家人，然后他的祖父一定会恭恭敬敬地把他留下来吃饭，招待完了，这个人还是不满意，还是骂骂咧咧地走了。然后这个人越来越潦倒了，天天喝得很醉，不省人事，赖在他家里了，天天在他家吃饭，他祖父就把自己的床让出来，他们两个人一起睡，可这个人还不满意，还骂骂咧咧，所以他们全家都讨厌这个人。一次他的祖父走亲戚去了，孙子孙女就把这个人丢到牛圈里住了。这个人身上脏兮兮的，都是牛粪啊等等，这个人还是骂骂咧咧的，他祖父回来了，看到这个情景一声不响，把他的脏衣服脱下来换掉，帮他洗澡。平时他的祖父都是别人服侍他的，而他现在像个小媳妇一样的服侍这个人，他的子女觉得很奇怪，祖父对他们说一定要对这个人好点。后来祖父死了，不久这个人也死了。这个小说的整个叙事，就是一个小孩很讨厌一个不速之客，他把这个不速之客也写得非常令人讨厌，但到最后，他用另外一个口气写了。他知道了这个县的历史，1958 年大跃进的时候，有个饲养员，在喂牲口的时候被烈马踢伤了，使他失去了生育能力。这个故事就到此为止了。大家一看就明白了，这个饲养员就是这个令人讨厌的老头。历史感一下子就出来了，写了一个老人对另一个老人的百般关怀，这种关怀里含有一种委屈，你再照顾他，他还是骂骂咧咧，小孩就不明白了，我祖父为什么要这样照顾他。其实这个故事就讲了一个人民公社的饲养员，集体劳动时丧失了生育能力。从 1958 年到 2003 年，你可以想象这个饲养员一生的故事：因为他丧失了生育能力，所以他一辈子就没有结婚，没有家庭，也没有子女，但是这个问题在人民公社时

148

候似乎不成问题，因为人民公社是一个集体，生产队长肯定对他承诺的，你是为集体受的伤，集体要管你一辈子的。但是到了1970年代、1980年代，人民公社解体了，这样一个失去生育能力的人，没有人再抚养他，他的个人生活是没人照顾的，这个生产队长已经老了，没有能力了，但是他还是把他接到家里照顾他，为他送终，所以他叮嘱孩子要好好照顾他。但是这个事情已经过去五十年了，现在的孩子根本不能理解当年什么叫人民公社，什么叫集体化，只有这个老队长知道自己曾经承诺要为他送终的。当时是集体为他送终，现在没有集体为他买单的时候，这个老队长就拿出自己所有的一切来为他送终。这个作品写得很短，只有几千字，但是你不得不承认，这是一个有历史感的作品。如果我们把这个作品写成长篇小说或者中篇小说，从1958年写起，这个人怎么受伤，后来集体解散了，没人管他了，等等，这样也可以写，但是这个小说只有几千字，他写了一个小孩从不理解这个时代到理解。也有人跟我讨论，说这个小说的结尾可以不要，因为有了这个结尾就等于把这个历史场景规定下来了，一个生产队长对一个饲养员的承诺，突出了这两个人都是有历史感的人。我说这个结尾很好，好就好在半个多世纪中国农村的变化，从农村走集体化道路到人民公社再到人民公社解体，土地又重新分给农民，大批农民进城，农村逐渐式微。这一系列的变化，都通过这两个老人的关系烘托出来了。短篇小说也能写出历史感，而且可以表现得非常好。

这个小说就让我想起在1980年代初的时候，贵州有个作家叫何士光，他写了个短篇小说叫《乡场上》。那时候，一篇

149

短篇小说是可以成名天下的，这篇小说发表后，当时的《红旗》杂志发表评论文章赞扬它。《乡场上》也是万字左右，与《送一个人上路》结构上非常像，他就写一个乡场上两个女人在吵架，一个女人是乡村教师的老婆，一个是供销社卖肉营业员的老婆，吵架原因是卖肉的儿子打了教师的儿子，把人打伤了。但是教师的老婆跟卖肉的老婆讲理，卖肉的老婆根本不讲理，说不是我儿子打的，谁能证明我儿子打的？乡场上没有一个人站出来指证，因为这个卖肉的和乡里的干部关系都相当好，所以没有人愿意得罪卖肉的，大家都装没看到，后来吵呀吵呀，有个叫冯幺爸的人站出来了，这是村里最穷的农民，卖肉的老婆盯着他，问他有没有看见，大家都想这个人那么穷，会不会指证呢？结果冯幺爸慢慢地站起来，说我看见的，说你儿子打了人家。然后这个卖肉的老婆就发作了，说他诬赖人啊。冯幺爸说了，以前我是怕你们的，但是现在我不怕你们了，因为我有土地了，可以通过自己的劳动改变自己的生活了。这个小说写得好的就是冯幺爸最后一段话，写出了中国近代农民的生活。农民没有土地连说话都说不响，因为没有经济自主权。这篇小说写了农村经济改革推动了人的意识形态的变化，这篇小说获得当年的全国短篇小说奖，何士光就因为这一篇小说成为全国著名的作家。

现在人们的关注点不同了。其实这两篇小说的构思是差不多的，但是他们对生活的评价是不一样的。何士光当时这么写冯幺爸因为有了土地就敢于说真话了。这是和当时农村的政策相吻合的。《乡场上》的主题是很清楚的，当时我们的政策需要宣传，所以这个小说就很红。为什么今天我们的小说不那么令人关注，是因为今天的文学多样化了。今天的作家在看生活的时候，往往抱着非常复杂的感情，不像当年，只要了解政策，介绍我们农业政策多好，你这个小说就受到关注了。这在1950年代有《不能走那条路》，1980年代有《乡场上》，但今天不是这样了。你看《送一个人上路》，农村集体经济瓦解以后农民的生存问题，还有谁给老饲养员买单？谁来关心他？到最后变成了一个老队长和一个老饲养员之间的民间道义关系，民间自己来买单，老百姓自己来买单，用这样的方法来实现自己的诺言："我一定要管他管到底"，这样的内容要比冯幺爸这个内容丰富多了，它包含了对现在农村现状的理解和不理解。比如一个老的饲养员谁来照顾？还有一个人必须对自己的承诺负责，哪怕他自己也没什么力量，他还是要用最大的努力来保护这个饲养员。他描写的这个场景就非常丰富了。我认为一部好的小说要留给人讨论的余地，为什么以前我们短篇小说不能引起别人关注，是因为没有震撼力。当一个作家他对生活有一个深入的理解，这个作家对生活的看法一定是复杂的，你很难用一句话把对生活的看法说得清清楚楚。这种看法往往就是带有历史感，引导我们对历史和现实进行深度思考。要求一个作家为这个时代书写，就一定要求大家真实地描述这个时代。《送一个人上路》要比《乡场上》深刻，它可能对这个时代没有一个明确的结论，但是他把时代的矛盾整个儿地展示出来了。同时他也有积极的东西，他写出了一个老队长自己的担当。这样的小说是非常好的小说，很多好小说都是可遇不可求的。这样的小说如果写长篇，就没什么意思了，你把文字扩展到十万字，细节肯定都可以写到了，但是震撼力就没有了。如果能把一篇能写成中篇长篇的小说素材写成短篇小说，我觉得是有震撼力的。

我们这个时代有许多非常好的短篇小说家，但是都被拉去写长篇了。有些作家短篇写得特别好，但是往往被人拖出去写长篇，写出来的作品分量反而轻了。我为什么喜欢去西北地区，因为那里的作家往往能写出真正有生活气息的作品。但是到了上海，这种气息就改变了，因为上海的生活范围很小，我们上班，我们上完班就回家，娱乐也是在一些娱乐场所，我们的生活面很狭小，上海作家往往只能写些石库门啊，弄堂，现在我很少看到写工厂的了。过去工厂题材主要就是写车间，师傅保守啊，徒弟革新啊，基本这个路子。有个作家叫胡万春，他写家庭问题，写来写去就是这样。我们上海很多知名作家其实创作范围很小的，没法把生活写得非常厚重。你看西北的作家贾平凹，多少人骂他，可是他的小说越写越好，非常有力量，为什么呢？因为他和西北这块土地浑然在一起的，他就写得出西北那种很宏大的生活形态。但上海就是没有一个广阔的空间给你写，我也不知道问题出在哪里。也许上海的生活很容易让人满足，人一满足就不容易对生活进行深入探讨，也看不到这个生活底下深层的东西。经常有人批评上海文学，说上海文学缺乏大气，什么叫大气？我觉得是一个人性的向上力量。上海的作家，对人性的向上力量观察不够，对人的信任不够，对人的理解也不够，这是我们文学创作的大忌。都市生活是很难对人有全面理解的。因为都市化，把人的生活割裂成一个一个单面的，人与人之间的理解都是单面的。比如我们上班和同事接触，就是同事关系；我们在家里可能就呈现夫妻关系、父子关系；我现在在课堂上上课，对你们来说就是师生关系。我们的关系就局限在这个空间内，出了教室，你也不知道我做什么，我也不知道你们做了什么，我们了解的都是一个人的单面，一个侧面，离开这个侧面就不知道别的了。这是城市生活所决定的。过去农村，人从出生到死亡，周围的人都看得清清楚楚的，这个老人死了，人家可以说这个老人十岁时候怎么样，二十岁时候怎么样，他家里发生过什么变故，大家都知道。现在的都市生活就不容易给一个人完整的理解。所以我们的小说只会写个片段，不会写几十年的历史，我们之所以写东西比较狭隘，关键是对人的理解比较狭隘和片面。

那么，在人与人之间不甚了解的状况下，真正的探讨人性，只能是探讨自己的内心。我觉得一篇好的小说，对人性要有正确的判断，要写出人性的复杂，同时也要写出人性向上的一面。去年我看了一篇小说，这篇小说写了一些乌烟瘴气的事情，名字叫《寻找采芹》，描写了一个老板，雇佣了一个秘书，老板已经五十多岁了，小秘只有十几岁，后来他们成为情人关系了。他看到这个女孩子的天真可爱，既把她当情人又把她当女儿的感觉，很喜欢这个女孩子。其实这个女孩是骗子，把钱弄到手，就走人了。本来骗了嘛就算了，但是这个老板觉得自己喜欢上这个女孩子了，于是他雇了私人侦探到处找这个女孩子，最后被他打听到了在农村的某个地方，然后他就去寻找这个名叫采芹的女孩。他雇了一个司机开车去那个农村寻找采芹，到了那个地方，果然有这个人。村民告诉这个老板，这个女孩子要结婚了。他看到那个女孩子的男人是一个非常卑琐

153

的农民，那男人说女孩出去了，叫老板先住下来，等那个女孩回来。他觉得那个男人非常卑琐，他们两个人下棋，老板嘛想故意输钱，就是输了给这个农民。两个人就这样各自心怀鬼胎地一直在下棋，等女孩回来。后来女孩回来了，一看就认出来了。他把这个男人拉出来谈话，意思就是你的老婆我喜欢，你让给我吧，你要多少钱。那个男人居然开价十万，就把自己的老婆让给了老板。这个老板这时又开心又恨，开心的是他胜利了，恨的是这个女孩跟这样的男人真不值，十万元就能卖自己的老婆。结果他当场给了那个男人十万元，就把这个女孩带走了。这个女孩既没有反抗也没有抱怨，而且一路上反而讨好这个老板。后来他们到了城市一起居住后，老板发现这个女孩子身上原来可爱的、泼辣的风格完全没有了，就是拼命讨好这个老板，唯恐这个老板不要她，老板是越来越痛苦，觉得花了十万元把采芹买回来，结果已经不是以前的采芹了，这个人和以前他乱七八糟找来的女人一样没有什么区别。这个小说也很短，就写了几个场景，表面看小说是非常现实主义的，把人间的阴暗面写得淋漓尽致，让人读了有点气闷，因为小说里所有的人都是很阴暗的。

但是你仔细看来，每个人的性格又都是很突出的。比如老板，他虽然用不正当手段得逞了，但是他一开始喜欢采芹是真心的，所以会跑到农村去找采芹，你会看到一个五十多岁的干尽坏事的人身上还是有一种人性的东西，他希望有个人来改变他甚至拯救他，但是当他重新得到了这个女人的时候，这个女人却改变了，所以说这个老板也是很可怜的。再说那个采芹的男人，这个人有点无耻，为了钱可以把自己老婆卖了，但

154

是小说还写到，那个无耻的男人拿到钱第一件事就跑到洗头房里，恶狠狠地嫖了好几个女人。你读到他拿到钱后那种无可奈何的疯狂和痛苦，你还是可以感觉到他身上有一点人性的东西，他还知道痛苦，只不过农村那种贫穷的环境把他的良知给压抑住了。再看这个女孩，她身上是有亮点的，哪怕最后她死心塌地地跟着老板还是有亮点的。她为了改变自己生活而改变自己，也是有一种人性的东西的，她没有像杜十娘怒沉百宝箱那样控诉反抗，而是采取了顺从的态度。如果你看这个小说没有看到人性的力量，那你就会觉得这个小说写得乌烟瘴气，但如果你注意到这篇小说中的人性的痛苦，老板有老板的痛苦，农民有农民的痛苦，女孩有女孩的痛苦，你就会觉得这篇小说是真诚的，不管每个人的动机是什么，这种真诚就给小说带来了人性向上的力量。我在想，这个小说如果改编成话剧会非常好看，三个人都有故事，好像里面没有好人，都是坏人，但是每个人内心世界都有一种挣扎。如果写好的话，这是个非常好的话剧题材。作家一方面看到生活中黑暗的东西，另一方面他始终没有对人丧失信心，对人性还是相信的。这是写好小说的底线。作家如果不深入到社会的底层，看不到最底层人的痛苦和挣扎，是没法做文学创作的。真诚的痛苦总是与难以启齿的不堪的事情分不开的。我经常说一句话，就是要看到民间世界的藏污纳垢。藏污纳垢这句话不完全是贬义的，藏污纳垢是一种底层生活的生态，就像我们的土地，土地就是藏污纳垢的，当然我们城市的土地已经被水泥糊住了。在农村和森林里，土地是肥沃的，为什么土地是肥沃的，因为大量的生命埋藏在里面，什么牛啊马的粪便也在土地里，所有一切肮脏的东西都在土地里腐烂，但是土地就有一种力量，它把所有肮脏的东西都消化掉，消化后土地没有死亡，而是变成肥田了，所有的生命都是通过肥沃的土地生长出来的。上海的水泥地很干净，但是没有生命，我们种花不可能在水泥地上种的，而土地你看似肮脏的，其实很多生命都是从土地里生长出来，最有生命力的还是土地。那种生命力是通过污垢死亡来转换的。对于我们文学创作，只有敢于面对藏污纳垢，同时你要看到藏污纳垢的背后是巨大的生命能量，只有这样一个生活被你把握住了，才能写出好的小说，这就是文学。文学没有干干净净的，你坐在咖啡厅里写着这杯咖啡怎么样，那杯咖啡怎么样，那不是文学。因为真正的文学不是这么培养的，你只有与现实生活发生血肉的相连。我们上海也有很多可歌可泣的事情，只不过我们没有发现。都市生活方式把人与人之间都隔离了，所以每个人的生活都变得非常狭隘。我觉得最重要的一点，就是你对生活的看法和对人的看法，缺乏这个能力，你的生活经验再丰富也写不出好文章。现在很多作家都会编故事，讲故事，但是写出来多半是没有力量的，力量就在于你对人的一种基本的认识。

短篇小说特别注重叙事，不像长篇小说，你可以一直写下去，有什么东西发现没写进去，你还可以再加个情节来补充。短篇是不可以的，短篇一般就一万字左右，对长篇来说一万字就是一个开头。所以短篇小说要保证一个叙事的结构，要长话短说，一个复杂的故事要用最简单的方式写出来。这时候，叙事技巧就显得非常重要了。最近我看了韩寒主编的《独唱团》，号称一天卖十万，一共印了五十万，我是编过杂志的人，我知道这里面虚的成分很大。我特地买了一本翻了翻，觉得编得很一般。但今天我不讨论这个杂志，韩寒的小说我只看过两篇，一篇是在十多年前，《萌芽》杂志举办新概念作文竞赛，他来投稿，写一个小孩生病（好像是皮肤病），去医院找医生，医生坐他对面就不停地聊天啊什么的，就是不给他看病。我就觉得这个小说写得很尖锐，而且感觉上很绝望。最近几年我偶然看了韩寒的博客，看到韩寒有他尖刻的地方，就联想到当时看他的小说，我觉得尖锐甚至尖刻是他一贯的风格。尖锐的人，往往批评社会不留情面，这是好的，但是变得尖刻了，就往往会有些偏执和狭隘。但我读了《独唱团》里韩寒的一个小说以后，我觉得韩寒进步很大。他对人的理解不像当年那么尖刻，他对人有一种温情的态度了，但这还不是主要的，主要我是想谈谈小说的叙事结构。他这个小说，据说是从一个长篇小说中截取的片断，但现在发表在刊物里的那个作品，也可以看作是一个相对完整的短篇结构。它是由两个似乎完全没有关系的故事构成的。第一个故事是写主人公开了一辆 1988 年的旧车，半夜里在一个汽车旅馆停下来住宿，有一个妓女来敲门，那个主人公因为很困乏，并不想发生什么关系，但是这个妓女一直骚扰他，到了早上妓女还不想走，但是他想睡觉。这时候旅馆窗户很小，但是太阳都进来了，他想把窗帘拉起来，但是这个窗帘坏了，拉来拉去中间总是有一道缝，太阳光还是射进来。妓女说你要什么我都可以满足你，然后他说好了好了，你就站在窗帘拉不起来的这条缝中间，帮我把太阳光挡住。然而这个女孩二话不说就跑过去站在那里了，他突然觉得这个女孩站在窗帘缝中间，阳光射在她身上有一道光圈，一个男人躺在床上，朝上看，仰视一个女人吊在窗口，浑身光圈就像圣母一样。然后主人公说你下来吧，不用吊在上面了。那个女孩下来后，那个男人批评她：你怎么要钱不要命。那个女孩说我怀孕了，我要养活肚子里的孩子。我很敬业的，我是一个好的妓女，我爱我的工作。我一个月可以赚四千多元，我已经存了两万多元了，一万元准备养孩子，另外一万元，我准备一年不工作把这个孩子养大。第二年我准备换个地方不让人知道，继续做我的工作，这样我可以把这个孩子带到十八岁，等等。

中国很多小说都写过男人与女人的特殊关系，比如郁达夫写的《春风沉醉的晚上》。他写了一个主人公租了一个房子，这个很小的房子还分为两间，前面是一个女孩住，后面是主人公住。这女孩是香烟厂的女工，那主人公的身份也是个作家，他晚上因为有神经衰弱睡不着觉就到外面去溜达，白天就在家里睡觉。然后这个女孩白天工作晚上睡觉，两个人等于是碰不到的，没有沟通。有一天这个女孩发工资了，买了点水果分给他吃，男人就有点想入非非了。然后过了两天，男人拿到了稿费，他也买了点东西还礼，然后跟这个女孩搭讪了。女孩就说：先生我看你是个蛮好的人，你就不要干坏事了，每天晚上出去，你这个钱哪里来的？原来她把他当是小偷了。这时候，主人公眼泪流下来了，说同是天涯沦落人，没想到这个女孩对他那么关心。这个小说把这个女孩写成一个香烟厂的女工，本来他们两个人会发生什么暧昧关系，可是没有发生，非但没发生，还把这个女孩看的像圣母一样的。文学有时候是有原型的。

韩寒这个小说好玩在哪里呢，写到这里还没有什么出奇的地方。这时候警察来了，把他们两个人都抓起来了，后来又把他们两个分别放出来了。他在外面等这个女孩，因为这个女孩怀孕了嘛，一般妓女怀孕了，即使公安也不好抓的。他看着公安局的铁门，想起了小时候读小学的时候校办工厂也是这样的铁门，然后故事场景就变了，变成另外一个故事了，跟这个故事毫无关系。他写在校办工厂的前面有一个操场，有滑梯，还有一个旗杆，主人公在一次玩滑梯时无意一跳，跳到了旗杆上，然后他爬到了升国旗的旗杆顶上，有四层楼那么高，国旗被风一吹就把他裹住了，真是高处不胜寒。于是国旗下面发生了一场混乱，老师们发现这个孩子怎么爬到国旗上面去了，都忙着营救。体育老师把体育课用的垫子都垫在下面，语文老师呢，就在下面跟他做心理按摩，叫他不要着急，学生们把自己的书包也垫在垫子上面。老师说不对，书包里有铅笔盒是硬的，要学生把书包放在垫子下面，然后学生不干了，说你们老师欺负我们同学，我们要把书包放上面，结果是一场混乱，这种群氓式的场景也是五四启蒙文学里经常出现的。可是那小孩就一直吊在上面，当他往下看时，竟看中一个女孩，这个女孩很漂亮，他觉得这是他第一次恋爱了。初恋了，有了与以前不一样的感觉了。其实男孩抱着木杆突然开始有了性意识，过去郭沫若的自传里都写过的，韩寒写的还是浅尝辄止，但他也很小资的，用了什么"我用眼光的手把她的头发撩起来"等等抒情的话。可是这个女孩无动于衷，忽然不见了。他一松手就从上面摔下来了，摔下来有点轻微脑震荡，但是也没什么大事，这个故事就结束了。有记者采访韩寒，韩寒说，他是用另外一种方法写小说。我觉得这篇小说本身还是比较一般，但是韩寒是有技巧的。他把小说写成两个根本不相干的故事，你们有没有想到这两个故事当中的关联。这两个故事是完全对称的两个叙事，一开始写了这个人开了一辆 1988 年出厂的已经破烂不堪的车子，其实是隐喻这个时间概念，从 1988 年出发到现在，后一个故事是他小学的故事，退回去差不多就是二十年了。也就是说，后一个故事是前一个故事的出发点。一个是他躺在床上往上看一个风尘女子，这是二十年以后的事；二十年前是他一个初恋，是他在旗杆上面往下看一个女孩，他在一个完全不懂生活的情况下成为一个标杆式的人物了，这个标杆式的人物就是大家都看着他，他还披着国旗，他往下看女孩，其实是一个朦胧的虚无缥缈的女孩。我们也可以假设这个女孩是他二十年后躺在床上往上看的那个妓女，从意象的角度说，也可能二十年前朦胧的虚无缥缈的女孩在二十年后成为一个坚强的、为了养育自己孩子而不惜下风尘的一个女人。一个从上看到下，一个是从下看到上，这是一个对称，使这个小说的叙事变得非常平衡。如果割裂开来，会发觉是两个不同的小说，但是连接在一起构成一篇小说时，这个短篇小说就会包含很多现实的意义让我们去感受。当我读完这小说，觉得韩寒不像以前那么尖刻了。韩寒就是一个在旗杆上吊着的人，但是他自己明白，当他吊在旗杆上看人，和在生活底层中看人是不一样的。我觉得这是青年知识分子成熟的标志，是一个作家成熟的标志。一个好的作家，不是他骂别人骂得很凶才是好的作家，而恰恰是对人的同情和理解，对我们今天的生活的理解。这才是大气的表现。

呵呵，今天就讲到这里，下面还有一个互动和大家一起交谈。

　　2010 年 7 月 23 日在杨浦区沪东工人文化宫由上海总工会举办的首届职工文学创作基地培训班上的演讲。主持人为杨浦区工会的刘晓莉女士。

莫言与中国当代文学创作

　　老师们、同学们好！我很高兴在广州大学城跟大家交流。今天上午，我在市委读书班也有一个演讲，有个听众给我提了一个问题，"高行健和莫言都得诺贝尔奖，这两个人，谁的水平更高一些"，这个问题很有意思，我以前也没有想过。后来我就做了一个简单的回答。但是这个问题还在我的脑子里一直盘旋，我与同学们的分享就从诺贝尔文学奖开始。

　　那位听众说的问题是这样的：我们对莫言获诺贝尔文学奖有很大的争议和关注，从某种意义上来讲，莫言是第一个获诺贝尔奖的中国人，高行健加入了法国籍，现在算是法国作家。但高行健在 1980 年代是中国作家，也是中国很有名的戏剧家。从诺贝尔文学奖的历史来说，瑞典文学院从 1901 年开始颁布诺贝尔文学奖到 2012 年，前面共有 108 个获奖者，正好 108 将，莫言是第 109 将。瑞典文学院对中国、或者说东方一直是关注的，在 1913 年，印度一个诗人泰戈尔获奖的时候，实际上已经表明他们对东方这块土地开始关注了，眼睛不只是关注西方。泰戈尔是第一个获得诺贝尔奖的亚洲作家。

　　诺贝尔奖是从 1901 年开始的，到 1913 年才过了十三年，泰戈尔就获得了这个奖，泰戈尔是第一个获得诺贝尔奖的亚洲作家。可是整整一百年过去了，莫言是 2012 年获得了诺贝尔文学奖。在这一百年中，整个亚洲地区获得诺贝尔文学奖的没有几个。尤其是东亚地区，大概日本有两个，中国本来也有两个，但是其中一位高行健先生加入了法国国籍，算法国人了。那么今天来讲，莫言就是第一个获得诺贝尔文学奖的中国籍作家。这一百年来，从印度到日本到中国都经历了一段漫长的历史，这个历史过程中，所有的东亚国家对诺贝尔文学奖都有期待。就在泰戈尔获得诺贝尔奖的前夕，中国学者钱智修就在当时最有影响力的《东方杂志》上发表文章，介绍泰戈尔的人生观。泰戈尔获了诺贝尔文学奖以后，在世界上影响就越来越大了。

当年泰戈尔得奖和去年莫言得奖一样，引起过激烈的争论。欧洲人对亚洲的文化是很不了解的，泰戈尔是印度人，当时印度尚未独立，是英国统治下的殖民地，难道殖民地的人也可以得欧洲这么重要的一个奖项吗？我看过一个材料，当时英国很多人推崇泰戈尔的诗集《吉檀迦利》，有评论家认为，泰戈尔的英文非常好。泰戈尔在殖民地受英语教育，泰戈尔英语好到什么程度呢？泰戈尔当年在英国出版诗集《吉檀迦利》，英国人读了之后，认为这个印度人写的英文，就像是英国人写的那样好，所以他完全有资格得奖。下边的意思就不好听了，泰戈尔的得奖也侧面证明了英国殖民政策的深入普及，反映出殖民政策的成功。

正因为这样，泰戈尔的身份非常复杂，他一方面被亚洲人视为是亚洲文化的光荣，另一方面又被西方人视为是西方文明的胜利。泰戈尔也很纠结，他到日本、中国来访问，发表演讲，要划清与西方文明的界限，强调自己虽是英国统治下的臣民但却是东方文化的代表，他得奖是因为他代表了东方文化。为了弘扬东方文化这一理想，泰戈尔在印度创办了一所国际大学，希望把日本、中国、印度文化融合起来，同时聘请老师教日本、中国、印度文化，他希望将来东方文化能融合成一股力量来与西方文化抗衡。他认为西方文化都是统一的，都来源于希腊与希伯来，但东方文化却各有特点，所以他有一个理想就是希望东方文化的融合，并为之去日本、中国演讲，希望加强这三个国家的友谊。

泰戈尔到日本去是乘兴而去，败兴而回，遭到了日本主流社会的排斥。日本人反感他的东方文化话题，因为日本人正忙于"脱亚入欧"，急于摆脱亚洲传统尤其是中国文化传统的影响，向欧洲的现代化靠拢，因此泰戈尔在日本预定的演讲等都被取消了。1924年泰戈尔到中国也是这样，遭到了"五四"时期文化骨干人物诸如陈独秀、瞿秋白、茅盾等人的反对。陈独秀态度最为激烈，他认为泰戈尔所讲的东方文化，我们有的是，都要抛弃了，你来讲这个干什么？因此泰戈尔很伤心，他觉得自己是把你们当作亲爱的兄弟而来，做的是当年玄奘沟通中印文化的事业，可是中国人、日本人都不欢迎他。

这种文化的尴尬在经过了一百年以后，到了今天仍然存在，现在莫言得奖也是引起了很大争论。莫言该不该得奖？莫言水平够不够得奖？这跟当年骂泰戈尔差不多。现在的争论中有一个观点非常有意思，这一看法不仅来自中国，也来自欧洲的汉学家。他们认为莫言为什么得奖呢？是因为翻译好。他们特别提出一个例子，就是美国教授葛浩文的翻译实在好。葛浩文把莫言文中所有西方人不欢迎的东西全部删掉，等于将莫言的故事重新讲了一遍。所以不是莫言得这个奖，而是葛浩文得奖。这个观点到最近还有人在说。我想东方人要获得西方人的一个奖实在辛苦，好不容易得到后，还会有一个语言的资格问题。

东方人与西方人的语言是不通的。西方人觉得泰戈尔当年是用英文出版《吉檀迦利》而不是孟加拉语，获奖不是泰戈尔好，而是因为英文好。莫言用中文写作，是通过英文、瑞典文等翻译，因此获奖不是莫言好，而是翻译好。无论是泰戈尔还是莫言，所遇到的争论是相似的，就是东方文化、东方作家不配得西方的奖，这种观念根深蒂固。所以还是鲁迅比较聪明。鲁迅当年婉拒了有人建议他参与诺贝尔文学奖提名。鲁迅回答的原话是："诺贝尔赏金，梁启超自然不配，我也不配，要拿这钱，还欠努力。"他还说："我觉得中国实在还没有可得诺贝尔赏金的人，瑞典最好是不要理我们，谁也不给。倘因为黄色脸皮人，格外优待从宽，反足以长中国人的虚荣心，以为真可与别国大作家比肩了，结果将很坏。"鲁迅说得很坦率，如果外国人因为我是东方人而照顾我，那我宁可不要这个奖。可以看出，一百年过去了，东西方文化之间的隔阂还是很深的。这个里面很重要的一个问题就是语言的问题。在诺贝尔文学奖的评委里面，我还没搞清楚评委们看的是莫言小说的哪一个文本，评委中除了马悦然懂中文之外，其他十七个评委看的可能是法文、英文或者瑞典文。这种说法有没有根据？也是有根据的，因为评委们看的不是中文文本。

但我后来看了评奖委员会关于莫言获奖的颁奖辞，我认为他们是看懂了莫言的作品。颁奖辞中不仅说莫言是中国民族文化传统的继承者，也说莫言是欧洲拉伯雷传统下的优秀作家之一。我感到他们真的是看懂莫言了，这不仅仅是语言的问题，让我感到非常欣慰。我一直认为，莫言的民间立场和民间写作与拉伯雷所代表的文艺复兴时期的民间狂欢传统有相似之处。就像巴赫金论述拉伯雷时说的，拉伯雷所代表的民间传统的美学观念，与欧洲主流的资产阶级的美学观念是不一样的。"由于这种民间性，拉伯雷的作品才有着特殊的'非文学性'，也就是说，他的众多形象不符合自 16 世纪末迄今一切占统治地位的文学性标准和规范，无论它们的内容有过什么变化。拉伯雷远远超过莎士比亚或塞万提斯，因为他们只是不符合较为狭隘的古典标准而已。拉伯雷的形象固有某种特殊的、原则性的和无法遏制的'非官方性'：任何教条主义、任何专横性、任何片面的严肃性都不可能与拉伯雷的形象共融，这些形象与一切完成性和稳定性、一切狭隘的严肃性、与思想和世界观领域里的一切现成性和确定性都是相敌对的。"我们国内很多人批评莫言，总是说莫言的作品写得很粗鄙，或者说写得很肮脏、暴力。莫言被人批评的，基本上就是这些问题。但诺贝尔文学奖的颁奖辞里，没有把莫言归到西方现代主义传统下理解，没有把莫言归到西方的批判现实主义传统下理解，也没有把莫言归到西方资产阶级小布尔乔亚的文化传统下面理解，而是很清楚地把莫言归纳到欧洲的民间文化传统下理解。这就好理解了，莫言所代表的民间文化立场，不仅仅是中国独有的，也具有世界性的因素。

前苏联的文艺批评家巴赫金的博士论文讨论的就是拉伯雷以来的欧洲民间文学传统以及拉伯雷的文学史意义。拉伯雷是文艺复兴以后的法国作家，是和塞万提斯、莎士比亚齐名的作家。莎士比亚家喻户晓，一部《堂吉诃德》也使得大家认识了塞万提斯，但我们对拉伯雷却不太熟悉，这是为什么呢？因为在整个欧洲拉伯雷的传统也是被遮蔽的。欧洲以中产阶级为核心的主流读者也不喜欢拉伯雷。拉伯雷走的是和莎士比亚戏剧、塞万提斯的骑士风格不同的民间传统。这个民间也是粗俗化的，把人的力量物质化，写的也是所谓"下半身"的旺盛的生命力，这些长期以来都是被欧洲文学遮蔽掉的。拉伯雷受到宗教的迫害，作品也被禁止。可见欧洲文学对这种民间文化是排斥的。而正是前苏联的批评家巴赫金把拉伯雷的精神弘扬出来，他把拉伯雷的文化梳理成欧洲民间狂欢的传统，是一种充满民间力量，也就是社会底层人民的力量，这种力量就是以一种粗俗的姿态对抗资产阶级美学。在巴赫金看来，"拉伯雷就是这种民间狂欢式的笑在世界文学中最伟大的体现者和集大成者"。

在文学史上，不仅在中国，西方国家也有这样一种悠久的民间传统。而这种传统就是写底层，体现了下层人民的一种美学，一种力量，强调了生命力，莫言恰恰是在这样的领域里作出了贡献。所以当我们是用一种高雅文化的态度去谈莫言是很难的，莫言的语言不美，而江苏作家汪曾祺的语言美得多了；莫言所塑造的形象很粗糙，可是他那种人物的生命力量，那种对生命的讴歌和赞美，这是中国也好欧洲也好都很缺乏的。

中国文学发展到今天，尤其是从1990年代以后，逐渐形成了一个强有力的创作群体，他们是我的同龄人，基本上代表了我们这个时代最高的创作成就。比如说，山东的莫言、张炜，陕西的贾平凹，上海的王安忆，浙江的余华，湖南的韩少功，江苏的苏童、毕飞宇，湖北的方方，河南的阎连科、刘震云，西北回民的张承志……这样的一批作家，大都出生在50—60年代，他们一起把中国当代文学推到了一个很高的境界。这个境界也是有人承认有人不承认的，但我觉得这里有一个很重要的美学分界，即这些作家走的多是民间道路，他们采取的立场都是民间的立场。这与我们以前官方的文学、意识形态的文学、知识分子的文学都不一样，与学院派的文学也不一样。这批作家中有些甚至没有大学经历，王安忆是69届初中生，莫言小学没读完就去放羊了，余华则是出身牙医……这批作家的创作资源是完整的，自然的，大多来自民间，没有受到现代教育制度的分类和净化。

民间资源与学院传统是有冲突的。一旦进入学院，民间的很多东西会被淘汰掉，而这批作家最可贵的地方，就是他们保留了完整的来自于民间的信息和生命体验，我觉得这是这批作家成功的非常重要的原因。因此这批作家在我们的文学史上是空前绝后的。空前是指从"五四"以来中国的文学就是知识分子的精英文学，"五四"作家鲁迅、周作人、郭沫若、郁达夫等都是留学生，也就是今天的海归，他们精通外语，了解世界文化，即使没有出过国的，也是如此。因为中国近代社会动荡、政治变动、作家的贫病交加等原因，从鲁迅到王蒙，在中国文学史上真正产生影响的时间并不长，绝大多数作家的文坛影响力在十年内就变了。像郭沫若、郁达夫都是这样。鲁迅是发挥影响最长的，从三十八岁发表《狂人日记》到五十五岁去世差不多二十年。郭沫若因革命而逃亡日本后就从事考古研究了，他在文坛最红的时间没有十年；郁达夫也是如此；巴金稍微长一点，但在抗战以后他的主要精力在主持文化生活出版社，他在文学主流方面的影响力就开始下降……在文坛上对于读者有持久影响力的，在中国超过十年的真的很少。中国的政治变动太大，社会动荡太厉害，作家也贫病交加，有些作家甚至三十出头就早去世了，如萧红。张爱玲则因社会变化而影响了创作，她二十三岁成名，但是三十岁不到就因世事变化而影响衰落。她后来的小说、电影影响都不大。所以在文坛上能够维持长时间影响的人很少。而我们这批作家如王安忆、莫言、贾平凹、张炜等从 1980 年代开始到 1990 年代到新世纪，他们没有停止过创作，没有改行，没有下海，也没有被抓起来坐牢，也没生什么大病，一直在安安静静地写作，并且自己的风格一步步成熟、丰满。

这代作家在中国现代文学史上是属于比较安稳的作家，那样平平静静地过了三十年。自 2000 年以后，他们的创作几乎是爆发性，隔两三年一个长篇。我对贾平凹说，你写的速度比我看的速度快，我还没看完，你又写出一部了。王安忆也是这样，她写的比看的快，我还没看完前一部，她的后一部小说又出版了。张炜就更加厉害了，《你在高原》有十卷三百万字。这就是一种井喷式的创作。大家不要以为是他们工作热情高涨生活条件好还是怎样的，这就是一种生命力的爆发。一个人在一生中会有一个时期生命力像火山爆发式的，喷涌出来你就成功。这是一个从量变到质变的过程。有的作家写了一辈子都爆发不了，有些年轻的作家生命力突然爆发，一段时间以后就消失了，像流星一样。为什么往往有的时候天才不长命？也许是因为他们在短时间内把一生的生命能量全都爆发了出来。

我们今天这个高产的作家群体，他们的爆发是恰如其时的，这是一个群星璀璨的时代，我们今天的时代，其实是一个文学创作状态很好的时代。但是反过来我们也可以看到，在他们的后面，70、80后作家，像韩寒、张悦然等和他们的距离就相差很大。新的作家根本就不是这样一种写法，也没有这么多的民间资源，因为我们的生活、文化教养、美学观念、书写工具等都在变化，因此他们这代是空前绝后的。由于很特殊的历史、中国的发展造成了这个局面。我觉得，诺贝尔文学奖颁给谁不重要，莫言不是中国唯一的优秀作家。今天如果诺贝尔奖不是选择莫言，而是选择了王安忆、贾平凹，或是余华、阎连科，我认为也是好的。这代作家是很整齐的一片群峦高地。

我们在这样一个时代学习、研究文学，其实是很有利的，因我们碰到了一个很好的文学环境。尽管理论家总是抱怨文学边缘化啦，文学现在影响不如过去啦，当代文学是"垃圾"啦等等。垃圾多也不代表没有好东西。现在写小说容易，上网就可以写，随便说句话就可以变成一首诗。在这样一个繁荣的、茂盛的，看上去乱七八糟的生态环境中，肯定有好的东西会自然地涌现出来。好的文艺作品不会在干干净净的环境中产生。就像"文革"时期只有样板戏那样，"干净"是"干净"了，这产生出来的都是怪胎。泰纳说过，莎士比亚为什么好？是因为莎士比亚时代有许许多多的优秀戏剧家，莎士比亚是一片群峦中的高峰，而不是平原上的独秀峰。只有在一片高地上的高峰，它才会是真正的高峰。所以在今天，我觉得出现了一大片文学上的高地，而莫言在其中是灿烂的，他用他的民间生活，创造了一种美学生活。这种美学生活与我们传统的教育、传统的理解是不一样的。

莫言是1980年代起步的，他的起步不算早，但他一下子就达到了一个很高的高度。在我的印象中，中国文学真正走上自觉的创作是在1985年。1985年之前的文学虽然也是一步步在发展，但那时候中国文学发展的基本思路是按照国家的主旋律在走，为国家的主旋律唱赞歌。比如在改革开放时期，一大批作家就以改革开放为题材。当时天津作家蒋子龙，他的《乔厂长上任记》写得非常有影响，深深受到读者的欢迎，但是现在知道的人就不多了。为什么？因为当时大家都希望出来一个改革开放的"英雄"，希望有这样一位乔厂长领导大家去改革开放。这样的小说很多。再比如1980年代否定、批判"文革"，所以就出现了"伤痕文学""反思文学"，那些文学作品基本上是按照我们国家主旋律来写的。主旋律要求批判"文革"，伤痕文学就开始批判"文革"。紧接着光是批判"文革"不够，需要重新审视1957年的"反右"，于是一批"右派"平反，王蒙、从维熙、高晓声、张贤亮等就开始写反思文学。农村当时实施分田到户，高晓声就创作了《陈奂生上城》、何士光创作了《乡场上》、张弦写了《被爱情遗忘的角落》等等，通过各方面来歌颂当时的农业政策。当时文学的目标是很清楚的，就是为主旋律唱赞歌，歌颂、支持改革开放，推动国家改革开放的事业。

为主旋律而创作的状况在1985年以后发生了一次变化。

这次变化发生的状况很奇怪，当时出现了一批新作家。这批作家三十出头，被称为"知青作家"。他们集中出现在 1983、1984 年。第一个出现的是贾平凹，当时写的一组短篇小说《商州初录》，写当地的风土人情，写农民的故事。我记得一个场景：一个农民在旅馆的席子下发现一条蛇，随手扔了出去，倒头又睡。这细节写得很自然，没有看到一条蛇就大惊小怪。蛇与人在一起生活，只是因为它侵犯了人的睡觉，人就把它从窗口丢出去。我看了就觉得很新鲜。当时我建议把这篇小说编进大学语文教材里去，但主编说不能用，他觉得不能接受这个细节。你会发现这就是审美趣味的问题，但我觉得贾平凹写的不是什么农村政策，而是民情风土。这给我们非常强烈的冲击。这大概是 1983 年的事。

再如张承志《北方的河》，他写一个青年学生去考察北方各种河流，一直到达黄河的源头，对中国北方人情风土进行考核。1984 年阿城《棋王》出现了。《棋王》写的是知青下乡的生活琐事，下棋呀、吃蛇肉呀，这篇小说将中国文化与民间文化结合起来。这些作品都给人打开了思路，原来小说可以不写改革开放，不写上山下乡的苦难、不写国家政策主旋律，就实实在在写老百姓的民间生活。到 1985 年以后蔚然成风，出现了寻根文学。韩少功的《爸爸爸》《女女女》，阿城的《树王》《孩子王》，王安忆的《小鲍庄》等就发表出来了。我们都奇怪文学为什么就变得不一样了？这时候我们就开始思考：文学是为了什么？文学是为了表现一种文化的底蕴，文化的美，一种生命的寄托。

在这个时候莫言就出现了。如果莫言在此之前出现，可能他的作品就发表不出来了。莫言在解放军艺术学院学习，他是来自民间文化熏陶的作家，自称是一个讲故事的人。他虽没有读过什么书，但受了很多民间故事的影响，莫言在瑞典发表的演讲词就叫《讲故事的人》。在部队艺术学院学习的过程中，他就写了我认为到今天依然是他的代表作的《透明的红萝卜》。我以为莫言最好的小说都是中篇小说。他的短篇有时太短，不够表达他的生命能量。而长篇有时又太长，他的生命表达还不够节制。《透明的红萝卜》可谓是一部奇书，他写完给他的老师徐怀中看，徐怀中说他写了艺术上的"通感"，在艺术上是成立的。这评价一下子点醒了莫言。后来在《中国作家》上发表出来了。

《透明的红萝卜》是写一个农村孩子，写一个从小母亲死了，父亲出门一去不回，无从体验父母亲人之爱的孤独生命（后母的印象就是烧酒味和毒打）。黑孩的生活基本上像一个小动物那样在自然成长，他不会表达，也不说话，也不知道何为爱？何为痛？何为饿？何为幸福？从没有人教过他各种情感。一个没有人教育又无从表达的人的生命，就跟一条小狗的生命感受差不多，他只是有一种原始感受。他没有掌握自己命运的能力，就这样长大了。他跟随着成年人去砸石头，得到一个姑娘的关怀，他跟着这位姑娘走来走去，用吸鼻子表示一点朦胧的感情。莫言就写了这样一种处于人与兽之间的、似人非人的生命体验。这孩子在水里能感受到鱼碰触他身体的感觉，在土里能听见庄稼根须离开土地的声音。他的生命与大自然之间交融，与大自然融为一体。我难忘的一个细节，这个孩子跟着小石匠一起走路，石匠一边走一边用手无意识地敲着孩子的头。

他每敲一次，孩子的嘴巴就张开一下，可是他表达不出"痛"。石匠的手骨的力很大，但渐渐敲出了音乐感。孩子感受到了这个节奏，觉得很舒服，于是他就自己本能用头顶上去，配合音乐的节奏。孩子后来抓住一块烧红的铁，他只闻到一股肉烧焦的味道，听到手里滋滋啦啦的响声，而不知这是"痛"。结果他在幻想中就出现了"金色的红萝卜"。这样一个朦胧的生命已经感受到了甜酸苦辣，最后变成了一种理想，这个理想就是金色的红萝卜。我觉得这篇小说写得真好。如果说这样的小说是为了控诉"文革"，控诉社会对人的压抑就理解错了，他不是写现实层面的。所以徐怀中老师说：这是"通感"，这就讲到了艺术的本质上去了，我们眼睛看到的，耳朵听到的，心里感受到的无非就是生命的体验，一种生命对外部的感受，莫言在这个领域写出了生命通感之作。我们通常把这篇小说看成是先锋小说的开始，从先锋的意义上来说，我觉得莫言是最好的一位作家。但他与马原、洪峰、孙甘露等这些先锋作家也是不一样的，他的创作首先是从特殊的生命感受出发的。

1986 年莫言发表了《红高粱》，这也是莫言优秀的作品之一。我个人认为莫言早期的小说写得真好，比如《红高粱》。这篇小说好在哪里呢？它改变了中国文学史上的一个走向：历史小说。中国人是喜欢写历史小说的，中国人的历史小说传统可以追溯到《三国演义》《隋唐演义》等。但大家可以发现，从古到今，中国的历史小说基本上就是一部帝王将相史。历史小说到了当代也是这样，如写曾国藩、李鸿章、大秦帝国等都是。这跟中国文化有关，从老子、孙子等开始，中国历史很长一段时间内都在搞阴谋诡计，演变到宫廷政变、后宫政治等等，都是阴谋诡计。这套手法延用到政治上是炉火纯青，所以中国的政治历史小说都好看。但是到了莫言这里出现了转变，强调了民间的立场。他写了我们历史上从来不这么写的小说，比如写抗日战争题材。他突破了固有的模式，如八路军、新四军英勇抗日，老大娘救助八路军伤员，国民党破坏抗日，等等。而莫言第一次写了土匪抗日，余占鳌与九儿是一对江湖男女，他们身上有很多民间传说的成分，他们也曾谋财害命、夺人家产等等，这些按正统道德看是大逆不道，但从江湖的角度看就无所谓了。但莫言要渲染的也不是江湖社会，而是民间抗日。他写余占鳌带领一群乌合之众去伏击日本军队。这不是传统的叙事模式，莫言写原乡原土的老百姓的抗日，把共产党的游击队、国民党的部队都推到了幕后，这种历史叙事在莫言以前也很少有人涉及。一般写土匪改造题材的作品里，都要派遣一个共产党政委收编、改造，就像《杜鹃山》或是《铁道游击队》那样的改造模式。莫言小说中好像也有一个隐隐约约的"党代表"，但很快就让他死了。这篇小说发表于《人民文学》，又被张艺谋改编为电影。莫言悄悄进行了一场革命：把历史民间化。历史不再是帝王将相的历史，不再是意识形态的历史，不再是政治史、党派史，而是民间史，凸现民间的英雄。莫言以后这样的小说叙事（我称之为"新历史小说"）开始多起来了。在1990年代以后蔚然成风。莫言在当代文学史上确实是具有开创性的。一部《透明的红萝卜》开创了先锋文学，一部《红高粱》开创了民间写作，后来就出现了新历史小说，如叶兆言、苏童等人的创作。这条路就是从莫言开始的。

从1990年代以后，我们的很多作家都自觉转向了民间。

莫言的创作围绕高密东北乡。再如张炜。1990 年代他在山东龙口住在葡萄园读书，后来又修建万松浦书院。张炜就在那里读书写作。但是这二十年经济发展之后，万松浦的松树被砍掉了，变成了商品房、高级别墅区、高尔夫球场等等。现在只留下很小的一块，名字还叫万松浦。张炜就在这里修建了万松浦书院。我们还没有好好地去读张炜的小说。张炜是一个像巴尔扎克一样的作家。他日复一日地记载山东万松浦这个地方，记载我们是怎样经济发展的，大自然是怎样离开我们的，人是怎么异化的，金钱是怎么去主宰世界的？他是一部一部地写，像《你在高原》就是一套系列，还有长篇小说《刺猬歌》《丑行或浪漫》《能不忆蜀葵》《外省书》等。他的一系列小说都是围绕一个问题，即改革开放这二十年我们的发展如何？要去了解这二十年中国特色的社会主义是怎样发展的，张炜的小说是绝好的教材。他非常形象地写出了我们近二十年的历史。作家不是歌功颂德，而是站在老百姓的民间视角上去看世界。莫言、张炜眼睛里看出去的主观性可能不完全正确，但后来人读他们的作品，会从中看到我们曾经的真实的生活场景。他们站在老百姓的立场上，站在民间的立场上来真实地表现他们的感受，这个非常了不起。我们读他们的作品可能会觉得和我们的教科书不一样，与报纸媒体宣传的也不一样，跟我们学院教育系统也不一样，他们走了一条民间的道路。他们把这个时代老百姓心里想的，想要说的，怨的，恨的，全部讲了出来。这其中莫言是最了不起的。张承志也很了不起，写了《心灵史》这样的宗教文学。贾平凹也很了不起，在陕西一部部书写当代农村生活，写得非常好。

我不知道这个说法是否夸张，我是觉得中国的农民，从来不在文学家的视野里面。我是研究文学史的，文学作品一定要放在文学历史中去考察。中国古代虽然是农业大国，但从来不写农民的，只有写强盗（如《水浒传》）。偶然有一个诗人感叹"锄禾日当午"啊，短短二十字就讲了上千年，就因为没有什么可讲。乡土题材是到了现代才开始的，有了现代性这一参照系，我们才有了农村乡土文学，乡土文学不是仅仅为了写乡村，而是为了现代性，作家将农村当作落后的、非现代性的中国，将之当作改造的对象，告诉大家"我们中国多么落后，我们需要现代化"。从鲁迅开始一直到高晓声，都是站在高于农民的立场上写农民的痛苦、麻木。很少有人站在农民的立场上说农民的话，赵树理写了一些，就被大家赞美为农民作家，但很快赵树理也写不下去了。绝大多数作家是站在外围去写农民，所有农民的缺点都是他们预设的，农民愚昧、小气、自私、狭隘、冷漠等。高晓声告诉我，中国农民很苦，江南的农民更辛苦，但是农民是不说话的，沉默的。高晓声的小说写农民陈奂生上城去，看了《三打白骨精》，回家讲给老婆听。老婆问孙悟空怎么了？陈奂生只会说"孙悟空好凶唔"。他再也想不出更多的词去表达。我也问过王安忆，她写《小鲍庄》，她说农民是沉默的。但是到了莫言小说里，农民的话特别多，其实是描写农民的心理活动多。莫言写出农民对这个世界的愤怒与诅咒，农民对心里委屈的倾诉等等，真是滔滔不绝。他的话太多，所以起名"莫言"。莫言的话都是农民的心理无意识，不是他自己的话，也不是知识分子的话。莫言小说中的农民感情特别丰富。他是在倾诉，莫言的小说有很多是独白，他根本不在乎你是不是在听，他只是在说。他在说他的缺点、错误、狭隘。他把一个农民真实的立场、感情全部倾诉出来。在我看来，莫言是自古以来最好的农民作家之一，他把几千年来农民遭受的苦难、委屈和痛苦都滔滔不绝地倾诉出来。他不是在外表写农民像不像，也不是讲一口山东土话，也不是把农民写得像木头泥土一样。莫言笔下的农民都是精力旺盛，欲望非凡，都可以说很多话倾诉感情的。莫言写出了中国几代农民的心声。莫言的小说突出的是生命现象，是人的生命，狗的生命，驴的生命，马的生命，牛的生命，他把它们放在同一个平面上。人只是其中的一个种类。驴子可以讲人的话，牛也可以与人沟通……在他心目中，生命是主要的，人不是生命世界的中心，生命是需要平等的、自由自在的、解放无羁的。人们今天得不到这种生命境界，所以我们今天还需要为生命的自由而斗争。所以我觉得莫言根本不是一般地在写某个现实层面上的东西，他写的就是一个中国劳动人民世世代代在苦难中挣扎的这样一种生命的歌。

2014 年 4 月 25 日在广州大学的演讲。演讲稿根据录音整理。

文本细读的几个前提

做一个批评家，离不开分析文本。但文本细读与一般的文学批评还是不太一样。文本细读是一种方法，一般来说，文学批评离不开文本的解读，这是广义的文本分析。我这里说的文本细读，是一种特殊的分析文本的方法。就是说，评论家把作家创作的文本看作是一个独立而封闭的世界，可以像医学上做人体解剖实验一样，对文本进行深度拆解和分析，阐释文本内部隐藏的意义。

文本是作家创造的，作家自然对作品所含意蕴拥有更多的发言权，但是作家不是作品的最后权威评判者。作品一旦诞生就离开了作家，拥有独立的社会意义，而且在读者阅读中不断产生新的意义。作为一种方法论的文本细读，不是研究作家如何创作，也不是考察作品在社会上流传的意义，文本细读就是解读文本本身，把文本当作一个自足的观念世界，发现其中所隐藏的意义。文本细读一旦深入，就会发现许多潜在的有趣的意义。

作为批评家，一定要关注文本。现代文学史上有许多批评家，如李健吾、唐湜、常风等，批评家解读文学作品，他的文章题目直接就是他所评述的文本题目，不像现在的论文标题很大，一个正标题不够还要加副标题，那时候李健吾评论巴金的《爱情的三部曲》，就用"爱情的三部曲"为标题，可见文本的重要性。批评家似乎是隐身的，隐藏在他所批评的文本后面，把作家的作品重新讲述一遍，但是在讲述的过程中，批评家就把自己的修养、经验、欣赏、观点、批评等都包含在其中了，通过他的讲述作品而呈现出来。这是文本的批评。

文本批评不是读后感，也不是印象批评。需要有一种专业训练，这是我们从事文学批评的人都应该掌握的技能。印象批评是主观的，可以用"我认为……"来开头，对作品可以下判断，认为这个作品好还是不好。文本批评就不能这样，批评态度是客观的。它以文本为对象，就像解剖麻雀一样，看看它的器官内脏构造是怎么回事？有什么毛病？好在哪里？不好又在哪里？完全是客观地讨论作品的内部构造，主观印象最好尽量排除掉。

解读文本的第一个前提，就是你要相信，文本是真实的。从理论上说，任何一部文学作品，都可能有一个写得最好、尽善尽美的标准，实际上是做不到的。但你要相信它，相信艺术真实。文本解读就是建立在对艺术真实的信任上进行的，最大障碍就是你认为一切创作本来就是假的，都是作者随意虚构出来的。如果这样想，所有文学作品都不用讨论了。文本细读就是要像真的一样，要相信这个作品的背后应该有一个绝对完美的小说文本，那个文本就是艺术真实。《雷雨》文本背后有一个绝对真实的《雷雨》，《红楼梦》文本背后也有一个绝对真实的《红楼梦》。但这个"真实"不是我们通常说的"生活真实"，而是我们经常在文艺理论中讨论的"艺术真实"。

什么是艺术真实？当然有各种各样的理解。我相信任何艺术文本后面都有一个真实的"象"，代表了文本应该达到的完美无缺的境界。这个想象中的"象"是一种特殊意义的真实，也就是艺术真实。譬如说人物雕塑，我们一般评判这个雕塑好不好，好像是依据雕塑像不像生活中的真实人物，胖了还是瘦了。其实这是一个错误的理解。雕塑材料是泥土、木头、金属，怎么可能与肉身的人一模一样？不可能的。所以当我们依稀被雕塑艺术所吸引，脱口说"真像"时，标准并不是真实生活中的那个人物，而是你平时想象中的那个人物应该出现的状态，是特别传神的精神状态。这个状态与现实生活中的人物的日常琐碎的细节是不一样的，但是我们却会认为，这个状态更接近现实生活中的人。作为雕塑艺术家来说，他应该相信的是，有一种状态是能够完美无缺地呈现这个人物的全部真实。这就是艺术真实，或者说是高度真实。但是这种"真实"是无法寻找的，也找不到，相片上留不住，朝夕相处的人也未必都能够准确描述出来。所以，艺术家在创作某个人物雕塑时，最困难的就是要找到这种谁也说不清楚的"真实"。优秀艺术家就有能力创造出这个神态，让不管是认识还是不认识这个人的观众都能够从雕塑艺术中感受到一种强烈的"真实"，会认可创作中的人物才是真实的。

我们解读文学作品也是这样，应该相信，作品背后有一个绝对真实的"象"，一个完美的作品模型。《红楼梦》的文本背后，有一个完美的《红楼梦》。为什么几百年来那么多人都在讨论《红楼梦》？他们的精神世界里，都有一个无意识的"象"，就是相信《红楼梦》是有一个标准的，只是作家没有达到这个标准，所以留了很多漏洞。有时候我们常常把作家的创作能力与文本的绝对美等同起来，比如总是认为，曹雪芹怎么怎么完美，是续书者没有达到曹雪芹的创作意图。其实曹雪芹生活感受深刻、文笔优美都不假，但是他也没有能力达到《红楼梦》应该有的那个最完美的绝对"真实"。他反复修改十年，呕心沥血，最后还是没有完成。所以，后续者不是没有达到曹雪芹的创作水平，而是没有达到艺术真实所要求的水平。曹雪芹接近了艺术真实，但也没有达到。今天我借用文艺理论上的观点，就是你要相信"艺术真实"是存在的，用毛泽东的话说就是"源于生活，高于生活"。它与现实生活有一定关系，但是远远要高于生活，它用艺术的方法复制一个尽善尽美的真实，但这样的真实在实际操作层面上又是做不到的。所有的作家都力图把它写出来，但还是写不出来。这是艺术的悖论。一个真正优秀的作家一定不会说，我这个作品已经写得尽善尽美了。越是好作家越是会觉得自己怎么写总写不好，只能尽量去接近这种完美的艺术境界。据说托尔斯泰开始创作《复活》的时候，曾经用了很多方法来叙述故事，从理论上来说，肯定会存在一个最完美的《复活》的标准文本，但是托尔斯泰创作时写了二十种开始叙述故事的篇章，是否第二十种就是最完美的叙述了呢，当然不能这么说。所以，当一个批评家相信艺术文本的背后有一个绝对完美的艺术真实，批评家的志趣就会变得高尚，我们就会对艺术采取一种认真的态度，而不是把创作看作是随便玩玩的，这样写也可以，那样写也可以。这是不可以的，你就是要写的比现在的文本更好。

有时候批评家在讨论某个作品，会明显感到文本里有漏洞或者有败笔，这个判断，不应该是由批评家的喜恶随便决定，而是要从文本结构中推理出来。为什么我们会觉得《红楼梦》的后四十回高鹗续书不好，不满意。因为大家从前面获得的艺术逻辑，觉得后面不应该是这样的。历史学家讨论的是生活真实、物质真实，文学讨论的是艺术真实、精神真实，文学追求的境界要比历史追求的高很多，但这个高度是要我们学者、文学评论家去确立标准，如果我们没有一个艺术真实、精神真实作为标准指导，那么我们的批评就没意义了。我们做一个文本分析，我们讨论的内涵要远远超过作家本身提供的。有人说这是过度阐释，我不是这样认为的，关键还是看批评家能否把握作品的内涵，批评家对作品把握的深度如果超过了作家本人，他的解读与阐释就会提供很多作家意识不到的，或者，作家朦朦胧胧希望表达却又没有表达好的内涵。所以，批评家应该和作家一起共同创造艺术世界。如果在这样的问题上能够达成批评家的共识，批评家们就会理直气壮地工作。因为你有理论，有目标，可以把文学作品通过解读提升到作家所达不到的境界。

那么，接下来还有一个问题：艺术真实究竟是先验的，还是在实践中产生的？我想这个问题是可以从两个方面去理解的。如果我们从先验的角度来看，它似乎逃避不了先验论的陷阱，因为艺术实践永远是相对接近完美，不是最终完成绝对的美。但是如果从实践的角度来看，美的认知虽然是主观的，却又是在艺术实践中形成的。譬如说，艺术家如果不创作这个作品，那么这个作品的绝对完美的文本是不会存在的。可是艺术家一旦创作这个作品了，就会在艺术实践中逐渐地形成它的文本形态，同时也有了这个文本的最完美境界的存在。应该说，艺术真实是作家在艺术创作实践中逐渐形成的一种对艺术的自我期待。可是当作品完成后公布于社会，千百万读者或者观众都是带着自己的艺术期待去接受这个作品，艺术接受中的艺术期待与作家创作中形成并且寄植于文本追求中的艺术期待这时候就成为一种合力，构成了一个存在于意念世界中的艺术文本。它虽然极不稳定也充满多种歧义而难以把握，但它仍然具有客观性，并不以单个人的主观倾向而转移。这也是我们讨论艺术真实的基础。

解读文本的第二个前提，就是要处理好平时学习的文艺理论和现场发挥的文本解读之间的关系。这里涉及到我们对培养研究生的不同方式。在我上大学时，教文艺理论的老师都是很注重文本的，细读文本是学习文学评论或研究作家的基本功。老师们挂在嘴边的，总是讲某某评论家写评论《红楼梦》的文章，先要读五遍《红楼梦》；某某学者研究某作家的一部作品，先要把这位作家的全部作品读完，才能够整体上准确把握，等等。但是现在的研究生学习方法就不一样了。我们是什么时候开始不那么重视文本的呢？我觉得是从 1990 年代开始的。1990 年代，文学批评的主力从作家协会慢慢转移到学院，高校建立了现当代文学研究生的硕士点、博士点，同学们开始写学位论文。这时候变化就出现了。因为论文是另一种训练方法，是学术的训练，要求写作者讨论问题必须有理论依据，要有学术创新点，要写清楚理论概念发展的来龙去脉，还有一点不上台面的意思，就是要炫耀博学。这是学术论文的要求，不是文艺批评的要求。但是我们把这两者混为一谈，经过学术训练后的学生都不会写批评了。比如，我们今天要谈文学创作中的某些现象，本来应该从创作实际出发，发现问题，解剖问题，批评家可以抓住某些创作作为典型例子进行解读。但如果你是写一篇博士论文，就必须溯源，先要讨论我们所分析的现象是谁第一个提出来的？国外有没有相类似的情况？这个概念的拉丁文怎么写？西方学者是用什么理论来解读这类现象？等等。那么文章开头一万字先是讨论这些概念和定义，然后才开始涉及到具体作品。这种思维模式训练，我觉得培养学者也许是对的，但是培养一个批评家似乎没有这个必要，批评不需要你这么做。当所有的概念都已经定义好了，再来规范作品，文本的复杂性和丰富性就会被忽略。你所讨论的已经不是创作现象，而是在讨论有关这个现象的理论、概念、术语。20世纪中国思想界文学界最普遍的现象就是大量西方术语、概念名词传入中国，被视为时髦，然后很多学者就开始传播这些概念名词，似乎只要抓住了新的概念名词就可以解决一切问题，传播这些概念名词的人也就成为学术明星。现在理论领域也是这样。如果一个批评家，掌握了一些时尚的理论概念而不顾创作实际，甚至歪曲创作文本内涵，那么，文学理论就不再与创作实际发生联系，不能够解决创作的实际问题，他们反过来让创作中异常丰富、千变万化的内涵规划到一些理论教条中去。让中国作家的创作来证明西方理论的放之四海皆而准。这样就本末颠倒了。

研究方法的不同，常常给学习者带来困惑，他们常常会提问：细读文本是不是不需要理论？当然是需要的，面对创作文本你靠什么解读？解读的途径在哪里？这本身就是需要你有深厚的理论功底。但是说到具体的阐释，那就不是要你去阐释这些理论本身的内容，而是要把你所掌握的理论，从思想方法和阐述立场转换为阅读文本、分析文本的路径和视角，也就是你用什么途径进入文学作品，理解文学作品，而不是要你炫耀这些理论。

我读书的时候，学术界流行两种理论，令我十分着迷。一个是萨特的存在主义，我喜欢用这个理论指导我的人生；还有一个是弗洛伊德的性心理的学说，精神分析。我曾经十分认真又自作多情地把弗洛伊德的性心理发展的理论套用在自己身上，努力回忆自己年轻时代的性心理意识的成熟过程。我发现从前意识不到的成长经历，通过弗洛伊德理论的阐释，都是符合生理规律的，于是我对他的理论非常佩服。萨特的存在主义理论和弗洛伊德的理论对指导我后来的写作很有帮助，我解读过很多文学作品，包括情色文学、性心理等，自认为比别人解读得深入一些，这些理解都从人对生命的认知发展而来。有些象征、暗示、生命本能的因素，我能从作品中感受到，解读出来。这就是理论对我的帮助。其实这些理论只是帮助你理解生活、理解自我和理解文学的一个视角。

我读过巴赫金解析拉伯雷时代的"民间狂欢"的理论，真是醍醐灌顶，让我一下子豁然开朗。我那时恰好关注到作家赵本夫作品中的"亚文化"因素，他的作品里描写了原始的生命力因素，我很有兴趣，但苦于说不出一个理论，所以，当读到巴赫金的理论时，我突然理解到"民间"这个概念。我从小在城市长大，没去过农村，对民间没有深切体会，一开始倒是知识精英的理论观点对我影响更大。所以，开始我对民间文化，对粗俗的事物，本能地有些排斥。可是就是这些理论改变了我，一个是巴赫金的民间狂欢理论，他完全改变了我。我们常常为了炫耀自己高雅，回避人的"下半身"问题，可是巴赫金却把性与民间生命力联系在一起，他认为对于老百姓来说，生命的发泄无非是那几个通道，这也是最能体现他们生命力所在。这个理论改变了我很多想法，包括我之后解读贾平凹、余华、莫言等作家作品。还有一个就是弗洛伊德的理论，他讲生命，讲无意识，讲性心理，等等，让我读很多文学作品时就与他人的观点不一样，有了自己的心得体会。这与直接在文本里解读巴赫金的理论还是不一样的，我不是说我学了巴赫金的民间狂欢理论就获得了一件法宝，可以去图解作品，而是反过来，民间狂欢理论让我看到了很多别人看不到的审美因素，让我对审美或审丑的理解改变了，对作品的阅读也就不一样了。

理论对于一个批评家的工作来说是重要的，重要是体现在它对你的人生观文学观有指导意义。其实对我来说，我是在"文革"时期成长起来的，我从小读得最多的理论就是马克思主义理论，"文革"时候还年轻，真是如饥似渴地读马列著作，学习国际共运史和西方哲学史，学会了还要去辅导别人阅读，所以我当时最熟悉的理论体系就是马克思主义理论体系。读大学以后开始研究巴金，又读了不少无政府主义（安那其主义）的理论著作，这些理论对我有直接的影响，包括我今天看待这个世界、国家、社会的立场观点，用这个立场来解读文学作品。这些政治理论对我来说是很有诱惑力的，我觉得我能看到别人看不到的地方，是因为我读过这些理论，而别人没读过。在我的文章里，我从来不会照搬他们的语录、理论，但是我的观点、立场、方法和想法就是从这里来的。

有些理论著作你读过但是忘记了，那就说明它对你没什么意义；但有些理论观点你读过就记住了，就说明你对这个理论是有感觉的。但是，所有这些都不是你以此卖弄炫耀，照搬分析文学作品的理由。解读文本就是要从具体文本出发，我认为一个批评家的文学理论功底好不好，就看解读文学作品解读得深刻不深刻，眼光独特不独特。有了理论才有立场，有了立场，你才能读出什么东西是对你胃口的，什么是不对你胃口的。这是我想说的，解读文学作品的第二个前提，就是要学好理论。

解读文本的第三个前提，阅读文学作品不能预先设置框架。这个前提，与我们现在学院里训练研究生的方法也是相反的。假设，某个同学准备研究海外华文文学，老师就先看学生的开题报告，看看学生对最近五年十年学术界研究同类课题的成果是否熟悉。我认识一位香港大学的教授，他要求学生写论文必须引用近五年的同类研究的观点，论文至少要有三十个相关引文注释，那就是说，证明你至少看过三十篇以上的国内外相关文献。我们一般也都是这样训练研究生研究课题的。但是，如果你是学习做一个批评家，我建议你在阅读文本之前别人的相关批评文章最好是一篇都不要看，因为你不能给自己设置很多前提，包括作家自己的创作谈，或者某些评论家的观点。很多作家喜欢自己给批评家一些暗示，他希望你从哪个角度来评论他，他会把自己的某个方面强调出来，很多研究者就会傻傻地朝作家暗示的方向去研究。我以自己的经验告诫我的学生，不要去读那些东西，这可能对于系统研究来说不可以，但是对批评来说是要坚守的原则。在你没有读过别人的评论文章之前，你必须先从文本里读出自己的感受，当你读出了感受再去参考别人的评论，发现原来人家已经写过这样的文章，那就说明这个感受不是你独有的，必须抛弃，再去读，一定要读到别人没有感受到的东西。可是这个训练对很多人来说非常难，但对于我们把自己训练成一个有独到见解的批评家，是有好处的。

你们很多人读过我的《中国现当代文学名篇十五讲》，这是一本根据讲稿录音整理的教材。我许多年来一直在复旦大学通识教育上核心课程，是给本科生一年级非中文专业的学生讲中国现当代文学作品，教材就是《中国现当代文学名篇十五讲》，我会鼓励同学讨论我书里没讲过的内容，但是一般中文系学生所讲的基本都会与教材相似，而往往是理科、医科、社会科学专业的学生会提出一些令人意想不到问题。

我可以举两个例子。我在讲《雷雨》时主要分析繁漪和周朴园等人物，后来有个学生提了一个问题："陈老师，你从来没有正面分析过鲁妈，鲁妈很不简单，她是剧中唯一的知情人，她掌握了整个家庭的悲剧所在——乱伦的兄妹恋，她为什么不说出来？为什么会同意儿子与女儿结婚，让他们远走高飞？"这个问题提得很好。一般而言，与反叛的繁漪相比，鲁妈就是一个苦大仇深的扁型人物。中文系的同学都会关注繁漪性格的复杂性，不大会去关注鲁妈。为了不影响接下来其他同学的讨论，我跟他说，这个问题我下一次上课再回答你。之后，我认真地把鲁妈的线索捋了一遍（后来《十五讲》改版时我增加了对鲁妈的分析），就突然有个感觉：鲁妈的脑子里是一点束缚都没有的，所有的束缚都可以被打破。我认为人的所有悲剧中有一个就是"执"，想法被什么东西执住了，争一口气。像繁漪的悲剧也是因为"执"。但是鲁妈从中国文化传统上说是最通达的一个人。她跟周朴园相爱，并不是阶级压迫的关系。他们同居了三年，生了两个孩子，而且周朴园还保留了她的生活习惯，等等，这些细节都说明周朴园没有忘记鲁妈，回过来说明，他们三年的同居生活是幸福的。鲁妈是家里老妈子的女儿，这种恋爱模式在很多中国故事中都能看到，故事发生的时间19世纪末，晚清时代，那时没有一夫一妻制的观念，周家少爷收个丫鬟很正常。但是当周朴园要娶正式妻子时，梅侍萍（鲁妈）就不能接受，宁可死也不愿意跟另外一个女人来分享她的丈夫。在当年的时代环境里，周朴园娶一个富家小姐做妻子是很正常的，符合社会主流文化观念的，本来梅侍萍作为一个丫鬟，享受了准太太的待遇，也应该满足了。可是当面对关键时刻，她为了保持心中完整的爱，却选择自杀，她对生活的目标是可以超越的。剧本里写鲁妈是个清高的人，受过文化教育，但是她选择的丈夫鲁贵却是一个猥琐的人。与前一段感情正好相反，她为了不完整的爱可以去死，可是这一次婚姻里有她一个更大的目标，能容忍让她痛苦的婚姻生活，她是为了什么嫁给鲁贵？我把这个问题留给同学们思考。有一位同学就说，你们都认为鲁贵不好，我认为他挺好的，鲁贵没有歧视鲁大海，还帮他介绍工作，对儿子女儿一视同仁，他不就是自私、贪小便宜吗？一般的爸爸就是这样的，这有什么不好的。

这个同学的观点提醒了我，其实我们是受了曹禺的影响，他说鲁贵是坏人，我们就认为他不好，可是这个人所有的不可爱性格中，也有一点好的，就是他对儿女不错，对鲁大海和四凤也一视同仁。鲁妈嫁过两次，但都不如意，虽然她与鲁贵没有真爱，还离开家里跑到外地学校工作，他们之间的差异矛盾也影响了子女对鲁贵的态度，但是当她决定嫁给鲁贵并生了四凤，她其实有了更大的爱，那就是后面我们要谈到的母爱，她为了孩子可以自己忍受精神上的痛苦。如果说第一场她是为了爱情的完整而离开周朴园，第二场是因为母爱而离开了她自己的婚姻标准，嫁给了不可爱的鲁贵，那么第三场她则是对生命有了理解。因为在封建时代，如果得知子女乱伦，这是无法容忍的，因为这会受到老天的惩罚。可是当鲁妈知道女儿四凤已经怀孕时，她出于对生命的尊重，她说"你们走吧"，这个"走"其实是对乱伦的容许，按照中国传统的理解，这其实是犯了天条。可是她说，让老天惩罚到她一个人身上。她为了子女，愿意承担一切惩罚。我当时对学生们说，你们以后走出校门都会遇到很多问题，人生有高低起伏，可是当你想起大学课堂中学过的鲁妈，你就没有什么门槛跨不过去了。

如果没有这个同学的启发，我对鲁妈可能就不会有这样的解读。为什么这个问题学生能提出来，我自己却想不到？就是因为这位学生脑子里没有框架束缚，我脑子里有。我想说的是，如果你作为一个批评家，你面对文本的时候，不管那个文本是经典，还是当下的文学作品，你不能预先带了条条框框去解读。有些人看流行作品觉得很感动，但也不敢说，怕说了就会掉档次，但其实这是你自己喜欢的东西，掉档次又何妨？一个有文学修养的批评家，也可以把掉档次的东西做出很上档次的解释，这就是属于你的阅读，你的文本细读。

可能很多人看过我对余华《兄弟》的解读。当时评论界对《兄弟》一片骂声，认为其粗俗。我读了之后，首先是觉得不像别人想的那么坏，但还是有点犹豫，后来看到郜元宝写了支持文章，我就有了些自信，在与研究生们讨论作品时，有个修过法律系学位的学生就说这其实是个哈姆雷特复仇的故事。李光头的父亲当时是因为偷窥女厕所掉下粪坑憋死的，为什么呢？是因为，宋钢的父亲宋凡平看到厕所翘起的两条腿吓得喊了一声，结果把聚精会神的刘山峰吓得掉下去。宋凡平跳下粪池去把刘山峰捞上来，所以刘山峰的妻子（也是李光头的母亲）李兰嫁给了他。所有人都关注到宋凡平救了刘山峰，其实正是他的叫声导致刘山峰的死亡。这不就是一个哈姆雷特般杀父娶母的故事吗？我鼓励学生把这个想法写下来，她的文章发表之后，我再在她的结论的基础上做进一步发挥。这个同学的观点很有意思，如果按照这个想法，那么李光头的故事就变成了一个哈姆雷特复仇的故事，因为他最后无意的揭发导致了养父宋凡平在"文革"中的死亡。如果我们认可这个哈姆雷特弑父娶母的故事原型成立的话，那么《兄弟》前面十几页，李光头因为偷看女厕所被游街就变得不是那么无聊鄙俗了，他是为了向全村人宣告他是刘山峰的儿子，一个成人的宣言仪式。一切都是无意识的，但在这之中，他走了一条复仇的道路。如果从原型结构批评来看，这很有意思，小说前十五页的游街场景，就不是可有可无的描写了，恰恰是整个结构过程中的非常重要的环节。这个故事就变成了一个很有意味的结构主义的解读。这个有法律学位学生的解读引起了我的反思，这些理论我都很熟悉，为什么我想不到？那就是因为，这个学生脑子里没有框架，我的脑子里有框架。

所以，文本解读对我而言，理论不是彰显的，而是潜在的，而且也不是说你用什么理论解读作品，而是自己在阅读过程当中，慢慢会使用到这些理论学养。另外一点就是不要有框架，理论也是框架，我们的阅读习惯、审美习惯也是框架，我们大多数的审美都会认为这是不对的，粗俗的。社会有很多很多思维习惯，但是我们在解读作品时，如果遇到习惯和自己的趣味发生冲突时，应该使习惯让路，把习惯解构，你才能进入一个百无禁忌的状态，才能把作品越读越深，最后根本不是在读这个作品，而是看这个世界。主观对这个世界的认知会越来越深，问题意识也会明显呈现，你从解读作品中解答了问题。

2015 年 10 月在广西师范大学中文系和《南方文坛》社举办的广西青年批评家培训班上的演讲。演讲稿根据录音整理，整理者为黄相宜，初刊《南方文坛》2016 年第 2 期。

边角料书系

陈思和

Collection of
Chen Sihe's
Humanistic Speeches

人文演讲录

（下册）

陈思和 著

胡读书 刘安琪 选编

团结出版社
UNITY PRESS

目　录

工作与岗位

第三辑

第四辑

工作与岗位

第三辑

先锋与常态

　　关于这个题目，我今年上半年已经在北大作过一次讲座。当时我正在主持编写《中国现代文学史教程》，想探讨几个文学史的理论问题，其中一个就是"五四"文学运动的先锋性问题。上次我来讲的时候，我的思考还很不成熟，是诚心向北大的老师和同学们请教的，同学们在会上的提问对我深有启发，回去后就把这篇文章写出来了，发表在《复旦学报》今年第 6 期上，题目是《试论"五四"新文学运动的先锋性》。但我并不认为这个问题已经深思熟虑、无懈可击了，我觉得还可以进一步讨论下去。

　　"五四"文学运动是中国现代文学绕不开的话题。它作为新文学的起点也好像是不证自明的，但近年来大量新材料、新观点的出现，使既往的文学史观念受到了挑战。许多问题亟待从理论上给以解决。比如对民国以后的旧体诗的研究。近年来不仅出版了大量当代作家的旧体诗，从晚清到抗战，一大批文人的旧体诗（包括资料全编）面世了，比如陈寅恪先生、钱锺书先生及他们同时期许多文人大量的旧体诗著作，成为我们研究 20 世纪文学不可或缺的内容。我们过去讲现代文学只讲白话文学，那么文言文、旧体诗到底算不算现代文学？在 20 世纪文学史上到底占有多少地位？

还有一个问题，就是关于晚清文学的研究，在"现代性"这个概念提出之后，我们的研究视野整个被"现代性"吸引，晚清成为被关注的焦点。许多晚清的作品被重新解释。许多过去被认为价值不高的作品，又有了新的理解。比如苏州大学范伯群教授、复旦大学的栾梅健教授对《海上花列传》的重新评价，就是一个代表；还有美国哈佛大学的王德威教授的著作《晚清小说新论：被压抑的现代性》，认为"五四"压抑了晚清的现代性传统，晚清许多含有"现代性"作品，如侦探小说、武侠小说、言情小说等，在"五四"都被压抑了，保留下来的是"五四"之后的写实主义、浪漫主义等创作。这些新的研究成果都给我们传统的文学史观提出了挑战。对通俗文学也有许多新的评价和重新研究，模糊了我们过去所谓新旧文学的界限。最典型的例子就是张爱玲及许多海派作家。他们的许多作品当年都发表在通俗小报刊上，分不清它到底属于新文学还是通俗文学。

我想把"五四"新文学或者整个 20 世纪现代文学分为两个层面。一个层面是，以常态形式发展变化的文学主流。它随着社会的变化而逐渐发生变异。时代变化，必然发生与之相吻合的文化上和文学上的变化，这种变化是常态的，是 20 世纪文学的主流。我在谈这个问题时，有意把过去新文学、旧文学的问题悬置起来了。这样讲，可以既包括新文学，也包括传统文学，还包括通俗文学。就是说，常态的文学是随着社会的变化而变化的。比如说，有了市场一定会有通俗文学，一定会有言情小说，古代也有，现代也有，它总是这样变化的。这是一种文学发展的模式。另外一个层面，就是有一种非常激进的文学态度，使文学与社会发生一种裂变，发生一种强烈的撞击，这种撞击一般以先锋的姿态出现。作家们站在一个时代变化的前沿上，提出社会集中需要解决的问题，而且预示着社会发展的未来。这样的变化，一般通过激烈的文学运动或审美运动，知识分子、作家一下子将传统断裂，在断裂中产生新的范式或新的文学。这个变化不是随着社会的变化而进行，而是希望用一种理想推动社会的变化。或者说，使社会在它的理想当中达到某种境界。20 世纪有许多或大或小的文学运动，可归纳为先锋运动，它们构成了推动整个 20 世纪文学发展的一种特殊力量。不管它是向哪个方向，在 20 世纪起到了一种激进的、根本的作用。

这样两种文学发展模式，构成了 20 世纪不同阶段的文学特点。

讨论这个问题是想说，"五四"新文学运动的崛起，其最核心的部分是以先锋的姿态出现的，一下子跟传统断裂了，输入了大量西方的、欧化的东西，希望这个社会沿着它的理想进行变化。它是突发性的运动，含有非常强烈的革命性内容。当然，我不否认"五四"新文学运动也有大量传统的东西与传统文化相衔接。我指导过一位博士研究生，她做 1921 年以前的《小说月报》的研究，她对最初十年的《小说月报》做了定量分析，比如有多少篇与下层生活相关的小说出现，多少篇白话小说出现，多少篇翻译文学，等等。最后，她认为，如果没有

"五四"文学运动，中国也会朝白话文发展，也会出现白话小说。这当然是对的。有位作家徐卓呆，写了很多小说，都是写下层贫民的生活，有一篇叫《卖药童》，写个卖药的孩子，今天说起来就是无证卖药，被警察抓了，小孩谎称这是卖糖。可是那个警察很坏，他知道小孩卖的是药，却说，你把它吃下去我就放了你。小孩一边吃一边哭，实在吃不下去，不停地流泪。我的学生认为，这与"五四"小说没有什么区别，非常惊心动魄，写一种被扭曲的心态，写得很好。我后来仔细想了想，觉得徐卓呆的小说与"五四"新文学还是不一样，比如跟鲁迅的小说比。徐的小说就是我们今天所说的"我手写我口"的白话文，就是在讲故事，而鲁迅的小说不仅夹杂文言文，而且有欧化的语言，反而显得很拗口。如鲁迅翻译阿尔志跋绥夫的《幸福》，写一个老妓女为了五个卢布，被迫裸体在雪地里挨人打，语言很拗口。但正是这种拗口，使得小说文本充满了紧张感，很有力量和值得想象的东西。

这样就看出"五四"的意义了。如果没有"五四"，我们得到的就是徐卓呆那样的白话文，但是有了"五四"，就不一样了，语言上有了欧化倾向。我觉得欧化不是一个语言问题，而是思维方式问题，一种非常强烈、新颖的思维方式，是我们原来的语言不具备的。欧化思维建立在欧式语言的基础上，正是属于"五四"新文学带来的东西。

也许有人说，没有"五四"不更好吗？我们的白话文岂不更纯粹？"我手写我口"，不更自由吗？但是，如果没有"五四"，文学就会缺少一种包容性的东西，反映人物深层心理的新的思维模式就没有了。"五四"带给我们的不是一种单纯的白话文，不是一般的"我手写我口"，话怎么说便怎么写。礼拜六派都是白话小说，不需要"五四"来提倡和鼓励就已经出现了。但是，"五四"白话文是一种思维方式的丰富和补充。新的语言带来了新的思维、新的美学感受，这是值得我们注意的东西。

但是今天，我们已经不再稀奇，欧化语言已经融入了今天的语言模式。我们现代汉语的语法里有很多欧化的成分。不但不觉得"五四"文学革命的难能可贵，反而批评它过于欧化，不通俗。从瞿秋白开始就批评了。其实这批评的前提，是当年的欧化语言模式已经被认可了，如果不认可，我们很可能还停留在晚清时代"我手写我口"和通俗小说的样子。从这个角度我就想到，"五四"是不是有一种新的东西给了我们？不完全是通常理解的白话文、现实主义、抒情主义、个人主义等等，这些东西会随着社会的资本主义因素的发展也许是自然会出现的。但"五四"使我们出现了一般时代变化所没有的东西。比如，鲁迅的《狂人日记》突然出现了"吃人"的意象，不仅写人要吃人，而且每个人都要吃人，甚至于狂人自己也吃过人，这是一个巨大的恐慌，与"五四"的主流完全不一样。"五四"的主流是人道主义，张扬个人，对抗礼教，反对旧社会把个人吞噬。可是突然出现了鲁迅对人的解构。人本身就具有从动物遗传过来的吃人的本能，人是会吃人的，这跟我们通常理解的个人主义和人文主义有很大区别。所以，《狂人日记》出来以后，这个时代的人们无法对其进行阐释，批评失语。有些批评家于是把它演化为另外一些命题：如历史是吃人的，礼教是吃人的，中国封建社会是吃人的，传统是吃人的。

人只是被吃，自己没有责任。可是鲁迅明明写的是自己是吃人的。这是对人与人之间关系的反思，是对人自身的追问，和当时的主流文化有明显的差距。这种差距反映在两种文学的不同思考。一种是随着时代变化而慢慢演变的文学，是常态的发展和变迁，随着这样的变迁，出现人道主义的、现实主义的、或者说白话文的文学。而另一种是非常态的，像"五四"这样，有比常态文学更精彩的、更精华的、更核心的一种力量，这个力量就是先锋文学。从鲁迅到郭沫若，从创造社部分作家到狂飙社、太阳社，包括以后"革命文学"等等一系列激进文学里边，始终有一种跳动的、前沿的、站在社会发展未来角度对现实进行批判的东西，这就使他们具有强烈的先锋性。我认为在整个"五四"新文学传统里边，拥有一部分强烈的具有先锋意识的因素，这种因素的出现，与第一次世界大战前后在法国出现的超现实主义文学思潮，在意大利、俄罗斯出现的未来主义文学思潮，在德国出现的表现主义文学思潮，等等，几乎是同步的，体现了这种具有先锋性的世界性因素。

我的《试论"五四"新文学运动的先锋性》写好后，曾先请几位青年朋友批评。他们提出了一个问题：既然"五四"运动是先锋运动，先锋即意味着非主流，那么主流是什么？这正是我现在想要解决的问题：如何来把握常态与非常态这两个层面的文学变化的关系，先锋性的文学变化与常态的文学变化的关系？也就是文学先锋与文学主流的关系，到底该如何界定？这是一个需要不断讨论的问题，我拿出的不是一个完善的成果，而是一个想法。所以我今天的报告主题就是先锋与大众文学之间的关系，是接着上一个问题继续思考，深入探讨。为何要界定"五四"文学的先锋性，就是为了回答王德威教授提出的关于"五四"压抑晚清现代性问题。更早一些，在王德威教授之前，也有学者提出类似问题。在我读书的时候，我的导师贾植芳教授让我翻译一篇美国汉学家林培瑞（Perry Link）的文章《论一二十年代传统样式的都市通俗小说》，后收录在贾先生主编的《中国现代文学的主潮》，复旦大学出版社 1990 年出版。林培瑞在那篇文章里已经提出了晚清文学的丰富性，但他没有贬低鸳鸯蝴蝶派，也没有贬低"五四"，而是认为这些文学作品都有对传统文学的延续。言情派小说可以追溯到《红楼梦》，武侠小说可以追溯到《水浒传》，社会小说可以追溯到《儒林外史》，推理小说可以追溯到古代公案小说，鬼怪小说可以追溯到《西游记》《封神榜》等神魔小说。总之，现代通俗小说门类在古典小说中都有存在的因素。到了 20 世纪商品经济社会，加入了新的时代因素，变得更为完备。林培瑞的文章认为，"五四"没有延续这个传统，而是将这个传统中断了，只弘扬了其中一部分，比如社会小说、批判现实主义，其他的都被压抑了，由此进一步推出"五四"独尊的现实主义，压抑了晚清的现代性传统。这一点，国内一些专家也有研究，如范伯群教授有一个观点，认为中国现代通俗文学与古代文学的演变相衔接，应该成为文学的正宗。针对这些问题，究竟该如何理解？我觉得这里有些内在的矛盾，我们文学史在对通俗小说描述的时候，是把"五四"新文学放在一边，以古代小说的分类来进行研究。这样一分类，通俗小说就有各种各样的门类，非常齐全。但在讨论"五四"新文学的时候，我们采用的则是外国文学史的分类概念，文学体裁或者文学思潮，如现在大陆对于"五四"新文学通行的解释，总是强调"五四"文学是现实主义文学，或者是浪漫主义文学，这个现实主义或者浪漫主义也就成了评判文学的标准，也是制高点，像灯塔一样。往前看晚清，往后看整个20世纪，所有与"五四"新文学这一特点有关的都被抬高和尊崇，都是有意义的，如黄遵宪的"诗界革命"，如梁启超的"新小说"，还有翻译小说，等等；而与"五四"新文学特征无关的文学，都是没有意义的。所以在这个灯塔的照射下，很多与之无关的东西都被推到了暗影中，没有得到应有的认识。比如旧体诗，就是这样的处境。现在陈寅恪、钱锺书的旧体诗都集结出版，我们才知道原来还有那么多的旧体诗创作，还有一大批写旧体诗的文人。其实这些人一直在创作旧体诗，很活跃。但因为"五四"的灯塔之光没有把他们照进去，所以一直在黑暗中。那些与"五四"传统没有多大关系的创作，就算是新文学的创作，往往也被忽略。如钱锺书的《围城》，以前的现代文学史著作里没有关于它的介绍，是不被重视的，大家都说是夏志清写了《中国现代小说史》，才抬高了《围城》的地位。但为什么夏志清看出《围城》好，而别的学者都没有看出来？这不完全是"左"的思想路线造成的，倒是与"五四"新文学传统的标准也有关系。我们是以"五四"的标准来衡量，《围城》不在这个"反帝反封建"的视野里，"五四"文学里找不到它的根基和传统。不是说它不好，也不是说它反动，而是"五四"文学传统里没有一套话语对之加以阐释，很自然就被排斥。连沈从文的小说也有这个问题，他在1950年代被冷淡当然有政治原因，但也不完全是。

沈从文小说中呈现的很多东西，如果用"五四"的话语来衡量它，的确很多东西无法被解读。并不是说20世纪中国文学只有"五四"新文学，而是我们这个学术圈就是在被人为构筑起来的"五四"传统下进行思考和研究文学史的，而看不清之外的东西。这样一界定，20世纪文学的意义大大缩小了，视野就束缚住了。所以今天我们面对文学史，要重新有一个定位：究竟如何看待"五四"先锋文学与常态文学的关系？

我对"五四"新文学传统有很深的感情，但要重新解释"五四"文学传统与中国现代文学史的关系，研究它跟整个20世纪常态文学发展的关系，仍然是要在观念上有所突破。在这个意义上我更强调和突出"五四"的先锋性。我们今天理解的"五四"新文学传统，往往把它的先锋性与随着社会的发展而出现的常态文学变化混淆起来，从而混淆了我们的思考对象。我们如果把新旧文学的分界暂时悬置起来就会发现，晚清文学的传统作为文学的某些因素，并没有消亡。只是在不同时代、不同历史阶段发生变化，文学传统到了"五四"期间发生变化，但还是在正常地延续演变。比如武侠的因素，在20世纪中国文学史上是一直存在的，如从平江不肖生到还珠楼主，就有一条线索。如果把中国文学看成一个整体，而不按政治行政地域划分的话，1950年代以后在香港、台湾等地区都得到了很好的发展。另一个方面，如果不是绝对囿于新文学旧文学的界限，作为常态文学的武侠因素也一直存在。我个人认为，新旧文学的分界到了1930年代就逐渐模糊，抗战后就逐渐消失了，但"五四"的先锋传统也不存在了。抗战以后就出现了一种"常态"的文学，无法用"五四"的话语去衡量。比如说，自 1950 年代以后，大陆的武侠小说虽然没有，但革命历史题材小说中却充满了武侠小说的因素。当时有一部长篇小说《烈火金钢》，史更新和日本人七天七夜进行周旋、搏斗，肖飞买药，飞檐走壁，大量的传统文学因子跟原来的武侠小说是相关的。再如《林海雪原》中栾超家飞登峭壁、杨子荣打虎上山等英雄事迹。革命时代不可能再照搬原来的武侠小说，但传统的文学因子一定会融入新的时代话语精神，改变其表达的内容，作家们可以把这种因素转换到游击队员、民间英雄的故事中去。武侠的传统还是被保留，只不过在不同时代出现了不同的形态。还比如推理小说，晚清风行一时，其前身是公案一类的清官小说，引进了福尔摩斯探案以后，逐渐就有了程小青的霍桑探案等。这个传统好像后来中断了，1950 年代以后似乎没有传统的侦探小说了。有一次我与一位学生讨论这个问题，他认为推理小说是在"文革"之后才重新出现的。我让他去看"文革"之前的"反特"电影、间谍题材的电影，甚至是地下党活动的惊险电影。当时间谍有两种，一种是国民党间谍，潜入大陆搞破坏，实际上就是推理题材、探案题材，或者反过来，我们的间谍打入到敌人内部，所谓"地下工作"的电影，如《51 号兵站》《英雄虎胆》等，这些其实也是充满了惊险和推理的因素，这两种都继承了原来公案小说和推理小说，不过是在新的政治形势下有所演变。还有苏联传统中的"间谍小说"也发挥了影响。惊险、推理、反特电影，在我青年时代风行一时。许多电影我都忘记了，但这些电影我还记得。能够进入文学史的电影却都是历史电影，比如《林则徐》《红旗谱》《青春之歌》等等，而"反特"电影、惊险和推理电影，一部都没有进入文学史，没有一部文学史讨论《国庆十点钟》《秘密图纸》《羊城暗哨》，这些东西大量流传在民间，流传在当时的读者当中。当时我们都喜欢看，因为里边有逻辑推理、抓特务、惊险情节等因素，实际上就是侦探故事演化为通俗门类，它们正是对传统的继承。今天，许多研究者，包括我们自己脑海中还是"五四"的一套标准。比如对于《林则徐》这样的电影有所偏爱，认为反帝反封建才符合"五四"标准，能够进入文学史的书写范围；而"反特"电影常常被当成通俗作品，看看而已，不会写入文学史。过去讲当代文学史的战争题材的创作，通常也不讲《林海雪原》和《烈火金钢》，只讲《保卫延安》。但我们学生往往喜欢读的是《林海雪原》和《烈火金钢》。为什么会出现这种情况呢？因为当时意识形态认为《保卫延安》才是真正的历史小说，而《林海雪原》《铁道游击队》《烈火金刚》等不过是通俗小说，我们自己脑子里有一个精英与大众的区别。这个区别的意识是何时形成的？是从"五四"初期反文化市场、反鸳鸯蝴蝶派的斗争中形成的，我们自己把本来很丰富的传统简单化了。"五四"就像茫茫黑夜中的一盏路灯，它照到的地方是核心，是精华，应当珍惜，但毕竟只能是一点点，而照不到的那些地方非常广阔。文学本来是多层次、多元化且极为丰富的状态，那么文学史如何对待这个状态？如果说文学史是一个常态的发展，就像陈平原教授过去说的，是消除大家、强调过程，那么"被压抑的现代性"其实并没有被压抑。比如从古代的包公破案到后来的福尔摩斯探案，再到程小青的霍桑探案，再到后来的公安局抓特务题材，以及今天的惊悚小说和推理小说，一代代的文学里不都是存在着的吗？甚至连

"文革"这样最没有文化的时期，也有小说《梅花党》《恐怖的脚步声》这些东西，其实并没有什么因素被压抑和取消，而是一时代有一时代的文学表达特点。推理，是人们心理的一种模式，有这种心理模式，就一定会有相应的文学。它们的出现是必然的。随着整个社会现代化的过程，一定会出现与之相吻合的文学形式，我们需要对它有一个更加宽泛的理解和解释。但如果你是以"五四"的先锋文学精神为标准来衡量文学史，那又是另外一回事了。

那么，相对于"五四"先锋文学而言，主流文学到底是什么？是不是大众文学？我也不这样认为。我觉得，凡是以常态形式随着社会变化而变化的文学就是主流，也就是在审美上能够被大多数老百姓所接受。但我们今天说到主流，还有另外一个概念，那就是官方提倡的主旋律。这个概念近二十年来也有变化。最早提出是 1980 年代末，那个时候的主旋律电影，老百姓看的人很少。像"三大战役"等题材的历史片，被作为一般学院的历史教学片还可以，但放到电影院里，要老百姓掏钱去买票来看，似有点勉为其难。近五六年，主旋律有很大改变，首先是讲票房价值了，即使主旋律也不能不考虑老百姓喜闻乐见的因素。比如"反贪"题材，从官方来看，与反腐倡廉相结合；从精英知识分子来看，它揭露了许多问题和社会矛盾；而从老百姓看，喜欢其中的惊险破案、凶杀暴力，甚至英雄美人的故事等等，实际上是把推理、暴力、情欲等因素融合在一起，成为广受百姓欢迎的题材。所以，今天的主旋律越来越向常态文学发展，与市场和读者紧紧结合在一起。

现在回过来谈先锋。国外学者对于先锋有不同看法。在1950年代研究先锋运动比较权威的说法，是认为先锋文学就是现代主义文学，把波德莱尔以后的现代派文学都归纳为先锋文学。但在1970年代以后，德国学者彼得·比格尔出版了《先锋派理论》，这本书解构了前人的主张，认为不能把先锋文学运动与现代主义文学运动简单等同起来。因为，从波德莱尔到兰波、魏尔伦、王尔德、马拉美、格奥尔格，从法国、英国到德国，这样一种传统都是最早的现代主义运动，其特征是唯美主义，包括后来的颓废派、象征主义等，基本都是"为艺术而艺术"，即在艺术自律的状态下进行文学艺术活动。比格尔却认为，由于资本主义体制日益完备，在这个体制下的艺术已经属于其体制运作的一个组成部分，通过艺术活动来推动社会改革已经不可能了。当时一批艺术家为了维护艺术的尊严，即对艺术做出了自己的规范，这个规范就是，艺术与社会生活完全脱离，艺术可以在自己的范围内实现自己的价值。其典型就是唯美主义。这是一个很大的运动，完全改变了18、19世纪批判现实主义的潮流，出现了以象征、隐喻、暗示等"向内转"的一系列艺术手法。这个运动是通过与体制不合作的形式来完成的。但比格尔认为"为艺术而艺术"不是先锋运动。唯美主义是通过艺术自律来完成革命和转变的，但唯美主义运动极为软弱。先锋运动的出现不仅是针对现实主义的传统，而且还是针对唯美主义，针对"为艺术而艺术"的艺术观念的。这样一来，先锋运动首先批判了唯美主义文学，先锋运动企图将文学重新拉回到现实生活，要求文学对现实生活发生作用。为此，先锋运动以一种非常夸张的方式与传统进行断裂。

我感兴趣的是，"先锋"这个概念，与早期无政府主义运动、傅立叶的空想社会主义以及各种乌托邦的出现有关。最早把"先锋"的概念从军事术语转用到文化政治领域，是出现在乌托邦社会主义改良实验中，后来被用到了文学上，它一开始就包含了与社会对立的含义，与传统的对立，以一种全新的自我夸张来确认自己的地位，使文艺运动重返生活，重新推动社会进步。先锋文学的理想实施起来非常困难，所以先锋总是失败的。比格尔在他为米谢尔·克里主编的《美学大百科全书》撰写的"先锋"词条里，分析了先锋运动的两个困境。第一，当一批知识分子想用艺术的方式来推动社会，必然导致与政治权力的结合，否则不可能产生很大的影响力。20世纪初那些影响较大的先锋运动都消失了，因为它们的发起者最后都去从政。比如意大利的未来主义者，像马里内蒂等，许多人都跟法西斯结合；俄罗斯的未来主义者，如马雅可夫斯基，参加了苏维埃革命；法国的超现实主义者，也有一些人参加了法共，最著名的是阿拉贡，成了法共的重要干部。这些先锋派，要么投身于政治运动，要么被政治碰得头破血流。这是先锋艺术的政治困境。还有一个困境，比政治困境更严重：那就是美学上的困境。当代的资本主义社会已经不同于以往的社会体制，以往的资本主义体制缺乏包容性，比如当年左拉写了《我控诉！》，结果被驱逐出境，还受到审判，托尔斯泰晚年还被开除教籍。而当代资本主义体制已经强大到可以包容反对意见，任何反对意见都可以反过来成为资本主义社会民主政治的证据。比如，资产阶级政府照样可以建造艺术馆，把反对体制的先锋文学都搬进去展览，告诉大家这也是艺术。先锋艺术本来是要反对这个社会的艺术体制，结果却得到了这个体制的承认。这时，先锋艺术家看似成名了，实际上却失败了。当那些先锋艺术家以成功者的面目进入我们的视野的时候，他们已经不再是先锋了。当然，他还在起作用，因为他毕竟提出了与主流不兼容的艺术主张或审美观念，在一定时期内还是有一定效力的。比格尔说，先锋往往是在失败的形态下成功的（大意如此）。这句话我非常喜欢。先锋的成功不是通过胜利而实现，而是通过失败，如果他胜利了，他就失败了。他在失败的形态下发生影响。

那么，我们究竟该如何看待"五四"的先锋性？首先，"五四"发生时也遇到了类似的政治困境。短短几年，白话文、新标点符号等改革都取得了成功；白话文进入了教学、传媒等；白话文运动的倡导者也纷纷成了学术明星，胡适等人都参与了各种政治活动，或者掌握了学术基金的权力。但是，真正的先锋精神却没有了。我认为，鲁迅是一个非常具有先锋意识的人，所以他永远交华盖运，永远与周围的人合不来。"五四"后来的分化就首先表现在这里，当时一批文学先锋都去搞政治了，都飞黄腾达，成为了主流。而最糟糕的就是鲁迅这类人，向上没有进入到政治斗争中去，向下也没有妥协到被大众所承认。鲁迅的被认可，是另外层面上的：一个始终被驱逐的、彷徨孤独的人，始终处于边缘的位置，以此来保持先锋位置。所以，在"五四"期间，先锋文学有一次大的分化，这次分化既有政治困境，又有美学困境和其他困境。

在当时的中国，社会虽然不像西方那样宽容，但还是有一定包容性的，比如对鲁迅的包容。鲁迅，他一直以反社会、反主流的先锋形象出现，但他的先锋姿态一直保留到去世。他一直把很前卫、很尖锐的思想放在文学创作和行为标准之中。正因为这样，他遭遇了很多失败。但他始终保持着先锋性，始终在寻找一种更前卫、更激进的力量来支持他。但是，吊诡的是，鲁迅一直在寻找与最激进、最革命的组织结成联盟，但很多先锋性的组织又都在攻击他，左联的成员甚至某些领导人在攻击他，后期创造社、太阳社也攻击他，这些团体，我认为也都是先锋性的。为何具有先锋性的团体也攻击先锋鲁迅？因为先锋具有特殊的警惕性，要孤军深入，在正面与敌人作战的时候，始终保持一种特殊的敏感，所以先锋与主帅有一种紧张关系，一种潜在的对立：先锋既要以自己的生死来捍卫主帅，又要保持充分自主灵活行动的独立性。古代有一句话，"将在外，君命有所不受"。前方形势千变万化需要随机应变，这个矛盾反映在文化方面，先锋文学也常常是打乱枪的，不仅反对敌人，还要反对同一阵营中比它更有权威的人。"五四"就是这样的情况。胡适的"八不主义"主要批判的锋芒所向，不是封建遗老的旧体诗，而是南社成员的诗。南社也是革命团体啊，为何胡适不去反对晚清的遗老遗少，而是专门批判主张革命的南社？这就是先锋的策略。后来创造社"异军突起"，所谓异军突起，就是同一阵营中另一派人的突起，它的矛头不是针对"鸳鸯蝴蝶派"，而是针对新文学主流一方的文学研究会。这里的关系非常微妙。鲁迅的遭遇就是这样，当更激进的革命团体一出现，矛头总是对准他而不是对准真正的敌人。创造社、太阳社、"革命文学"论者等先后出现，率先攻击的都是鲁迅，而不是胡适。虽然鲁迅到处被辱骂、被攻击，可是在主观上一直积极追求和这些激进团体的结盟。他到了广州第一件事情就是想和创造社结盟，当时创造社并无此意。后来到上海也是这样，"革命文学"论者反过来批判鲁迅，但后来共产党找鲁迅，要他和创造社、太阳社联合建立左联，他马上就接受了。可见，鲁迅是非常乐意与一些激进的团体结合，虽然这些结合在某种意义上不太成功，但我们可以看出，先锋文学的道路在鲁迅身上越走越艰难，逐步进入困境。

　　这种情况下，"五四"文学与大众文学的关系究竟如何发生？"五四"新文学如何成为 20 世纪文学主流？也许这个问题显得奇怪，一般的文学史都认为，"五四"新文学作为主流是不证自明的。其实这是我们后来的文学史"做"出来的。实际上"五四"文学作为一种先锋姿态出现，仅是在北大，仅是在《新青年》杂志发出反抗的声音。它在当时的文学环境中，实际上就是一个手电筒跟茫茫黑夜的关系。我们今天已经习惯于站在"五四"立场上把它作为当时的主流。但当年的它，其实是一个非常具有极端性和先锋性的现象。严复当时就曾说，不必像林纾那样与白话文运动较真，它会自生自灭的，"亦如春鸟秋虫，听其自鸣自止可耳"。他们当时根本没有想到"五四"新文学后来会发展得那样强大，他们以为不过是一批极端的文人在那里瞎折腾。钱基博当年编撰《现代中国文学史》，从王闿运一路写下来，到最后才随便提到了胡适、鲁迅、徐志摩等人，寥寥数笔，并不重视。可见新文学的地位在当时是不受重视的，都认为其成不了气候。所以钱锺书没有介入新文学运动，与他的家学的制约是有关系的。

那么，新文学到底是从何时被作为主流的呢？冒昧地说，就是当它的先锋性消失以后，就是鲁迅的路子越走越窄的时候。此时，"五四"新文学运动发生一个转折。当然，转折是通过许许多多的方面、各种各样的因素来完成的，今天的演讲无法全面展开。我仅举一个例子来说明，就是最近刚刚去世的巴金先生。巴金在新文学史上是什么地位？第一，巴金早期是无政府主义者。前面我故意埋下一笔，先锋文学实际上与傅立叶、欧文、巴枯宁的乌托邦空想社会主义、无政府主义有渊源关系，由于这种思潮的影响，巴金所认同的无政府主义意识具有强烈的先锋性。他早期创作中的欧化语体、反传统思想、激进的政治理想，与未来主义、超现实主义等先锋文学思潮非常相似。意大利的未来主义者在《未来主义的创立与宣言》中疯狂诅咒博物馆、图书馆、科学院是"白白葬送辛劳的墓地、扼杀梦想的刑场、登记半途而废的奋斗的簿册"，号召要摧毁它们；法国达达主义运动更是把巴枯宁的"破坏即创造"口号奉为宗旨，叫嚷要摧毁一切价值观念，颠覆各种政治社会制度和美学观念，甚至给蒙娜丽莎的脸上涂抹小胡子；俄罗斯的未来主义者甚至提出要把普希金、陀思妥耶夫斯基、托尔斯泰"从现代生活的轮船上扔下去"这类的谬论，认为所有的传统都可以断裂，等等。巴金在文化反叛上深受这类先锋运动、无政府主义、虚无主义的影响，他在1930年代就说过，故宫也没有什么了不起，与大多数人的幸福是没有什么关系的。显然，巴金正是以无政府主义关于未来的理想来要求社会的。艺术是为人生服务的，要推动社会的进步，所有这些想法都与先锋派的艺术主张相吻合。

但是，这样一个先锋运动失败了。"五四"新文学的先锋精神消失了，巴金的无政府主义的先锋精神也消失了。巴金的无政府主义的先锋精神是与"五四"新文学的先锋精神一脉相承的。但巴金与鲁迅不太一样。可以说，鲁迅的先锋精神是原创的，他带来了"五四"的先锋性，也影响了后来者，但后来者却有变化了。比如"五四"时期的吴虞，他在《吃人与礼教》一文中，将鲁迅的"人吃人"意象转移为传统礼教的吃人，被动的吃人。这样的问题在巴金身上也存在。巴金的思想意识是先锋的，他在进行创作以前是先锋的，但当他进入文坛的时候，先锋精神逐渐减弱了。为什么？因为整个无政府主义失败了。当年他从法国回来写了一本书，叫《从资本主义到安那其主义》，有人问他自己的什么书最满意，他说，我的书没有满意的，比较有意义的就是这本理论书。这本书探讨人类社会怎样从资本主义发展到无政府主义。但这本书已经绝版了，被国民党政府查禁了。到了 1930 年代，巴金的无政府主义和理想追求已经完全失败了。他尝试做其他事情，比如到福建等地进行社会考察，探索无政府主义的可能性，但没有进行下去，他的小说《电》里就描写了这方面的内容。后来他带着绝望回到上海，把这种绝望投入到小说创作中去。所以巴金的小说在思想意识上有很前卫、很先锋的因素，即使到今天，仍然有它的意义。

举一个例子。我编今年第 11 期《上海文学》"纪念巴金"专号，特意选了他的两个短篇。一个叫《复仇》，描写法国的反犹主义和犹太人复仇。故事是写一个普通的犹太商人，在一次排犹运动中，妻子被两个军官杀害了。他被逼上绝路，变卖了自己的店铺，千辛万苦，寻找仇人。终于在一个偶然的机会杀死了其中一个军官。巴金在这里处理得很紧张。这个杀人犯本来是一个小心谨慎的商人，当他用刀把仇人杀掉后，心态发生了变化。复仇的欲望使他越来越以杀人为快。他在杀人之后，甚至用嘴去快意地舔刀上的血。然后他又跟踪另外一个仇人，终于杀掉了他。之后，他公布了自己的名字，最终自杀。这是当时欧洲一个真实的故事，那时候是犹太人从事恐怖主义的复仇。但那个时候的恐怖主义还没有发展到"人体炸弹"之类的地步。这个小说创作于1920年代。巴金曾写过大量这样的小说。能这么详细、强烈、辩证地写出一个恐怖主义者的心理，令我非常震撼。巴金一方面很严厉地批判了变态的杀人狂，另一方面生动地写出了这种变态形成的社会原因。他把这种现象一直追溯到世界反犹主义。当然，反犹主义让人想到后来的纳粹，恐怖主义可以延续到今天。但迫害的恐怖与反迫害的恐怖始终是辩证地发展着。谁说这样的故事已经失去意义了呢？今天我们在全球化的强势话语下面，有没有作家可以站出来，把眼下最尖锐的问题在创作中艺术地展示出来？其展示是否正确并不重要，重要的是把这种绝望的形象展示出来。

我还选了巴金的另一个短篇《月夜》。一个月夜，船上有两个客人，要到城里去。但船老大一直不开船，因为在等一个常客，他是村里的一个伙计，每天晚上要坐船到城里。最后大家一起去找，发现那个伙计已经被人杀害。原来他参与选举村长而遭暗害。现实生活里也确有一群无政府主义者到广东农村，想通过合法手段组织农会，通过合法的选举将原来的恶霸村长选下来，结果失败了。巴金及时地描写了这一现实故事。

巴金的尖锐就在这里，他对社会进行剖析的炮弹集中打在这些根本性的社会焦点上，同样是分析社会，他能抓到社会制度的要害，包括今天仍然存在的问题。为什么巴金能够做到这样？他当时只是一个无政府主义者，所以，我现在把无政府主义也归纳到先锋性里边来。他通过文学创作来尖锐地表达自己的无政府主义的理想。在这个写作的过程中，他慢慢地被文化市场接受了。

巴金是带着先锋色彩被社会接受的，但最先被接受的是长篇小说《家》。他的小说本来都发表在一些文学杂志上，即今天所谓的纯文学杂志上，都写得很尖锐，他早期的中长篇小说几乎都被国民党审查制度查禁过。当时，上海有一个小报《时报》，属于市民阶级的通俗报纸，常登一些言情小说。有一个编辑想刊登一些新文学的作品，于是通过熟人找到了巴金，希望巴金给报纸写点小说。巴金便想到自己家的故事，既然那些政治小说老被禁，写家庭这样的故事总不会被禁吧。巴金的《家》里的"高家"纯粹是一个象征，高老太爷象征封建家长制，与他自己的家庭真实情况不是一回事，不过是为了通过对自己家庭的批判，来达到对社会的批判。巴金为了在一个通俗小报里发表作品，不得不把一个先锋意识的作品改变成普通的家庭故事。这就是巴金的变通。巴金最初的长篇小说《灭亡》里写革命者精心培养了一些工人，给以他们革命的意识，结果工人参加革命以后被抓去杀头，那位革命者也去看了刑场。小说写得很恐怖，工人的头被割下来，在地上滚来滚去，周围的老百姓还麻木不仁地议论说这个刽子手没有以前一个刀法快之类的。这些都与鲁迅小说的先锋精神很相似。但巴金在《家》

里面却是以一个较低层次的角度，演绎了鲁迅的"吃人"理念，但不是人吃人，而是礼教吃人，制度吃人。在《家》中，巴金将鲁迅的先锋意象弱化为一个大家能够接受的言情故事。这个改变使巴金的名字在上海的市民读者中广为流传。小说连载了一年多，几经曲折。中国新文学本来一直在小圈子中流传，到了巴金、老舍等作家的出现，由于他们的长篇小说被市民广泛接受，在文化市场上流通起来，才培养起越来越多的新文学的读者群。茅盾当年写《蚀》三部曲，加入了一些在今天看来有些色情或低级趣味的细节描写，遭到评论者批评，为此，他专门写了一篇文章《从牯岭到东京》来自我辩解。他指出，当代的读者群到底是谁？是小市民、小资产阶级，我们要争取他们，就要为他们写作。这是新文学一直没有解决好的为什么人服务的问题，新文学应当争夺一批小市民读者，他们是文化市场的主要消费者。但如何争夺他们？不可能拿一个真正的先锋作品来征服他们，只能拿弱化了的先锋作品，比如巴金的《家》，正好成了先锋与大众之间的桥梁。后来左翼文学的瞿秋白等，一直批评"五四"文学的欧化，批评它不够大众化。因为只有大多数读者认可了新文学，新文学才真正得到普及。

我现在只举了巴金一个例子，其实有很多新文学作家都有如何大众化的焦虑，比如沈从文、老舍、张爱玲等。他们本来与"五四"新文学是有一定距离的，比如《二马》《赵子曰》等作品，对"五四"新文学有讽刺和批评的意味。老舍本来出身于市民阶级，有很强的市民趣味，结果他的创作把"五四"新文学精神与市民趣味衔接了起来。可是当年老舍的小说，鲁迅以先锋的眼光来衡量是不喜欢的。但是正是因为这第二代作家们的出现，为新文学逐渐赢得了大量读者。后来，广大读者都知道鲁迅、巴金、老舍、沈从文了，就标志"五四"成功了。"五四"的先锋文学，通过自身努力占领了文化市场。1930年代，"五四"文学的黄金时代到来，与大量新文学作品走向市场有关。但这恰好印证了比格尔的那句话，先锋是在失败的情况下成功的。"五四"文学被市场认可，甚至成为文学的主流，但早期的先锋精神却慢慢消失了。先锋形态的文学转化为另外的形态。我想探讨的就是这样的问题，巴金只是其中的一个例子。巴金为此曾很痛苦。他的小说非常流行，有那么多人都读过他的小说，但作为一个拥有大量读者的作家，他非但没有沾沾自喜，反而一直在说：这是违背他的写作初衷的。当他看到自己的作品发在一些小报上，名字和一些不喜欢的人列在一起，自己的作品如此流行，他很失望。这里就涉及"先锋"和"媚俗"的关系，今天时间不够，不能再展开讨论了。但市场会使先锋变为媚俗。这种演化，反过来又使先锋成为我们这个时代的文学主流。这是辩证的关系。今天把这个问题端出来，请教于大家。

谢谢大家。也谢谢温儒敏教授的邀请。

2005年11月30日应温儒敏兄的邀请在北京大学中文系的演讲，作为北大中文系建系95周年的系列学术讲座之一，子民学术论坛第94讲。演讲稿根据录音整理，整理者为北京大学师力斌等。演讲稿后经编辑删节后，初刊2006年

3 月 8 日《中华读书报》。发表稿的篇幅大约占全文的一半。演讲稿全文初刊《文艺争鸣》2007年第 3 期。

从"少年情怀"到"中年危机"

——20世纪中国文学研究的一个视角

在人们关注文学走向的当下，有必要对两个中国的"新世纪"文学做一对比，一个"新世纪"文学是指20世纪初的文学，另一个"新世纪"文学是指近八年来的21世纪初的文学。这两个"世纪初"文学相隔一百年，它们之间有什么内在的关联？连接两个"世纪初"文学的整整一个世纪，究竟经过了怎样的文学发展形态？对此，我提供两个非常文学化的视角："少年情怀"与"中年危机"——从最贴近生命的视角来探讨这一百年中国文学演变的某些特点。

20世纪中国文学的生命线有点像人类的生命，在自身发展过程中，呈现了一个从少年到中年的成长与成熟的主题。应该说明的是，这两个视角都不是我首次使用。20世纪初到"五四"新文学的青春主题是一个普遍关注的现象，曾经有许多研究论文探讨过。关于当代文学的中年特征，1990年代就有人指出过。但是把这两者结合在一起考察20世纪的文学演变规律，是我在本次讲演中要尝试的一个新的独特视角。需要说明的是，我对这两个视角没有任何褒贬含义，只是给以客观的描述和分析。

今年是"五四"运动九十周年，这是作为政治意义上的"五四"的发生；如果从新文化或新文学的历史来看，它发生时间还要早些。陈独秀创办《新青年》杂志（前身为《青年杂志》）是1915年。现在学术界讨论中国现代文学的开端，有一种观点是溯源到1892年。这一年，韩邦庆发表连载小说《海上花列传》（全书1894年出版），被认为是中国古典小说向现代转型的开山之作。不过这是一部写青楼妓女与嫖客故事的小说，与我这里讨论的少年主题没有什么关系，那时现代性因素还处在躁动于母胎的生命原始阶段。真正的少年主题，是以梁启超发表《少年中国说》为开端的，时间是1900年，也就是新世纪的黎明到来之际。

"少年中国"这个概念来自于意大利革命者马志尼创立的"少年意大利"团体，梁启超说："夫意大利者，欧洲第一之老大国也。自罗马亡后，土地隶于教皇，政权归于奥国，殆所谓老而频于死者矣。而得一玛志尼，且能举全国而少年之。况我中国之实为少年时代者耶？堂堂四百余州之国土，凛凛四百余兆之国民，岂遂无一玛志尼其人者？"于是梁启超遂起意，把"老大帝国"的中国形象改变为"少年中国"的形象。他用非常华丽的语言描述了中国的少年特征，认为中国数千年历史就是一段老年和少年轮回的历史，盛世就是少年，衰世就是老年。当时处于清朝末年变法失败之际，应该是老而又老、濒于死亡的中华帝国，但梁启超就在这关键时刻大声疾呼："造成今日之老大中国者，则中国老朽之冤业也；制出将来之少年中国者，则中国少年之责任也。"梁启超这一修辞的变化适逢其时，立刻获得了巨大反响，正如一位学者宋明炜所描绘的："少年话语已经成为清末社会中最为激进的文化表述。梁启超笔下的'少年中国'在历史的时间表中为'中国'确定了新生的起点、发展的方向和未来的形象，作为政治象喻的'少年'被赋予了无以伦比的文化能量。其时追求进步的年轻知识分子莫不竞相以'少年中国之少年'或'新中国之少年'自称，而一时之间，有关少年的论述涌现于政治、文学、伦理、教育等诸多文化表述领域。另一方面，自 1902 年南洋公学学生组织'少年中国之革命军'，首倡现代中国之'学运'，及至邹容以二十岁年轻生命献身革命，汪精卫后来密谋行刺醇亲王载沣被捕，吟出'引刀成一块，不负少年头'的名句，少年也已经从概念、理想化身为血肉之躯、革命的先锋、未来历史的塑造者。"

一个国家也好，民族也好，要从老年状态逆转为少年状态，肯定不是靠一厢情愿就能完成，还需要有更大的外力推动。梁启超的"少年中国说"之所以能够被普遍接受，是因为当时有了更大的参照系，那就是中国以外的"世界"以及这个"世界"提供了一个"现代"的样板。中国被西方列强的侵略枪炮惊醒，首先看清了现代化的目标，导致了奋起直追的觉醒。如果老大帝国被列强侵略而一蹶不振甘当奴隶，那只能是处于"落后"状态"被淘汰"；然而中国被侵略后调整方向，向侵略者学习，拜列强为师，竞相直追世界现代化而达到富国强民，那就成为"少年中国"。世界格局在客观上是一样的，但是由于阐释不一样，导致了国民文化心态的不一样，化历史为主动，由少年心态带动了革命，结束了满清老大帝国。我们在 20 世纪头十年的历史中可以看到，"少年中国"虽然是一种语言能指，其背后支撑的是现代化进程中关于国族的政治想象，直接导致的后果是革命运动。所以，国族想象（现代性）—少年情怀—革命运动构成了三位一体的时代精神。

辛亥革命以后，"少年情怀"逐渐被"青春"主题取代。钱穆曾经考证"青年"一词，他指出："青年二字，亦为民国以来一新名词。古人只称童年、少年、成年、中年、晚年。……或称青春，则当在成婚前后数年间，及其为人父母，则不再言青春矣。民初以来，乃有《新青年》杂志问世。其时访求扫荡旧传统，改务西化。中年以后兴趣勇气皆嫌不足，乃期之于青年。而犹必为新青年，乃指在大学时期身受新教育具新知识者言。故青年二字乃民国以来之新名词，而尊重青年亦成为民国以来之新风气。""青年"一词借助了"五四"新文化运动得以广泛传播流行，当时虽然有"少年中国学会"的庞大组织，但是流行于文化领域的话语已经逐渐改为"青年"或者"新"，从"五四"时期流行的期刊如《新青年》《少年中国》《新潮》《解放与改造》《创造》等名字来看，"青春"成为一种流行主题，它的内涵依然是现代性的国族想象和革命社会实践两大部分，这一点与"少年中国"的内涵没有多少变化。陈独秀在《青年杂志》创刊号上开明宗旨"敬告青年"的六条标准，几乎每一条都可以与对一个新的民族国家的期望等同起来。李大钊直接把对青年期望转化为青春的鼓吹。在他主编的《晨钟》发刊词里，高歌青春："个人有个人之青春，国家有国家之青春。今者，白发之中华垂危，青春之中华未孕，旧稷之黄昏已去，新棋之黎明将来……人人奋青春之元气，发新中华青春中应发之曙光。"其语气，其象征，其宗旨，都是梁启超《少年中国说》的青春版。我们看到，少年、青年、青春，这些概念在"五四"时期既可以用于对人的期望，也可以用于对国家、民族的期望，或者两者同时混杂在一起。

因此，"青春"主题正是"五四"新文学对时代精神的回应。中国现代文学的发展与中国社会的现代化进程紧密相关。在那样的时代，由于整个中国进入了世界现代化进程，它处处都显示出一种朝气蓬勃的青年的形象。从梁启超的"少年中国"的政治隐喻转而成为新文学的青春主题，其影响一直存在于中国现代文学史，并一直延伸到1960年代。"五四"时期有创造社郭沫若为代表的青春主体诗歌和郁达夫为代表的青春期骚动小说。1930年代有左翼文学和巴金为代表的青春期革命小说。抗战以后的文学中出现了艾青的诗歌以及路翎的《财主底儿女们》的青春主题小说（评论家胡风曾经称路翎的小说是"青春的诗"）。1950年代又有一批年轻的新作家走上文坛，他们的代表作有王蒙的长篇小说《青春万岁》、杨沫的《青春之歌》以及郭小川的青春诗歌。在海外新文学，则有鹿桥的《未央歌》、白先勇的《寂寞的十七岁》、创世纪和蓝星诗社，以及在香港《文艺新潮》《好望角》等青年刊物上发表的一系列现代主义的文学作品。中国在20世纪走过了极其艰难的道路，几经曲折几经反复，文学创作上也有各种各样的表现，但是青春主题似乎若隐若现，一直是文学史的主流现象。甚至可以延续到1960年代的"文化大革命"中红卫兵的文化现象。

有学者（王富仁教授）认为，青春文化是从创造社开始的。在我看来，"五四"新文学从一开始就拥有强烈的青春主题，它是少年中国政治隐喻在文学上的反映和变异，同时，"五四"新文学运动是先锋文学运动，青春主题正表达了某些先锋文学的特质。青春主题夸大了老年与青年（少年）、旧与新、过去与未来、腐朽与新鲜等二元对立的思维模式，青春主题的世界观是进化论，强调青年必胜过老年，未来必定比现在进步，于是，青年就天然地占有了居高临下的话语权。"老年"的文化包括所谓传统专制、保守退隐、闭关锁国、封建落后、虚伪无聊，等等，被界定为必然淘汰的文化。这样一种二元对立的青春主题在文学思潮上表现出几个特征：一是彻底的反传统，从古至今都要反，青年是站在新人的立场上宣布自己的诞生，以昨日之非来证明今日之是。鲁迅笔下的"狂人"就是一个新人的典型。二是反对所有权威，包括与自己同一阵营的权威。这也是先锋文学的一个重要特征。青年人雄心勃勃，谋求自身的发展，当他走上社会时首先感到焦虑的压力不是来自于敌人一方，而是自己一方的权威、前辈和引路人。于是我们就可以理解：为什么新文学运动初期林纾、严复等第一代西方文化的引进者都成为保守派的代表人物；为什么创造社异军突起，批判矛头不是对准鸳鸯蝴蝶派，而是对准了文学研究会；为什么1928年左翼文学兴起，在所谓"革命文学"论争中把鲁迅、茅盾、叶圣陶等新文学第一代作家都当作主要敌人。三是强调与现实环境的对抗，这也是先锋文学的特征之一。青春主题不仅把矛头指向过去，指向权威，更要直接指向现实的生存环境，张扬了一种不可调和的对抗性。例如，当年胡适提出"八不主义"的时候说："吾辈已张革命之旗虽不容退缩，然亦决不敢以吾辈所主张为必是，而不容他人之匡正也。"陈独秀马上写文章断然宣称："改良中国文学，当以白话文为正宗之说，其是非甚明，必不容反对者有讨论之余地，必以吾辈所主张者为绝对之是，而不容他人之匡正也。"这种强硬、不讲理的语词，正表达了青年文化的语言特征。陈独秀后来在《本志罪案之答辩书》公然声称自己的立场是："破坏孔教，破坏礼法，破坏国粹，破坏贞节，破坏旧伦理（忠孝节），破坏旧艺术（中国戏），破坏旧宗教（鬼神），破坏旧文学，破坏旧政治（特权人治）。"一连九个"破坏"，与其说是针对历史传统，还不如说是挑战现实社会，以强硬态度来刺激他的敌人，产生对抗效应。但也有另一种状况，青春主题在现实压力下遭到失败时，也会采取决断的态度来夸大对抗性，如郁达夫小说里的伤感、悲愤和自戕。

笼罩在这种"青春"的气氛下，文学运动发展也必然含有两面性的特征：一方面青春主题包含一种强大的生命活力，一种批判社会的革命精神；另一方面也呈现出话语中的幼稚、粗暴和简单的对抗性。我把这种现象称作为革命话语，事实上它是通过话语而不是别的形态来表达其幼稚和粗暴特质的。20世纪上半叶的中国文学史上充斥着这样一种二元对立、形式主义、暴力对抗的话语，话语背后所隐藏的精神现象在每一代年轻人身上都有体现。"五四"时期老年人不受欢迎，北京大学教授钱玄同有一句名言流传甚广，说是"四十岁以上的人都应该被枪毙"。刘半农教授在1930年代初编了一本白话诗稿，在序里说，他们这些"五四"时期的白话诗人，都"一挤挤成了三代以上的古人了"。左联时期，鲁迅不过五十多岁，可是左翼青年背后称他为"老生""老头子"，鲁迅知道后很不高兴，感到是骂自己很"落伍"。在青春崇拜的时代，年轻作家层出不穷，占据了绝对的优势。

新文学史上几乎十年换一代，每一代都是新人辈出。他们发散出一种强烈的青春力量，毫不犹豫地把前辈推开，毫不犹豫地宣布自己才是文坛的主人。文学史上可以很清晰地找到如上所述的发展脉络。"五四"《新青年》文人集团登上文坛，马上就把梁启超林琴南抛弃了；十年一过，1928年"革命文学"论争中一批激进的马克思主义者出现了，他们首先批判"五四"，批判鲁迅，宣布"五四"已经过时（当时钱杏邨有一篇很著名的文章叫《死去了的阿Q时代》）。再过十年，抗战爆发，新的一代，特别是在延安产生的一批新人，他们倡导新的人物、新的语言、新的形式，用"新"这样的概念来证明1930年代那些著名作家已经过时了。1949年以后，青春文学的力量被政治斗争中的意识形态所控制，越来越趋向政治暴力的宣传而离文学愈远，一直延续到1966年"文化大革命"的爆发。那个时候红卫兵宣布自己是天兵天将，宣布之前的东西全部是封、资、修，都应该烧毁。不同的只是红卫兵除了用暴力话语以外，还充分发挥了拳头和暴行来证明自己。这样，从少年中国到青春主题再到革命话语的三部曲就完成了。

但青春文化最初的原意是创造，他们的粗暴是因为生命力的旺盛和爆发力，火山爆发，泥石狂泻，往往是在巨大的冲动下，生命中美好的、壮丽的、恐怖的、甚至恶魔性的因素统统呈现出来。青春主题给我们现代文学带来了强大活力，同时也不可回避地产生出某种幼稚性。我觉得整个中国现代文学史都贯穿了这样的东西。以当时的文学创作的闪光点来看，卓越的作家都是在二十岁到三十岁之间奉献出他们一生的代表作。我们一提到巴金就会想到他的《家》，这是他二十八岁左右写的；曹禺的《雷雨》则是他在清华大学读研究生的时候完成的；萧红创作《生死场》不过才二十出头；张爱玲的主要作品都是在她二十三四岁之间完成的；路翎创作长篇小说《财主底儿女们》还不到二十岁；而老舍，在三十岁以前已经完成了《老张的哲学》《赵子曰》《二马》《小坡的生日》等海外创作。鲁迅先生写《狂人日记》的时候是三十七岁，三十七岁在我们今天的概念中应当算作是青年作家，而在当时人们看来，三十几岁就已经很老了。回顾这一代作家，我们差不多都会产生相似的印象，都觉得他们成年以后创作的作品反而比不上青年时期的创作。除了老舍比较特殊外，像巴金的《寒夜》、曹禺的《北京人》、萧红的《呼兰河传》、张爱玲的《秧歌》等等，从技巧上说都达到了炉火纯青，远较青年时期的创作圆熟，但其影响力却明显不如以前的作品。所以，文学史编撰者如果要为他们选一部代表作的话，往往还是会选他们二十多岁的作品。现代文学史上没有大器晚成的典型例子。这就是由我们现代文学的青春主题所决定的。

我在上面描述现代文学的青春主题时，有意把"五四"新文学运动作为一种先锋文学运动与青春主题联系在一起，为的是要强调一个人们看不见的事实：先锋文学永远是属于边缘性的，它以敏锐的触角感受时代变迁的信息，并且依仗着新思想，打断与社会相适应的常态文学的正常进程，以突变的形态来推动文学发展。"五四"作为一种先锋文学运动,从边缘向常态的主流文学发起进攻时,青春主题就成为一种武器,这是青春主题向革命话语转化的内在的必然。但是,先锋思潮又是短暂的,它会在一个短时期集中巨大能力发起进攻,产生影响,也会迅速地消散在常态文学中,它在推动文学发展的同时也会迅速消解自身,也可能被更新的先锋思潮所否定。这个过程与我所描述的青春主题/革命话语的形态非常相似。因为是边缘化的,其自身的许多负面因素都被遮蔽,一旦青春主题/革命话语形态脱离了先锋性而成为文学主流,其负面因素就马上扩大弥散。张爱玲在一篇《谈音乐》的散文中,用"五四"来比喻交响乐:"大规模的交响乐自然又不同,那时浩浩荡荡'五四'运动一般地冲了来,把每一个人的声音都变成了它的声音,前后左右呼啸喊嚷的都是自己的声音,人一开口就震惊于自己的声音的深宏远大;又像在初睡醒的时候听见人向你说话,不大知道是自己说的还是人家说的,感到模糊的恐怖。"如果把"五四"运动改成青春主题,这个比喻就可以反过来理解:青春是盲目的、狂热的、集体轰隆隆的,很难达到个人理性的、宽容的境界。这种交响乐似的恐怖如果从边缘向主流进攻的话,可以成为一种攻击的力量,但如果它本身占据了主流地位,恐怖就成为真正的恐怖了。

1949年以后的文学史上,"青春"依旧是受到鼓励的主题,但是其背后是政治权力的意识形态化,"青春"常常被作为革命成长力量的隐喻,占据文学的主流地位,而不再是边缘的先锋状态。从革命话语支配下的青春主题到"文化大革命"的红卫兵文化,有其一脉相承的发展轨迹。我在这里不讨论这个问题，只是指出：在 1960 年代红卫兵运动的批判下，所有的文学都成为一片废墟，而作为一种生命形态的文学，到了此时也必然会蜕变成熟，开始挣脱青春的朦胧枷锁，走向中年人的情怀了。

1980 年代开始，中国文学进入了多元共存和理性竞争的状态。"文革"劫难"一视同仁"地迫害了各年龄层次的作家，所以大家一起从废墟中走出来。论政治迫害，中老年作家首当其冲，他们自然担当了文学复兴的主力。在老中青三代同堂的80 年代文学格局中，青年作家显然是弱势，他们的创作经历主要体现在伤痕文学和知青文学的范围内。当时中老年作家主要是从历史的反思与政治的需要出发，来批判"文革"与"四人帮"的罪恶，而青年作家则是从他们个体的实际感受出发，写"文革"的灾难。两者有明显的不一样，当时的意识形态导向支持并鼓励了前者，而着眼于纠正和引导后者。

我们现在回顾三十年前的文学，很难分辨当初伤痕文学与反思文学之间存在的微妙差异。可以举一个例子：一般文学史都会描述伤痕文学思潮发端于刘心武的《班主任》（发表于《人民文学》1977 年 11 期)。《班主任》是写一个中学班主任，从学生把革命小说《牛虻》当作黄色读物的个案，思考了"文革"中的教育是如何戕害青少年的理解力。文学史把这篇作品作为伤痕文学思潮的滥觞有点奇怪。《班主任》的作者刘心武当时已经是中年人，《班主任》的思路和表达形式与王蒙的小说《最宝贵的》非常相似，是从青年人的错误引出教训，让成年人去思考，正面来解答历史教训与理想重建。所以《班主任》更接近后来的反思文学思潮的特点。反思文学需要有正面的理想人物（或者由作家自己来担任）表达主流信念，并用理性来思考当下社会的种种弊害。而伤痕文学没有正面的理想人物，忏悔才是人物（或作家）的内心情结，以此表达出对历史的绝望。正因为绝望，才会触犯当时的教条，才会引起社会上的轩然大波。而这种忏悔、绝望的情绪反映了当时大多数青年人从红卫兵到知识青年，历尽辛苦后终于发现上当受骗，落得一无所有的集体无意识。从当时的社会效应来说，伤痕文学思潮汹涌澎湃，蔓延文坛，但始终因为过于悲观和尖锐得不到主流批评的支持。伤痕文学思潮兴起之初，批评家们希望通过《班主任》的规范来引导青年作者，很快反思文学思潮兴起，1980年代主流文学是以中年一代作家所创造、所代表的，作家们反思历史经验教训，坚定支持了改革开放的新的国策。

我们今天回顾这段历史，不无遗憾地看到，第一代伤痕文学的作者几乎在以后的十年中陆续淡出文学界，这当然不能仅仅归咎于他们的文学技巧；最初的知青文学（我指的是与伤痕文学思潮联系在一起的知青文学）也几乎是难以为继，很快就转向了其他形态的表述。知青文学逐渐改变了伤痕文学的暴露性写法，出现了张承志、梁晓声的"青春无悔"浪漫主义，阿城、王小波的灰色人生众生相以及叶辛的《蹉跎岁月》《孽债》等比较世俗化的创作道路。知青生活的尖锐性和戕害性被冲淡了。诚如郭小东先生所概括的，出现了"知青后文学状态"。几年后，知青作家借助了"文化寻根"的思潮重新崛起，他们逐渐走上民间道路。但那时他们的年龄也几乎是接近中年了。1990年代以后，知青作家则逐渐成长为新一代的中年，他们自觉地承担起文学的主力，并且是以个体的风格而不是集体的风格完成了这场接力。1990年王安忆首先发表了检讨1980年代的中篇小说《叔叔的故事》，她用反讽的手法写了一个1980年代走红的作家代表，一个年龄在"父亲"与"兄长"之间的前辈，作家用审视的眼光描述了她的前辈有关苦难、中兴以及浮华的叙事，最后因为"叔叔"战胜了自己丑陋的儿子而失去了幸福感，于是作家也承认，他们这一代也不再会感到快乐了。我以为这是国内的作家对刚刚发生不久的政治风波的第一次正面回应。紧接着是贾平凹百无聊赖中写作了《废都》，直接把时代的困惑与苦恼诉诸于感官，人的主体的精神力量丧失了，只剩下退回性本能来证明自我的存在。值得注意的是，在小说的后记里，作家以四十岁男人的生理疲软影射了这个时代的精神缺陷。张炜强调回归原野，回到民间大地重新思考生命意义，他的《九月寓言》成为那个时代最有力量的作品。张承志则回归民间宗教，他离开北京，皈依西北的哲合忍耶伊斯兰教派，写出了哲合忍耶七代教宗的故事《心灵史》，等等。还有史铁生、余华、莫言、林白、阎连科、韩少功、刘震云、方方等等，这一代作家终于呈现出稳定的、独特的、成熟的中年风格，与交响乐似的青春主题的写作风格拉开了距离。

诗歌领域首先注意到了这一风格的出现，敏感的诗人已经捕捉到时代的关键词：中年情怀。诗人萧开愚第一个描绘了这一现象，他后来回顾当时的情景："90年代的开端突出了它沉重分量中的道德观和社会责任感的比重。……我在《大河》诗刊发表了一篇文章，提出'中年写作'，探讨摆脱孩子气的青春抒情，让诗歌写作进入生活和世界的核心部分——成人责任社会。在正常的文学传统中，这应当是一个文学常识，停留在青春期的愿望、愤怒和清新，停留在不及物状态，文学作品不可能获得真正的重要性。中年的提法既说明经验的价值，又说明突破经验的紧迫性，中年责任感体现在解决具体问题的能力上，而非呼声上。"诗人欧阳江河进一步界定了"中年写作"的特征："显然，我们已经从青春期写作进入了中年写作。1989 年夏末，萧开愚在刊载于《大河》上的一篇题为《抑制、减速、开阔的中年》的短文中明确提出了中年写作。我认为，这一重要的转变所涉及的并非年龄问题，而是人生、命运、工作性质这类问题。它还涉及到写作时的心情。中年写作与罗兰·巴尔特所说的写作的秋天状态极其相似：写作者的心情在累累果实与迟暮秋风之间、在已逝之物与将逝之物之间、在深信和质疑之间、在关于责任的关系神话和关于自由的个人神话之间、在词与物的广泛联系和精微考究的幽独行文之间转换不已。如果我们将这种心情从印象、应酬和杂念中分离出来，使之获得某种绝对性；并且，如果我们将时间的推移感受为一种剥夺的、越来越少的、最终完全使人消失的客观力量，我们就有可能做到以回忆录的目光来看待现存事物，使写作和生活带有令人着迷的梦幻性质。"

"中年"概念不完全是一种年龄的特征，只有在个人的生命意识与社会责任两方面综合的经验中，才会体会到这个概念的真正意味。但是无论如何，诗人和作家的年龄在其创作风格的转变中还是会发生深刻的影响。中年的主要标志，如诗人们所概述的，是社会责任的沉重感（文学开始进入生活与世界的核心部分），是人生、命运、工作性质这类问题以及秋天般的写作心情。但我觉得，文学作为一种精神的标志，其最闪亮不灭的因素是对人生的透彻感悟和生命形态的成熟。中年作家的文笔不再被理想的激情所支配，而更多的是对实际的社会生活的观察和思考。1989年风波帮助了文学的生命和诗人的生命同时成熟，橙色的梦幻在1980年代还是美丽的，但进入1990年代，一切都变得实实在在，没有幻想，面对现实。张爱玲所描绘的那种交响乐似的轰隆隆的青春热情已经消失了，换取了个人独立寒秋的风霜感和成熟感。这才会导致一批年龄相仿的作家自觉离开了原来知识分子走惯了的道路，转而融入到广袤的生活世界，从无以名状的民间大地中吸取生存力量，寻找新的路标。他们的转型获得成功，不但摆脱了传统的知识分子的表述的困境，同时也摆脱了市场压力下生存的困境。1990年代的文学进入了一个相对稳定平静和个人风格发展的多元时代。我把它称为是无名的时代。

作为从"五四"新文学运动浩浩荡荡出发的少年情怀和青春主题，经历了革命话语时代的自我异化和裂变之后，其主流文学进入中年阶段，有着更加深刻的历史背景。中国作为世界现代化进程中的一个后发成员，已经快步地追赶上来，成为全球化经济体制中一个不可或缺的成员了。经济的发展终于显示了经济对国家的发展的重要性，而这样一个时代里，昔日风华正茂的文学不可避免会受到冷遇，轮到物质主义的社会反过来质疑文学青春时代的幼稚、鲁莽和偏激。于是，"五四"新文学的启蒙运动和精英主义受到了质疑，知识分子的广场意识渐渐被时代消解，鲁迅崇高的地位被动摇，告别革命的声音从海外传到了国内，广泛地被人接受。我愿意把这一切都看作是文学生命进入中年状态的自我调整，以求获取未来的生命的发展。2008 年的奥运会开幕式上，举世瞩目的民族大狂欢中独独缺少了文学的声音（这与 2009 年美国总统就职典礼上女诗人伊丽莎白·亚历山大朗诵诗歌的情景形成鲜明对照）。从表面上看，文学在当下的媒体狂欢中黯然出局，但从更加深沉的意义上来理解，"五四"新文学以来的青春主题到革命话语，进而与意识形态紧密捆绑的时代也许真的过去了。文学越来越变成了个人的事业，个人生命密码的一种呈现，就好像某种长足类动物的生命蜕变，每一年的成长都是通过蜕皮仪式来告别青春痕迹，直到完全的成熟期到来。

就像人的生命总是会进入中年时期一样，文学的中年期也总是会到来，只是我们这一代的作家碰巧遭遇了这个时机。我们回顾一下中国 20 世纪以来的文学历史，什么时候有过一代作家在近三十年中独领风骚？我觉得这是我们的时代变了，我们的文学的环境变了，这个时代为中年作家提供了一个非常广阔的空间。过去是十年一轮改朝换代，新人辈出，文学之流如长江之水，滚滚后浪推前浪；而今天，从 1980 年代成长起来的从青年进入中年的作家们，迅速建立了自己的叙事风格和民间立场，他们建立了独特的创作风格的审美领域，1990 年的文学再也没有流派，也没有思潮，变成了个人话语的众声喧哗、多元共存。这一批中年作家，他们在创作上不断实行自我蜕变以求适应和创造文学环境，1980 年代一个境界，1990年代一个境界，21 世纪又是一个境界，几乎是十年一个境界，在不断地提高，不断在变化。这一批作家跨出了国门，走向世界的图书市场。1960 年代中国文学的外销是为了对外宣传，译成外文送到国外完全是自产自销行为；1980 年代中国文学引起西方汉学家的关注，翻译成外文主要是充当西方高校东亚系的课堂教材；21世纪中国文学被译成外文，是直接送到图书市场作为商业流通进入西方读者的阅读视野。中年的文学生命与人的生命一样，散发了成熟、丰富、复杂和辉煌的魅力。

但是，文学的生命与个人的生命毕竟是不一样的，文学不是依靠个别作家而是依靠一代代作家的生命连接起来延续繁衍的。在世界文学史上，有的民族国家，文学史如同一部民族精神史，是代代相传、层层衔接。比如法国文学，从伏尔泰到萨特；比如俄罗斯文学，从普希金到索尔仁尼琴，我们都可以看到文学的生命如璀璨的明珠代代相传，这是民族精神强盛的体现；但也有的民族国家，文学在某个机遇中突然爆发灿烂光华，一时间名家辈出，犹如流星划过，过后就恢复了冷寂和沉默，默默无闻。我想问的是，21世纪中国文学的未来走向能够预测到什么？是中年期的文学进一步创造出新的奇迹，老而弥坚呢？是会有更新的一代文学出现，焕发出更年轻的气息？还是会在不久的将来，文学又重新回到死气沉沉、默默无闻的荒凉世界？

我以为，这几种结果都是可能的。这就是本次讲演题目上列入了"中年危机"的含义所在。在1990年代的文学发展中，多元共存本来是在理性竞争下进行的，由于市场经济的压力、文学边缘化的状态以及媒体的明星化倾向，导致了中年以下的更年轻的文学后继者难以有进一步发展的空间。中年期的文学规范讲究宽容和理性的竞争，讲究实力的比较，但是初出茅庐的青年是很难在中年的成熟规范下轻易取胜的。我亲历了1990年代文坛上发生的各种冲突和争论，如以朱文、韩东为代表的新生代的"断裂派"，以棉棉、卫慧为代表的青春反叛小说，电影领域还有第六代的导演群，诗歌领域有更多来自民间的青年派别，等等，他们曾经在1990年代都有过发展的空间，最终除了电影导演部分得到主流的承认以外，大部分被各种各样的理由排除在主流文学以外。这些青年作家虽然采取了反传统的决绝态度，但是他们的反叛思路和创作追求，依然是"五四"新文学青春主题和少年叛逆的线路，但是文学主流进入了中年时期，游戏的规则发生了变化，导致叛逆青年文学的创作难以获得主流批评的关注。其结果是，1980年代出生的所谓"80后"作家，完全在传统的规范以外求生存，他们寄存于现代媒体，接受媒体的包装和塑造，成为网络上出色的写手。这对于我们自"五四"发轫以来的文学传统和文学主流而言，到底是一个令人兴奋的局面，还是感到沮丧的局面？

我曾经把这样的问题与许多学者和评论家讨论，所得到的反应几乎一样，都是喟叹当代文学萎缩的趋势似乎不可阻挡，而且可以从文学边缘化的事实中找到这种萎缩的客观依据。我的看法略有不同，我以为不是事实上的青年文学的萎缩，而是在我们既成的整个文学话语体系下误以为他们萎缩了。很显然，文学需要阐释，文学史更需要阐释，一代人有一代人的话语密码，需要给以理性阐释而不是媒体上的随意起哄，这是关键的问题。今天主流的作家和主流的批评家都已经是中年人，作为同代人他们之间存在着很好的沟通。而更加年轻的作家崛起于文学创作领域的时候，文学批评和文学理论显然是严重滞后了，以至于常常需要作家自己出来发表一些词不达意的话，来表达自己。结果误解与隔膜越来越深。这是一个很奇怪的现象。我们现当代文学的硕士点是 1980 年代初期设立的，博士点的设立在 1980 年代后期，我们的高校中文系培养了一代又一代的博士、硕士，他们都到哪里去了？他们为什么不把眼光放到与他们同代的人身上？这是我们今天的教育制度，尤其是所谓学院派的研究生教育制度都应该认真反省的。

记得在 1980 年代中期，有一次复旦大学召开中国当代文学的讲习班，邀请了王安忆与她的母亲、著名女作家茹志鹃一起来参加一个座谈，王安忆当时才三十多岁，在会上对着茹志鹃说："你们老一代总是说，对我们要宽容，要你们宽容什么？我们早就存在了！"现在轮到王安忆这一代面对年轻人了，事实上也不是谁宽容谁的问题，青年一代的存在是事实，他们本身就是存在，我们不能不承认这个事实。如果我们不承认这个事实，中国文学就永远处于壮年时期，也许很快会变成老年时期，我们文学的活力就丧失了。

2009 年 3 月 6 日应李雄溪系主任的邀请在香港岭南大学王忠秣演讲厅的演讲。演讲稿初刊《探索与争鸣》2009 年第 5 期。

海派文学的两个传统

像上海这样一个城市，有理由要求其自身的历史风貌和文化形象在文学创作上获得艺术再现。这不是一个新的要求。自近代上海开埠以来，中西文化的冲撞一直激荡不断，逐渐形成了以西方殖民话语为主导的所谓"现代性"的文化特征。在传统文化的观念里，中国文人对这种现代性历史怀有极为复杂的心情。现在上海人常引为自豪的昔日繁华的"家底"，正是在丧权辱国的租界阴影下形成的。就如台湾诗人林痴仙于1898年游沪地时发出的感慨："险阻申江号隩区，择肥人早割膏腴。和戎卖塞频年有，留得偏安寸土无。"被殖民的台湾诗人在上海最敏感的是割地求和的耻辱，由此产生了同病相怜的心理反应。这也是半殖民地上海的最早的文学篇章之一。

半殖民地的统治者不会真正按照西方文明的标准来塑造上海，他们所需要的，一是在殖民地维持宗主国尊严的形象，二是使殖民地变成一个他们即使在自己的国土里也不便放纵的情欲乐土。前者使他们在殖民地建造了许多与西方接轨的文明设施，成就了文明与发展的标志；而后者，则在文明设施中寄予了畸形的原始欲望，就像一个在庄严的大家庭里循规蹈矩的男人难免在外面格外胡作非为一样，一切在法律或者教规禁止以内的情欲因素都可能在殖民地领土上变本加厉地膨胀。所以，当上海被西方冒险家们称作为"东方的魔都"时，它已经自然而然地担当起西方文明的情欲排泄口的功能，西方冒险精神正是在这种种犯罪欲望的刺激下变得生气勃勃，风情万种。

另一方面来看，被殖民地固有文化的种种弊病也不会因为西方文明的进入而自然消亡，对处于弱势地位的本土文化而言，冲撞中首先被消灭的往往是文化中的精英成分或是传统的核心，至于文化渣滓与泡沫非但不会淘汰，反而顺理成章地融入强势文化的情欲体系，作为异国情调而得到变相的鼓励。这就是为什么像亚洲地区的雏妓、人妖、二奶、吸毒、赌博、迷信等等所谓国粹级的糟粕文化即使在经济发达以后也始终得不到根除的原因之一。欲望鼓励了经济上的冒险与繁荣，也鼓励了种种情欲肆无忌惮地畸形膨胀，构成了典型的东方殖民地的文化奇观。这种糟粕文化之所以在上海这个东方城市中发展得比较充分，是因为上海本来就地处东海边陲，国家权力控制不严，传统文化根基也不深，再加上经济开发、人口流动，鱼龙混杂的地方民间文化都以弱势的身份参与了新文化的形成，因此，西方强势文化的进入不曾得到本土精英文化的丝毫阻挡。

这一文化特征反映在文学艺术创作中，构成了海派文学的最大特色——繁华与靡烂的同体文化模式：强势文化以充满阳刚的侵犯性侵入柔软靡烂的弱势文化，在毁灭中迸发出新的生命的再生殖，灿烂与罪恶交织成不解的孽缘。当我们在讨论海派文学的渊源时，似乎很难摆脱这样两种文化的同体现象，也可以说是"恶之花"的现象。但上海与波德莱尔笔下的巴黎不一样，巴黎从来就是世界文明的发射地，它的罪恶与灿烂之花产生在自己体腔内部，具有资本主义文化与生俱来的强势特性，它既主动又单一，构成对他者侵犯的发射性行为；而在上海这块东方的土地上，它的"恶之花"是发酵于本土与外来异质文化掺杂在一起的文化场上，接受与迎合、屈辱与欢悦、灿烂与糜烂同时发生在同体的文化模式中。本土文化突然冲破传统的压抑爆发出追求生命享受的欲望，外来文化也同样在异质环境的强刺激下爆发了放纵自我的欲望，所谓的海派都市文学就是在这样两种欲望的结合下创造了独特的文化个性。

当文学面对的是这样一种复杂的文化现象时，它所展示的形象画面也必然是意义含混、色调暧昧的。在近现代中国的现代化进程里，西方文明一直是作为知识分子所向往所追求的目标出现，也为知识分子的启蒙提供了遥远、朦胧而美好的参照系，但在海派文学里，现代化的意象却要复杂得多，也含混得多。从19世纪末期的海派小说《海上花列传》（韩邦庆著）到20世纪中期的市井小说《亭子间嫂嫂》（周天籁著），这之间构成了一组以上海各色妓女为主题的故事系列，其中引人入胜的是，作者叙述语言竟是用香艳娇软的吴方言，制造出一种靡靡之音。它曾经弥漫在上海的情色场所，形成了感性的、肉欲的、对所谓"现代性"只是充满物质欲望的人性因素，用这种方言写的小说与以北方官话为主体的政治小说之间自然划出了一道明显的鸿沟。也许正是它所显示的异端性，《海上花列传》在正统的晚清文学史上没有很高的地位，正如《亭子间嫂嫂》在1940年代的文学史上名不见经传一样。由此所形成的一个海派文学的创作传统，在"五四"新文学传统中也是受尽鄙视与轻蔑，在陈独秀、周作人、郁达夫等新文学主将的笔底下，上海的文化与风尚一直是以不堪的形象被描述出来的。如果我们仅仅把《海上花列传》所代表的美学风格视为海派小说的唯一传统当然是不全面的，因为当时的上海也同样活跃着各类批判现状的通俗革命小说，表现出上海文化多元与开放的特性，也许我们把所有这些异端色彩的作品统称为"海派小说"更为适宜些。然而《海上花列传》在表现上海这个城市"恶之花"的文化特征方面，被人认作为"海派文学"的早期代表作则是当之无愧的。上海情色故事自然含有更多的繁华与糜烂的都市文化特色，《海上花列传》明显高于其他地区创作的狭邪小说之处，就是它的"恶之花"中包含了"现代性"的蓓蕾。在它所展示的嫖客与妓女的故事里，传统才子佳人的成分减少了，活跃在情色场所的是一帮近代商人，他们不仅仅把情色作为个人感情世界的补充，更加看重为商务活动中不可缺少的一环，使现代经济运作与道德糜烂具体结合在一起。小说里描写一个醋罐子姚二奶奶，她大闹妓院反而自讨没趣，阻止不了丈夫的问花寻柳，因为她知道，她丈夫要"巴结生意，免不得与几个体面的往来与把势场中"，就与现在做生意的商人也免不了要"腐败"有异曲同工的道理。再者对妓女形象的刻画，韩邦庆也打破了传统才子佳人小说里过于浪漫的想象，恢复"平淡而近自然"的写实手法，这也是现代社会的复杂性决定了作家的艺术表现。本来晚清盛行的狭邪小说，不过是言情小说的翻版，因为自《红楼梦》后家庭爱情已被写尽，伦理束缚又不敢突破，只好把情色场景从家庭换到妓院，男女又可以杂沓在一起，但故事仍不免伤感虚幻之气弥漫，所谓嫖客妓女的故事仍然是才子对佳人的浪漫幻想。而《海上花列传》则以平实的笔调打破这一幻想境界，实实在在地写出了妓家的奸谲和不幸。小说里的妓女作为近代上海商业环境下的真实剪影，既有普通人的欲望、企盼和向往，也有近代商业社会沾染的唯利是图、敲诈勒索、欺骗嫖客等恶行，她们对男性的情爱早已让位给对金钱的骗取。虽然作者的描绘里包含了"劝诫"的意思，但其意义远在一般劝诫之上，贴近了近代上海都市转型中的文化特征。

《海上花列传》是一部空前绝后的文学杰作，它不仅揭示出上海经济繁华现象中的"现代性"蓓蕾，同时将现代都市的经济繁华与这个城市文化固有的糜烂紧密联系在一起，两者浑然不分。在《海上花列传》之前，是充满了伤感言情的虚假浪漫小说，在它之后是朝着黑幕一路发展下去的海派狭邪小说。前者仅仅是传统社会束缚下末流文人的感情余波，后者则是现代都市文化中现代性与糜烂性相分离的结果。当时有另一部海派小说《海上繁华梦》（孙玉声著）便是在这基础上着重表现糜烂的因素，成为一部专揭花界黑幕的通俗读物。吊诡的是，在上海比较发达的商业经济的刺激下，大众文化消费市场宁可认同《海上繁华梦》揭发隐私的黑幕道路，使海派小说在发轫之初就在媚俗趣味上越走越远。长期以来海派小说被排斥于新文学的阵容之外，与充斥于大众文化市场的通俗读物为伍，正是与这种市场选择有直接的关系。

"五四"新文学发动以来，海派小说的传统一度受到打击，新文学发起者对上海作家竭尽嘲讽之能事。如郭沫若等创造社发迹于上海，刘半农教授就嘲笑他为"上海滩的诗人"；到了鲁迅来概括上海文人时就干脆用"才子＋流氓"一锤定音。其实在北京的文人中，刘半农和鲁迅都是来自南方，更像是"海派"一些。郭沫若一面被别人当作海派骂，一面也跟着瞧不起海派，在一首题为《上海印象》的诗里，他骂上海人比谁都凶："游闲的尸 / 淫嚣的肉 / 长的男袍 / 短的女袖 / 满目都是骷髅 / 满街都是灵柩 / 乱闯 / 乱走。"

就在阵阵讨伐声中，一种新的海派小说出现了，那就是创造社的主将郁达夫的小说。郁达夫在日本留学时期开始创作，他的忧郁、孤独、自戕都染上世纪末的国际症候，与本土文化没有直接的影响。郁达夫对上海没有好感，对上海的文化持批判的态度，但这种批判精神使他写出一篇与上海有密切关系的小说《春风沉醉的晚上》。这部作品依然未脱旧传统才子佳人模式，但身份有了变化，男的是一个流浪型的现代知识分子，女的是一个香烟厂的女工，也许是从农村来城市打工的外来妹。上海经济繁荣吸引了无数外来体力劳动者，他们不再是像《海上花列传》里赵朴斋兄妹那样沉溺于花天酒地的物质迷醉之中的消费者，而是依靠出卖劳动力来换取生活资源，以艰苦的工作精神与朴素的生活方式直接参与了这个城市的经济建设，成为这个城市里的新人类——原始的工人阶级。在现代都市文化格局里不可能没有工人的位置，一旦这种新人类出现在文学作品里，都市文化的性质就会发生变化。郁达夫未必意识到他笔下人物所具有的新的阶级素质，但是他第一次以平等、尊重和美好的心理描述了这个女性，写出了知识分子与女工相濡以沫的友好情谊。

郁达夫笔下的流浪知识分子还不具备自觉的革命意识，他与女工对社会的仇恨都是停留在朴素的正义与反抗的立场上。但是随着 1920 年代大革命风起云涌，革命意识越来越成为市民们所关心的主题，不但许多激进的知识分子被卷进去，而且还成为民众意识中的英雄。尤其在上海这样一座有着庞大工人队伍的城市里，革命风云不可避免地从此而起。在新文学发展到"革命文学"阶段里，上海的作家们沿着郁达夫的浪漫抒情道路创作了一大批流行文学，主人公是清一色的革命知识分子，他们在这个城市里依然浪漫成性，不断吸引着摩登热情的都市女郎，不倦地演出一幕幕"革命加爱情"的活报剧。依然是纠缠不清的多角恋爱的幻想，依然是才子佳人现代版的情欲尖叫，丁玲、蒋光慈、巴金、潘汉年、叶灵凤等时髦的作家无不以上海为题材，创造了新的革命的海派文学。很显然，新的海派文学也敏感地写到了上海的现代性，那些男女主人公既是现代物质生活的享受者与消费者，同时又是这种现代性的反抗者与审判者。与老的海派作家不同，他们对这个城市中繁华与糜烂的"恶之花"不再施以欣赏或羡艳的眼光，而是努力用人道的观念对其作阶级的分野，他们似乎在努力做一件事：在肯定这个城市的现代性发展的同时，希望尽可能地根除其糜烂与罪恶的坏因素。

上海是一个开放型的城市，1927 年以后，由于租界的存在，近在咫尺的南京政府无法把它完全控制在国家权力的阴影下面；中西文化的密集交流与全方位的对外开放，使同步发生在世界上的各种政治文化资讯能够及时地传入上海，因此，思想界的活跃程度可以与世界接轨，形形色色的文学思潮和新名词新意识，都层出不穷地冒出来，马克思主义与无政府主义等左翼文化思潮左右了上海文学的流行话语，与在政治高压下的北京死气沉沉的文人意识相比，确实显得生气勃勃、孔武有力。所谓京派与海派之争，与其说是艺术化与商业化之争，还不如说是"五四"新文学以来不同的意识形态之间的争论。

现在我们可以来讨论海派文学的传统。自《海上花列传》以来，海派文学出现了两种传统：一种是以繁华与糜烂同体的文化模式描述出复杂的都市文化的现代性图像，姑且称其为突出现代性的传统；另一种是以左翼文化立场揭示出现代都市文化的阶级分野及其人道主义的批判，姑且称其为突出批判性的传统。1930年代的文学史是两种海派文学传统同时得到充分发展的年代，前者的代表作品有刘呐鸥、穆时英、施蛰存等新感觉派作家的作品；后者的代表作品有茅盾的《子夜》。但需要强调的是，两者虽然代表了海派文学的不同倾向，但在许多方面都不是截然分开的。比如关于现代性的刻画也是《子夜》的艺术特色之一，现代性使小说充满动感，封建僵尸似的吴老太爷刚到上海就被"现代性"刺激而死，本身就是极具象征性的细节。同样，在新感觉派作品里，阶级意识有时与上海都市文化中的"恶之花"结合为一体，如穆时英的《上海的狐步舞》《夜总会里的五个人》等许多小说里关于贫富对照的细节描写就是明显的例子。

过去学术界对海派文学多少有些轻视，有意回避左翼文学在海派中的地位，却忽视了左翼文学正是海派的传统之一，它的激进的都市文化立场、对现代性既迎合又批判的双重态度，甚至才子佳人的现代版结构，都与传统海派有千丝万缕的联系。《子夜》描写的上海民族资本家与外国财团利益的斗争细节及其场所（如丧事与跳舞、交际花的间谍战、太太客厅的隐私、交易所里的战争、宾馆的豪华包房、丽娃河上的狂欢以及种种情色描写）体现的是典型的繁华与糜烂同体模式结构。茅盾以留学德国的资本家来代替流浪知识分子，以周旋于阔人之间的交际花代替旧式妓女，其间展开的情色故事从心理到场面都要远远高于一般的海派小说。只是作家为了突出左翼的批判立场，才不顾自己对工人生活的不熟悉，特意安排了工人罢工斗争和共产党内两条路线斗争的章节，但这方面他写得并不成功。所以，从本质上说《子夜》只是一部站在左翼立场上揭示现代都市文化的海派小说。

比较怪诞的是新感觉派作家如刘呐鸥的作品，这位出身于日治下台南世家的年轻作家，从小在日本接受教育，中国文化甚至语言都不是与生俱来的素养，尤其不谙现代汉语的运用，但他直线地从西方—日本引进了"新感觉"的现代主义的表现技巧，用来表达他对上海现代都市的特殊敏感。当我们读着他的小说里那种洋腔洋调、别扭生硬的句子时，立刻会唤起一种与酥软吴方言的通俗小说和"五四"新文艺腔的白话小说截然不一样的审美体味，他的小说与另一位中国传统文化修养极差、但也是直接摹仿了西方现代派文学艺术的作家穆时英的创作结合在一起，构成了一幅殖民地上海的外来移植文化的图景。海派文学从通俗小说走到"五四"小说再走到完全欧化的小说，其实也暗示性地提示了上海都市文化发展的几个阶段。

刘呐鸥的海派小说里呈现的都市文化图像自然不会离谱于繁华与糜烂的同体模式，但他并不有意留心于此道，他更在意的是都市压榨下的人心麻木与枯涩，并怀着淘气孩子似的天真呼唤着心灵自由的荡漾，一次偷情、一次寻欢，甚至一次男女邂逅，在他的笔底都是感受自由的天机，以此来抗衡社会的高度压抑。他从糜烂中走出来，通过对肉欲的执著追求，隐喻着更高的心灵的境界。当时的上海读者读到这些怪怪的语句和出格的叙述内容，不但不会像《海上花列传》或者郁达夫、茅盾的小说那样欢迎它，而且会感到邪气别扭，极不舒服，那是因为刘呐鸥把都市文化的本质高扬到极致，也达到了现代人性异化的表现高度。

刘呐鸥创作《都市风景线》时，现代文学大师沈从文指责刘的小说"邪僻"，这也是知识分子传统的艺术趣味向异端的邪气的艺术另类所发起的一场论战。但真正的有识之士已经对这场争论给以了公正的评价，如上海张国安教授在《刘呐鸥小说全编》"导言"里曾指出："就对生活的观照态度来看，刘呐鸥和沈从文，应当说是在同一地平线上的。善恶美丑是非等等，这些价值观念，在他们单纯和全然的观照态度中纯属多余。不过，刘呐鸥的单纯和全然是都市化的，沈从文则散发着泥土的芳香。刘呐鸥和沈从文，都缺完美，他们最吸引人的是单纯和全然。……沈从文的单纯和全然是自然而然的，刘呐鸥的则矫揉造作，是造作人为的单纯和全然。正如湘西的山山水水和人物，都原本是自然地与自然一体的，而都市风景全是人为。"把刘呐鸥的生活观照态度归结为单纯和全然，又将这种单纯和全然的风格与现代都市的人为造作文化联系起来，构成半殖民地上海的独特的风景线，可以说是对刘呐鸥为代表的海派文学最传神的写照。

如果说，1930年代是新感觉派与左翼文化把海派文学的两个传统推向顶峰的年代，那么，1940年代的海派小说则在忍辱负重中达到了成熟与完美；如果说，刘呐鸥与茅盾从各自的西方立场出发强化了上海都市文化的殖民地素质，那么，1940年代的上海作家们却又重新回到《海上花列传》的起点，还原出一个民间都市的空间。

我在叙述海派文学的演变过程时，有意无意地忽略了海派文学早期的一个特征，那就是民间性。当晚清海派小说从《海上花列传》滑向《海上繁华梦》的通俗文学道路时，我宁可重砌炉灶，论述"五四"一代作家创作的新海派小说如何移植了外来革命思潮，却放过了长期被遮蔽的民间通俗文学的自在发展。我有意用这种叙事视角来保持与"五四"新文学传统的一致性。但到了1940年代上海沦陷期间，知识分子的精英力量受到沉重打击，都市民间文化才被有意突兀而现。事实上，这种以吴方言写作的通俗小说一直延续到1940年代的上海，比较出色的作品有周天籁的《亭子间嫂嫂》。这部以一个住在石库门亭子间里的私娼为题材的长篇连载小说，作家的艺术处理非常别致，小说里嫖客与妓女的情色故事都放在舞台背后，而通篇叙述的却是一个旁观者的观察与旁白。这种人物结构关系有似郁达夫笔下的流浪知识分子与女工的单一结构，叙述者虽然是个有着明确职业的知识分子，但叙述者的主体因素并不强烈，基本上不产生独立的故事意义，他所叙述的故事都有着广泛的社会内容，在私娼与社会各色人士的遭遇中，从伪君子的学者名流到江湖气的流氓地痞，林林总总地展览了丰富的市民众生相。

我把《亭子间嫂嫂》引入海派文学的研究视野，就是因为它在其中隐含了一个新的表现空间。由于上海是一个中西文化不断冲撞的开放型的城市，也由于"五四"以来的新文学基本上是一个欧化的传统，所以海派小说的主人公主要是与"西方"密切相关的资产阶级、知识分子及其消费圈子，而普通市民在海派小说里只是作为消极的市侩形象而出现。像《亭子间嫂嫂》一类的通俗作品却相反，上海普通市民形象始终占了主要的地位，他们似乎更加本质地制约了上海这个城市里的大多数阅读趣味。这样两种不同的审美趣味在 1940 年代大紫大红的张爱玲小说里获得了统一。张爱玲是一个深受"五四"新文学教育长大的女作家，但她一开始创作就有意识地摆脱新文学的西化腔，自觉在传统民间文学里寻找自己的发展可能。她早期的小说，如《沉香屑 第一炉香》中描写女主人公如何在现代物质诱惑下层层褪去纯洁外衣的病态心理，仍然未脱海派小说的繁华与靡烂的同体模式，但是她很快就超越了一般海派文学的传统，从艺术气质上把握了市民阶级的心理，开拓出都市民间的新空间。

我在另外一些文章里论述过都市民间的性质与意义，在此简要地说，像上海这样一种移民城市，它的许多文化现象都是随着移民文化逐渐形成的，它本身没有现成的文化传统，只能是综合了各种破碎的本土的民间文化。与农村民间文化相比，它不是以完整形态出现的，只是深藏于各类都市居民的记忆当中，形成一种虚拟性的文化记忆，因而都市民间必然是个人性的、破碎不全的。张爱玲头一个捡拾起这种破碎的个人家族记忆，写出了《金锁记》《倾城之恋》这样的海派风格的作品。由于张爱玲对现代性的来临一直怀着隐隐约约的恐惧感，及时行乐的世纪末情绪与古老家族衰败的隐喻贯穿了她全部的个人记忆，一方面是对物质欲望疯狂的追求，另一方面是对享乐的稍纵即逝的恐惧，正是沦陷区都市居民沉醉于"好花不常开"的肺腑之痛，被张爱玲上升到精神层面上给以深刻的表现。张爱玲对都市现代性的糜烂性既不迷醉也不批判，她用市民精神超越并消解了两种海派的传统，独创了以都市民间文化为主体的海派小说的美学。

如果说，韩邦庆的嫖客与妓女传奇难免媚俗，郁达夫的流浪文人与女工的故事难免浅薄，茅盾的资本家与交际花的纠葛难免受到政治意识形态的制约，刘呐鸥、穆时英的情色男女种种难免过于另类，周天籁的小报记者与私娼的隐私难免通俗文学的局限……这将近半个世纪的传奇故事，终于在张爱玲的艺术世界里获得了新的升华，海派小说的各种传统也终于在都市民间的空间里综合地形成了比较稳定的审美范畴。

在上海电视台东方大讲堂等多处场所作过的演讲。2001 年 6 月 30 日成稿。演讲稿初刊《上海文化》2001 年第 1 期。

世纪之交的中国文学

　　朋友们，很荣幸，卜松山先生邀请我到美丽的特里尔大学来演讲。特里尔，是我向往已久的地方，因为它是卡尔·马克思的故乡。朋友们都知道卡尔·马克思在中国的影响，尤其是像我这一代的中国人，几乎是读着马克思的书长大的，回忆马克思对我们的影响，就是回忆我们生命中一段最难磨灭的青春年华。卜松山先生知道我有这样迫切的心情，我们到达德国的第一天，就去访问了特里尔市和马克思的故居。我发现在故居的留言簿里有很多中国人在上面题了词，于是我也在上面匆匆写了一首诗：

　　　　未知西德先知马，万里寻师叩黑门。
　　　　凉热环球堪是虑，跳蚤龙种色难分。
　　　　大同书梦前无例，高福利行自有本。
　　　　大道多歧须实践，仍宗此地桥街人。

　　这是我尝试用中国传统的韵律写的一首诗。我学习古典诗词学得并不好，但勉强表达了自己的感受。诗中第一句说西德，不是指德国合并以前的西德，而是指特里尔在德国的西部。黑门是指黑大门，特里尔城市的标志性建筑。我昨天发现马克思青少年时期的真正旧居并不是现在让人参观的地方，而是在黑大门旁边，敲开黑大门也就是敲马克思旧居的大门，我是来朝圣的。第三句"凉热环球"，出自中国已故的共产党领袖毛泽东在长征时代写的一首旧体诗词，描写了他的共产主义理想，他用了一个词，叫做"环球同此凉热"。世界大同了，一同热一同凉，当然是一个比喻，所以"凉热环球"就是这个典故。共产主义运动在 19 世纪是风起云涌，在 20 世纪是曲折坎坷，我回顾之前一百年的历史，对共产主义运动的未来充满疑虑，因为真正理解马克思主义的人、并能够付之实践的杰出人才太少，马克思生前就说过悲观的话，他说，他播下了龙种，收获的只是跳蚤。跳蚤跳得满世界鸡飞蛋打，不得安宁，对人民生活的实际水平和人的权利保障却一点也没有提高。这算什么马克思主义呢？我还是比较看好欧洲社会民主党实行的高福利政策，它不是把缩小贫富差距、提高无产阶级生活水平和政治权利的理想寄托在暴力剥夺对方的政策上，而是一再通过实行高税收调节贫富差别，局部地一点点扩大全民的民主权利。我没有研究过世界经济和国际政治，但是欧洲资本主义制度之所以能改善贫富差距，实行社会民主与高福利政策，从而进入比较发达的历史阶段，都是与欧洲的社会主义运动分不开的。社会民主党通过长期合法斗争制止了资产阶级以及代表它利益的政府对人民采取过度的剥夺，在一定程度上保护了贫民阶级利益，进而促使了社会民主。这从根本上说也是马克思主义者所设想的一种远景。目前欧共体内的统一，也是与马克思当年设想的欧洲大陆的远景不谋而合。所以，我敢说马克思主义其实并没有失败，真正的社会主义试验也没有失败，失败的只是在苏俄等东方国家在暴力政策下进行的东方亚细亚专制体制特点的实践。从世界资本主义的发展历程来看，马克思主义仍然具有无尽的生命力。所以，最后所说的"大道多歧须实践，仍宗此地桥街人。"马克思住的那条街，好像叫桥街。

好吧，我们言归正传，我今天的演讲题目是《世纪之交的中国文学》。

自 1990 年代以来，中国文学进入了一个多元的时代，我曾经给它命名为"无名"，与它相对的则是"共名"。共名时代的文学，我们可以找到一个统一的宏大主题，比如在 1937 年以后的中国文学，我们文学史上称之为抗战的文学，一切与抗战无关的文学都会受到批判；1950 年代以后二十几年，大约到 1970 年代末，都可以称之为"社会主义"文学，但这个"社会主义"也是要打引号的，与前苏联的文学一样，基本上是为国家政策服务的意识形态工具。而我们在无名时代则找不到这样的主题，无法用一种单一的概念来全面概括世纪之交的中国文学。我们是可以通过一些文学现象来梳理世纪之交的中国文学的某些信息，并发现它的某些特点。今天，我要讲的就是这些。

世纪之交中国文学，一些重要的作家，像王安忆、张炜、苏童等人的作品与以前的创作有一个非常大的变化，那就是他们越来越靠近现实了。比如说王安忆，她在 1990 年代最重要的两部作品，一部是《纪实与虚构》，这部小说是叙述她自己的家族史，和现实关系不大。作品出版以后，王安忆在杭州书店里签名售书时，有一个读者就对她说：你别写了，你再写下去，你这个人就变成一张纸了。因为她整天把生命都消耗在这个纸上，建筑着各种各样的世界，最后把自己的所有感情都通过"纸"来告诉读者，现实世界对她来说已经慢慢地淡漠了，远离了，所以这个读者说，王安忆快变成纸了。王安忆对此触动很大，她的风格慢慢地就转变了，到1990年代中期，她就写了另一部重要的长篇小说，就是现在很有名的《长恨歌》。但《长恨歌》也不是一部面对现实的作品，虽然也写了改革开放以后的事，但是整体来说，故事是王安忆靠想象、虚构来编撰的。关于这个作品以前我写过分析文章，现在就不重复了。今天我要说的是，在新世纪之初，王安忆一连发表了两部长篇，一部是《富萍》，还有一部是《上种红菱下种藕》。这两部作品篇幅不大，每本大约都是十二三万字。她选择的主题和表现在作品里面的思想，不仅跟《纪实与虚构》《长恨歌》不一样，而且还从一个方面走向了另一个方面，走向了以往自己的对立面。《上种红菱下种藕》写的是一个江南小镇，我估计大概就是上海周边的乌镇一带，王安忆对这个地区发生的各种各样的生活事件都作了津津有味的描述，充满了对现实生活的亲切感。与此相应的是，张炜的创作也发生了一个极端的变化。张炜原来是一个对农村、土地、故乡、田野怀着深切感情的作家，他的小说写葡萄园，对故乡的土地，他希望永远保持美丽肥沃的山东平原，对这块土地上所有发生的事件，比如他小说里经常出现经济开发、建造高尔夫球场，或者造别墅开发房地产，等等，他对这些所谓现代化建设非常愤怒，认为这种经济开发把田野自然美丽的环境都破坏了。他太喜欢农村大自然，太喜欢那种传统的田野生活，而对社会经济发展的有些措施是持批判态度的。可是在前年他写了一部长篇小说《能不忆蜀葵》，通过名字大家可以想象，仍然是一个对田野充满着怀念的小说。他写的是一个画家，经济改革大潮来了之后，他就下海做生意去了，办公司了，可是焦头烂额，负债累累，最后他离开商场的时候带走了一幅他少年时代画的画，上面画满了蜀葵，当然可以说这里有一种对故乡的怀念，以及对以前那种自然生活的怀念。但是在这部小说里还是出现了一种变化，就是张炜对这个画家，他非但不是谴责，而且充满同情。张炜的立场更加贴近现实，而不是在空泛的想象中建筑自己的空中楼台。像这样的创作现象，我觉得不是个别的，也不是个别作家的创作风格的变化，有一系列的作家都发生了这种变化，包括著名的先锋作家苏童。苏童 2001 年写了一部长篇小说叫《蛇为什么会飞》，引起很大争论，有的人认为写得好，有的认为写得不好。苏童的这部小说也是面对南京的下层社会，写了一群生活在底层的，像旅馆的服务员、下岗工人、还有些二流子啊等等，他们在一起过着乱七八糟的生活，写得非常有意思。还有一个重要迹象是，尤凤伟写了长篇小说《泥鳅》，这个作品以今天生活当中的"打工者"，就是那些从农村到城市去打工的农民工为题材，写了他们到都市以后一系列的悲惨遭遇。很明显，就我们今天的当代文学而言，如何看待这样一种文学创作上的景象？为什么在新世纪之初，文学重新回到了现实生活中？

　　面对这一系列的现象，文学界是有争论的，到底怎么来看今天的文学？我们讨论世纪之交的文学的第一个问题，就是今天的文学回到了我们的现实生活，我们如何来看待这样一个问题？在文学理论上、文学观念上牵涉到很多方面，涉及到我们对整个 1990 年代的文学怎么看，同时又涉及到文学艺术应该如何来表现生活，如何反映生活。为什么提出这个问题？这跟国内批评界对 1990 年代以来文学变化和文学研究的理解有关。如果回顾一下近十年或者更长时间的文学，其中是发生了一次很大的变化。中国文学在 1980 年代的时候，一直强调文学如何贴近现实，不仅要反映现实，而且要在反映社会现实的过程当中推动社会改革和社会进步。与这个问题相关的，还有另外一个问题，就是文学如何去描写现实的生活现象。这是一个要不要多元地看待生活的问题。文学反映生活，它反映出来的是千篇一律的，还是充满个性的多元的？1980 年代的时候，中国文学创作还是在用同一种方法描写生活，比如"伤痕文学""反思文学""改革文学"等等思潮，作家表现现实生活的基本思路是完全一样的。只是作家的写作风格不一样，叙事语言不一样，可是在描述生活时的基本思路是一样的。为什么？作家当然有自己的个人生活经历，但他在描述这个经历的时候，有一个特定的视角，而这个视角往往是当时我们国家意识形态所规定的，只能这么写。比如说，"反思文学"都是写1957 年的反右运动。反右运动中的主人公一般都是一个热爱新社会、非常纯洁的青年，然后呢，就是因为响应号召给党组织提意见，提意见以后就被错划成右派，下放到农村去。一去农村就碰到非常好的农民，老大娘啊，还有姑娘爱他，一群人喜欢他，保护他，他在人民群众中得到了温暖。再后呢，思想就成熟了。过了二十年以后平反了，平反以后他就要表达这样一种对人民的感恩之情……这样的作品，读一篇感觉非常好，可是看多了以后就会觉得，基本上模式都是一样的。

如果超出了这个基本的思路模式，那就很难发表，或者发表出来后也要被批判。就这样简单。我那时还在读大学，当学生缺钱花，曾经在上海的一家文学杂志——中国最有名的纯文学杂志《收获》编辑部实习，帮他们处理来稿。当时我把我读到的一部我认为比较好的小说来稿推荐给编辑部，结果还是被编辑部否定了。我就很想不通，因为我觉得这个作品写得很好很尖锐，决不比已经发表出来的那些当红作品差。现在我已经忘了这个作品叫什么名字，作者我也不知道，只记得是一部很厚的中篇小说，大约七八万字，主要写一个富农的妻子的口述故事，这个富农老婆也是冤枉的，是在农村土改时被错划为富农。小说写村干部在土改时候怎么迫害她，把她搞得家破人亡，然后她一次一次地上访到省城到北京，到 1957 年的时候，好容易上级领导接受她的申诉，要改正了，结果她上访的时候碰到几个大学生，大学生就把她的事情推荐到报纸上讨论，当时不是有什么"自由鸣放"嘛，说她本来不是富农，因为错划富农了，造成很悲惨的故事。于是上面要检查她的问题了，领导也来关心了，可是过了两天反右运动开始，那几个发表文章的学生全被打成了右派抓了起来，这个女人到了最后还是没能平反，非但不能平反，还戴了个帽子说她也是右派。农村本来没有右派，她就戴了个帽子变成了右派。然后她继续上访，成了一个著名的"灰女人"，就是倒霉的、不吉利的女人。这个故事基本上从头到尾写一个冤案，可能是当时生活中确实存在过的故事，作者叙述也很精彩，人物形象鲜明，这个"灰女人"就是死死咬着不放地打官司，上访，像后来张艺谋导演的《秋菊打官司》那样。但秋菊打的官司意义不大，不过是村长踢伤了她老公的生殖器，而这个"灰女人"的官司是涉及到中国农村几十年来许多的错误政策和政治，当然小说写到最后还是个光明尾巴，"文革"以后给她平反了。就这么一个作品，《收获》杂志却不敢发表，开始编辑对我说，这个小说写得太粗糙了，不能用。后来那个编辑又跟我说，也不是因为很粗糙，是因为这个作品写的问题不是 1957 年反右的问题，而是土改的问题，关于土改怎么评价当时中国政府没有明确指示，也没有说过要纠正什么问题，所以这个小说是没法发表的。这个时候我才知道，思想解放原来都是经过允许的，允许它解放到什么程度它才解放到什么程度，没有允许它就无法解放。一直到 1986 年末，张炜发表了长篇小说《古船》，这是一部非常好的作品，直接描写了解放战争年代解放区的土改运动、国民党的"还乡团"、再加上农民自己的农会，三方面的力量之间的互相斗争，互相残杀。这个小说可以说是中国大陆文学中第一部真正对土改过程中出现的暴力现象的反思和清算，小说公开出版以后，引起了很大的震动。《古船》当时之所以给人震撼，就是因为第一次这么深刻地触及了 1940 年代末共产党在北方农村搞的那场土改运动，真实地表现了土改中的暴力行为及其给人性带来的伤害。我就想起当年在杂志社我所看到的那篇小说为什么不能发表，就是因为没有碰到像后来出版《古船》那样的机会。《古船》出版以后，关于土改的禁区就打破了，后来很多作品都涉及到这个禁区。但是在 1980 年代的政治环境下，作家每写出一个好作品都必须付出沉重的代价。张炜写《古船》的时候并没有前例，我们过去看土改小说，都是像丁玲的《太阳照在桑干河上》、周立波的《暴风骤雨》什么的，只有张爱玲是用另外一个角度来写土改的，那就是《秧歌》，可是它到现在还不能在中国大陆出版。所以我们看到的土改只有一个样子，千篇一律的模式。张炜是第一次对土改运动作了另外一个角度的反思，从人性的角度进行反思，作家能够走出这一步，用自己的独特眼光描写中国历史上的一个重要的政治事件，这是非常困难的事情，也是非常了不起的事情。所以我说，1980 年代的文学反映生活贴近生活是大势所趋，可是在这个过程当中，文学反映生活的方式和视角是被规定的，规定作家必须要按照一个官方模式反映生活，如果作家超越了这个规定的模式，实际上还是难以出版的。

现在回顾 1980 年代的文学，通常大家都会这样说：这个作品写得虽然不成熟，有很多缺点，很粗糙，但它真实地反映了我们的社会生活，所以肯定它的优点似乎不是文学意义上的优点，而是它所承担的非文学的功能，是政治宣传的功能、道德的功能。今天我们社会的功能越来越健全，信息传播、新闻传媒都很发达，但在 1980 年代还处于一个很低的水平，那个时候很多问题，社会学不能解决，法律不能回答，新闻报道更不能报道，只有通过文学作品才能使这个事情引起重视，得到解决。我印象非常深的是，当时婚姻法虽然规定了离婚自由，但离婚在当时社会上通常是被看不起的，现在没有这个问题，当时对离婚问题大家是回避的。只有小说走在了社会意识形态前面，从文学作品开始，通过直接描写家庭问题：描写家庭为什么会破裂，感情为什么会慢慢地淡化，婚姻为什么会走向死路，等等，这样一系列的问题都是通过文学创作来解答的。当时有几位女作家，像谌容、张洁、张抗抗等都是写婚姻问题的名家，写了大量这类作品以后，在社会上引起了轰动。这样的创作推动了人们的思想解放，间接地把婚姻、家庭这样一个禁区打开，使社会生活走向更高文明的发展。所以，文学艺术有时候会起到"社会教师"的作用，它会帮助你认识社会中的真、善、美和假、丑、恶。类似的问题当时有很多，但反过来说，文学本身的问题则被关注得较少。这种创作倾向是用社会学或者伦理的主题来掩盖文学本身的问题，慢慢地引起了大家的思考，觉得这样写下去不对头，好像每一个作家都在追逐什么问题，然后再来写作，什么问题可以引起轰动就拿它来写小说，而真正的文学是什么？

就是在这样的时候，中国出了一个非常好的作家，那就是汪曾祺。汪曾祺的创作跟当时 1980 年代主流作家不一样，他几乎没有一篇小说是直接写现实生活中的重大事件，比如《受戒》《大淖纪事》等等，他写的故事没有年代，有时候想想大概是 1930 年代，或者 1920 年代、1940 年代吧，总之没有一个具体的年代，他表现的是他的不变的家乡风俗、人情世故。他是苏北高邮人，他所有的小说都围绕着高邮，写的都是这个地方的人情风土。高邮不是鱼米之乡，很穷的，土产品只有咸鸭蛋，还有写《水浒传》的施耐庵好像也是那一块地方的人，大约是因为穷才能了解强盗。但是人穷到了一无所有以后，就变得非常自由了，他就用一种非常亲切的方式来写他的家乡的这些人。他笔下的人物写得很好，比如他写他家乡的那些女人，他说，我们家乡的女人个个很凶，媳妇凶，姑娘凶，一点都不怕人的，没有羞羞答答的，很豪爽，该骂就骂。表面上是说他家乡的女人凶，实际上是赞美他家乡的女人，写得非常朴实。在生活底层没有文化的中国农民身上，涌动着一种磅礴的生命力量，没有什么虚伪做假，也没有什么清规戒律。比如他的《受戒》写一个小和尚跟一个村里的姑娘恋爱，然后结婚了，和尚也可以结婚了。这里没什么戒律可以束缚人性，所谓的社会道德的禁锢都打破了，他以他们在底层的生存为本色塑造他们，写出了对生活的非常自由的感受。另外一个问题是，汪曾祺是当代作家里比较注意文字美的人。大家知道，我们今天是用汉语写作的，中国的文学是用汉字写出来的，一首诗，一篇小说，一篇散文都是一笔一画这样写出来的。那么汉字本身它有没有力量？过去很长一段时间，我们很多人追求的是大众文学，要宣传我们的思想，所以我们的文学往往是以宣传为目标，叙事作为写作的手段，形成一种以追求声音效果的文学创作，声势逼人，如抗战时期的朗诵诗就特别走红，还有快板诗、传单诗等等，都是这样。小说也是这样，作家都是在跟你讲一个故事，这种小说读起来非常流畅，主题非常鲜明，让你一读就知道在讲什么故事，这样的作品以说话为主，往往要求流畅顺口，有节奏感，有音乐性，等等。巴金的小说就是这样，他的每句话都是一个简单句，"我"如何如何，读起来跳跃性很强，完全是在倾诉他的什么故事。但是，汪曾祺不同。他用另外一种方法，他的小说念起来不大好听，但反过来，他是写给你看的，他用的一个一个字非常讲究，每一个字似乎有弦外之音，他好像在写生活，可是写生活的时候，这个字里又隐含着另外一个意思，一种氛围。这样的作品往往就是读起来很不顺口，不顺口就必须要停顿、停顿，每次停顿的时候你就会思考为什么要停顿，因为作家语言很特殊、很奇怪，这样一来你就会感觉到语言本身有一种回味，可以激发起一种审美感情。关于这个问题，我们复旦大学中文系郜元宝教授专门研究过关于音本位和字本位的问题。你们有机会可以请他来讲讲这个问题。郜教授的论文运用了德里达的理论来研究这个语言和文字的问题，但是他说，这个问题汪曾祺很具体地提出来了。当一个作家他不再求助于文学的说话功能（我们中国文学很多都是说话的功能，过去有说书艺术的传统，但《红楼梦》就不是说话的艺术，而是描写的艺术），也就是说，作家开始注重描写，强调文字本身的美丽，讲究语言本身的魅力，此时文学就发生了变化。这种创作往往不是为大众的，如果你要被大众理解，干脆就写通俗小说，就一定要说话给大家。可是像汪曾祺这样的作家，他是字字句句地斟酌，把小说雕琢得尽可能的美丽，他作品的对象并不是考虑要给大众看，因为这个作品是一个精品，就像我们欣赏古代诗词，站在讲台上朗诵古典诗词没有人听得懂，但是如果几个朋友坐在那里细细品味欣赏，感觉就不同了。这是两种不一样的表现方式。汪曾祺的风格的出现标志了中国文学将出现分化：从社会化的文学转向了个人化的、审美化的文学。这种文学虽然不再为大多数读者所拥有，像汪曾祺这个作家，在中国大学中文系学生都知道他是一位优秀作家，一些文学爱好者也很喜欢，可是在社会上汪曾祺的影响就不会很大，我不知道国外有没有人了解他。

　　像汪曾祺这样的创作慢慢发展起来了，随着人们对文学特殊功能的思考，慢慢地出现了两种文学，但这两种文学在1990年以后都出现了变化。1980年代个性化的文学比较少，但是在发展。到了1990年代以后，非常明显的是文学社会批判的创作越来越少，反过来，越来越多地出现了个人化的（或者说私人化的）、以描写为主而不是说话为主的文学作品。1990年代前期出现所谓新生代的文学，新生代文学越来越走向一种内心化、个人化，比如当时在南京的青年作家朱文、韩东，还有北京的女作家林白、陈染等，他们主要表现的是什么呢？是一个作家、或者就是一个个体的人，当他（她）面对世界的时候，内心所激起的反应。这样一个朝内转的过程，基本上引导了1990年代整整十年的创作风气。

当然这种说法也是有问题的。朝内转的文学是否就是与社会完全无关了？作家不直接描写社会事件并不说明文学与社会没有关系。如果是没有关系的话，那么如何解释这样一些作品的内心世界的基础是什么？也许，作家心理世界中有一种是可以跟现实世界完全没有关系的，比如我们上海有一位作家叫孙甘露，他写的小说谁都看不懂，但写得非常优美，可又不知道他写什么。我觉得这是一种极端的文学风格，更多的作家不是这样的，有的作家嘴上说他跟现实世界没关系、只写自己的心灵，那么，你的心灵是什么？心灵不就是一种对生活的反应、感受、以至与生活的交流吗？还有的作家说，他写的是他个人的生活，这句话表面上好像是他只写自己的生活，其实再深入一点想想，个人又在哪里？个人不也就在社会当中吗？你不是每天也要面向社会，也要跟人家打交道，也要面对生活当中每天各种各样的新鲜事物？一个所谓向内转的作家，他其实并不是割断自己与生活的关系，而主要是把他和生活的关系通过心灵，通过自己的精神世界这么一个中介转换地表达。林白的小说看上去写的都是她自己的个人生活，但个人生活所折射出来的问题恰恰是社会上很尖锐的问题。林白是一个女性主义作家，她写的都是女性在社会上受到男性的伤害，这个问题本身就是社会问题。同时她小说里的男人其实又是社会上权力的象征，男性社会的象征，这样一来男性和女性的关系又变成了个人与社会的关系，所以，表面上看她的作品写的是个人，写的是现代女性心理，可这个心理背后仍然表达了社会对于女性的一种伤害。所以我是不赞同评论界把林白、陈染的小说解释成私人小说的说法。私人小说，好像这个小说就是她们私人的事情，跟社会没关系，其实不对的，她们表现的只是一个女性在今天的生活当中受到了各种各样的伤害，难道说这种伤害不是社会事件吗？

那么，我们再来说说世纪之交的中国当代文学吧。前面说过，世纪初文学创作又出现了面对现实的倾向。新世纪文学虽然还只有几年的时间，它究竟表现出什么样的特点呢？新世纪文学在表现现实生活的时候，是如何表现的呢？这个问题又出来了。我觉得这有好几类。第一类作品就是，按照通常的说法就是带有主旋律的作品。现在所谓的主旋律写作变化也非常大。过去的主旋律就是政治宣传，现在的主旋律作品变得好看起来，通常是综合了几种通俗文学的手法，再加上一个时髦的主题。我们以反贪题材为例，它里面既有符合国家的原则的东西，要反腐倡廉；然后反贪嘛，一定要抓案件，抓案件必然有破案的过程，里面就有推理和侦破；涉及到案件本身，有可能涉及到色情、犯罪的内容。因此，往往作家把犯罪小说、情色小说、推理小说、暴力小说、社会小说、黑幕小说等等都包容起来了，所以，现在主旋律小说变得好看，各种配方都有，甚至为男警官配一个女助手，然后英雄救美之类，包含了很多通俗文学的模式。这一类作品，在今天的文学创作中占了一个很大的比重。个人也好，官方也好，知识分子也好，老百姓也好，他都可以从不同的角度来看这个作品，都会读出他所需要的。这最早大概是从河南作家李佩甫写的《羊的门》、湖南作家王跃文写的《国画》等写官场生活的作品开始，然后就慢慢变成反腐倡廉这种题材，由黑幕小说转向主旋律。最近我读了一篇报告文学，是何建明写的《根本利益》，这个作品很长，而且啰里啰唆，但我还是读了一下，读上后也放不下来，为什么？尽管这个作品有点粗糙，但写得很有意思。他写的是一个地委的纪委书记，当然是在歌颂这个人物的，他好在哪里？就是他每到一个地方都帮老百姓解决了许多长年累月不能解决的问题。这个作品就写了几件这类案件，但这里就发现问题了，作家所写的所有案件都是真实的，却又都是很小的事情，像纪委书记这样职务的人，只要愿意解决几天里面就处理完了。比如有一件事情，一家的地被占了，但占地的是好几家邻居，其中有一家邻居特别狠，是一个地头蛇，没人敢动。那个被欺负的就去告状，告了整整十三年，从一个进门的新媳妇告到自己的公公婆婆都死掉，告到自己的儿子都长大了，告到自己一头白发，还在告，就是告邻居抢占她的地，后来碰到这个纪委书记，几天就给解决了，这是很简单的一件事，纪委书记通过法院，最后法院责令那个邻居搬家，他不搬，法院来帮他搬，这个人一搬走，其他人就搬掉了，事情就解决了。为什么这么简单的一桩事要拖十三年，告状一直告到老？为什么所有干部都说不好办？读到后来我就慢慢读出一点感慨，中国的事情就是这样，大家都把这个人看成青天大老爷，好干部，其实他做的所有事情都是我们国家干部本来最基本的日常工作，可是偏偏没有人做。中国流行一句话，说现在的有些干部的脑袋长在屁股上，他不是用脑子思考问题和处理问题，而是从对屁股下面的位子有没有利出发，来思考和处理问题。从基层到上面各级部门，每个干部都把眼睛看着上面，都看着领导的脸色，今天县委书记来视察了，明天县长来走访了，整天为了讨领导喜欢，报喜不报忧，对上不对下，老百姓死活与他毫无关系，与乌纱帽无关的事情通常不会在官吏的思考范围以内。对老百姓的事情，谁都不想管，不敢解决，怕惹事，结果事情越来越大。所以，我刚才说的那个作品，只是图解政治政策的作品，当然不能算是写得好，可是这个作品触及到的是一个在日常社会生活中大量存在的现象。我读了这个作品以后就想，我们各个单位，各个地方的基层干部，只要他稍微把老百姓放在心里，把自己工作职能范围内的事情办好，这个国家很多矛盾就解决了，用不着一个纪委书记像包青天那样来管这些事情。它虽然是报告文学，但不同的人从中都可以看到不同的东西，我读了这个作品以后，觉得对中国农民有点理解了。过去我看张艺谋的《秋菊打官司》是不明白，我想干嘛呢，就这么打一下踢一下的就闹来闹去打官司，多麻烦。现在想想，中国老百姓的很多问题，就是没有人给他去解决，没有人去关心他，所以他不得不花一辈子的时间，甚至花两代人的时间来打这么一个小小的官司，这就给我们提出了一个非常严肃的问题。这是文学反映生活的一类，虽然是从国家意识形态或者国家的立场出发，不会真正进行批判的现实主义创作，但是它在表现文学创作和现实生活的关系的时候，它仍然有很多值得我们深思的空间。

第二类的作品，明显地表现出一种底层的情结。这个底层的概念现在越来越频繁地出现在我们的作品里，过去是不大有的，读高尔基的小说里才读到过底层的生活概念。但最近几年里，这个词使用越来越频繁了，跟这个词相关的还有很多新的概念，比如弱势群体等等，这是非常有意思的话题。中国入世以后，很多问题慢慢地跟国际接轨，我们的经济运作、社会运作，包括文化思想等等都慢慢与国际接轨，这是现在很时髦的一句话。所谓与国际接轨就是与西方发达国家接轨，是与美国接轨，与欧洲接轨。在这样一个全球化的经济体制下面，中国自己的经济也在飞速前进，在这个飞速前进的过程当中，社会的分化也明显出现了。过去我们国家体制是吃大锅饭的体制，大家的经济状况都差不多，工资也差不多，就是农民比较苦一点，其他都差不多。可是今天这个社会里，社会差距就充分地拉开了，有钱的人非常有钱，但反过来，发达的繁荣的社会表面往往遮蔽了一个底层的存在，底层慢慢地被人忽略了。这几年的文学作品有个非常明显的动向，就是很多作家又出来重新关怀底层社会，或者说"弱势群体"，弱势群体的说法好像都是相对而言的，对男性而言，妇女是弱势群体；对成年人而言，孩子是弱势群体；对健康的人来说，残疾人是弱势群体。而"底层"是一个宽泛的概念，这个含义表明了在我们今天这个社会里面还有相当大的一个群体是受损害与侮辱的人们，这些人往往是不被大家注意的，那么，不被大家注意的人，他们与生活，与社会成为什么样的关系？这是这两年文学创作的一个主题。比如王安忆写的《富萍》就是一部非常典型的写底层的小说。用上海话来说，"富萍"是一种漂在水里的浮萍。她写的就是一群从农村来到城市打工的这么一个阶层，就是我们说的外来妹、打工仔。王安忆写这个故事，还是用一个叙旧的模式。她写 1950 年代初，一个到上海来的农村姑娘，这个姑娘到上海来是为了办嫁妆准备结婚，住在她的未婚夫的奶奶处落脚，这个奶奶住在上海最繁华的淮海路的一户人家家里，在一家干部家里做帮佣。可这个农村姑娘看到上海的生活以后，她不想回去了。她不想跟未婚夫结婚了。她的未婚夫是一个高中生，在农村是一个受欢迎的人，劳动力很好，家里也富裕，又有文化，这样的男人正好是 1950 年代文学作品里的令人羡慕的角色，好比《小二黑结婚》里面的小二黑，就是劳动模范啊，当时的姑娘愿意嫁给这种人。可是到了王安忆的笔下，农民姑娘已经不想嫁给他了。为什么？因为她跑到城市里来以后，突然觉得自己这个未婚夫不是理想中的男人，可是她又没办法，因为她是住在未婚夫的奶奶作帮佣的家里，她感到非常紧张，她是想拒绝这家人家的婚事，所以在这里她总是找不到一个自己的位置。同时她对帮佣这个阶层也不喜欢，觉得帮佣是寄生于有钱阶级的，没有自我的东西，她也非常不舒服。王安忆写富萍这个女孩子终于下决心摆脱婚事。她跑到苏州河边找到了自己的舅舅，这个舅舅是苏州河边一个专门运垃圾的船工，富萍找到舅舅以后就一直跟着这个舅舅运垃圾，从苏州河到了吴淞口，她看到上海的高大的楼房感到非常压抑，可是随着苏州河出来，她感到越来越开阔，最后到吴淞口以外，整个世界豁然开朗，这当然是有所美化的。这是作家心里的一种美好的想法，她希望这个垃圾船干净，或者她这里面也可能有些象征的意义。小说最后就写这个女孩子终于选择了在苏州河边的一个棚户区里面住了下来，嫁给了当地一个脚有残废的男孩子，与这个人相依为命地在这个棚户区里面过日子。我觉得有一些非常有意思的东西，作者写这个从农村来的姑娘，她到淮海路繁华区，怎么都觉得不舒服，她觉得这个地方不是她的地方，可是她到了苏州河边，到了船上，到了棚户区，她慢慢觉得这个地方就是她的地方，是她应该住的家。小说里有一段细节写得很有意思，一群帮佣工去游大世界，大世界是个游乐场所，演出各种地方戏，可那些帮佣工在那里都觉得不舒服，这里的人们都漠视他们。这个女孩子到了这个棚户区后，有一天来了一个草台班子，今天的说法就是一个走穴的淮剧班子，租了他们的文化馆，当地的居民都非常高兴，像一个盛大的节日，大家早早就去抢位子，还把客人都请来，看戏的时候有些观众就在那里走来走去，跟演员说话什么的，完全把演员当做自己人一样，还说你这个人化妆化得不对啊，等等，就是观众不像观众，演员也不像演员，完全交融成一片了。我看到这里有些感动，王安忆在写这些场面上倾注了对底层人的美好的情怀。我就想到张爱玲，张爱玲有一次去温州，半路上在温州的乡下看了一场戏，看戏的时候，她坐在那里怎么都不习惯，张爱玲跟农民没有什么感情，她为什么不习惯呢？农民都在前面走来走去，那些农民根本不像看戏的样子，都站在那里说话，走来走去，张爱玲就恨恨地说，这个中国农民啊，以为自己像一条线一样，晃来晃去，他不怕挡住你的视线。我当时看王安忆写的这个场面，马上就想起张爱玲的描述，我就觉得，写当地贫民与家乡来的草台班子之间的一种感情，完全不在看戏，而是一种民间的狂欢。这个狂欢是无拘无束的，不是真的看戏，它只是一种宣泄，一种欢乐。在生活底层的民间，生活也有一种欢乐，尽管他们可能比较穷，生活比较简陋，而这样一种欢乐的东西是那个小姑娘富萍在淮海路上找不到的。因为时间关系，这个问题我不展开了。如果关心中国文学的人可以注意到，在当代文学中，底层情结是非常重要的一个主题。

还有第三类的作品，就是一种直面人生、直面生活的阴暗面和人性的黑暗面的作品，这类作品可以以张炜的《能不忆蜀葵》为代表。刚才我说过，张炜本来是一个田园诗人，是一个陶醉在田园当中的，对于现在社会，特别是经济改革出现的种种问题，如经济大潮以后出现的人的欲望的追逐，嗤之以鼻。可是在最近创作里，特别是在《能不忆蜀葵》里面，他对这样一种混乱的、藏污纳垢的生活状态中的一批人的挣扎，充满了理解和善意，这是一个很大的转折。苏童的《蛇为什么会飞》也是写这样一种民间的东西，小说里面所有的人都不可爱，一个个像没头苍蝇一样，为了发财、为了获得各种各样的欲望，他们人人都在那儿焦灼地奔波，焦灼地去追逐生活的机会，可是在这个过程当中，作者对他们追求生存的欲望抱着复杂的感情，这种感情里既有对这种人为欲望所驱使的疯狂现象的讽刺，同时又有一种深切的怜悯和理解，这两者是结合在一起的。这个问题比较复杂，讲起来要扯得很远。

那么，要综合地说，两个世纪之交的文学又能说明什么问题呢？我想历史是有连续性的，上一世纪与下一世纪不会像被刀切过那么一分为二，两者的过渡总是在不知不觉中形成的。我把1990年代的文学（或说世纪末文学）概括为"无名"的文学，即没有统一的主题、没有划一的主导甚至也没有什么主流的文学，这在许多批评家看来是天下大乱，是乱象，而在我看来，文学从来就不需要什么划一的条条框框来统一它的自由精神，1980年代末过后，中国一批年轻作家逐渐脱离了对国家意识形态的依赖，改头换面地伸出个性的触角，试探现实环境给以文学创作的自由度和可能性。文学创作的个人性是以极不成熟、软弱涣散的形态出现的，他们受尽了来自两方面的责备，代表着主流意识形态的批评家批评他们离经叛道，还有就是来自知识分子阵营中的人文主义批评。1990年代思想领域是以两种并行不悖的形式追求着人性的实现，一种是以知识界呼吁的"独立之精神、自由之思想"为旗帜，陈寅恪、顾准、张中晓等一个个历史人物被推到台前，扮演起历史受难者的角色；另一种是伸张人的感官追求，强调人性欲望的合理性与正当性，这些倡导者首先在现实环境下扮演了贰臣孽子的"背德者"角色。仿佛是文学舞台上演一出《赵氏孤儿》，一种是公孙杵臼的受难者角色，一种是程婴式的贰臣孽子，当然现代版的《赵氏孤儿》永远不会真相大白。我在1980年代末曾与几个年轻朋友讨论当时文化现象中隐伏的颓废因素时，其中就有一个敏感者列举了欧洲文艺复兴时代的例子，当时欧洲教会风气糜烂，欲望放纵，故有《十日谈》这样的不朽之经典产生，但随着对颓废风气的批判，新一轮禁欲主义又开始在宗教改革中获得了胜利，重新回归保守和教条。于是欧洲自文艺复兴以后又经过长达几百年的人性压抑，才在浪漫主义洗礼后人性再次获得解放。新的禁欲主义之可怕，就在于它一开始是以正义的道德的形象出现，麻痹了人们对它背后所隐藏的专制内涵的警惕。我说这些话不是无根由的，我们曾经过多次新禁欲主义的教训，它似乎在放纵与颓废中间一直阴魂不散，新世纪之初也就慢慢显现出端倪来了。

新的世纪已经过去好几年了，全球化的阴影越来越浓郁，对敏感的中国人来说，文学创作不可能不带来一些影响。今天我们把上一世纪末的文学与这一世纪初的文学联系起来看，也许能把一些文人的心思看得更加透彻些，对某些貌似正义的声音也可以更加警惕些，无名时代所要追求的人性的自由发展，即所谓"独立之精神、自由之思想"并非是一句空话，也远远没有落到实处。

我要说的就是这些。谢谢大家。也谢谢刘慧儒先生的翻译。

2004 年 11 月 1 日到 11 月 14 日，我应德国汉学家卜松山教授和顾彬教授的邀请，先后去德国特里尔大学和波恩大学访问，分别作了题为《世纪之交的中国文学》的学术演讲。当时只是一份演讲提纲，在两校演讲的内容并不一样。演讲稿是我以 11 月 3 日在特里尔大学的演讲提纲为底本，根据后来在复旦大学的一次同题演讲的记录稿修订补充的。

新世纪以来长篇小说创作状况

今天讲的这个题目是我最近正在研究的一个课题，是我对新世纪以来，中国大陆的当代文学，尤其长篇小说创作发展的一个总的看法。这个课题，批评界有很多人都在关注。2000年以来，大陆每年都有年度文学选刊出版，而且不止一个选本。这些不同的选本代表了编者对当代文学的不同认识。他们的标准是不一样的，既反映了选家视角的不同，也体现了他们对这六七年来文学现象不同的看法。另外一个方面，从2005年开始有很多杂志都开辟专栏讨论新世纪文学的特点。过去我们要总结文学史经验，得等上十年八年甚至百年，而现在随时都在关注身边发生的事情。其实这样做是很困难的。我大概从2001年开始关注这个选题，当时有个出版社邀我选编新世纪文学的年度选本，每年还要为之写序，这就要求每年都得对当代文学做个总结，描绘出当代文学发展趋向。实际上这是描绘不出来的，哪有那么多的趋向给你描绘？渐渐地我就写不下去了，拖拖拉拉地耽误了出版社的出版，后来就下决心不编这类作品选了。

但我们还是需要好作品。现在很多所谓的好作品都是被传媒炒出来的。我们过去文学生产的流程是：作家先有计划，然后写作，出版，进入市场，读者阅读，然后是评论回馈，社会传播。但进入20世纪90年代以后，这种文学产生的流程变了。社会发展进入了传媒时代，媒体统治了一切。媒体不仅仅是发表文学作品的阵地，还控制了文化的走向。比如最近苏童重写孟姜女的故事《碧奴》。这是一个英国文化机构创意的，竟调动了二十多个国家的作家和机构来参与写作，都是重新演绎本民族的神话故事。每一个作家写的作品都被翻译成二十几种文字。这样，文化交流成为一个人为的炒作现象。这种现象在许多国家引起了连锁反应。这就说明，在现代社会里，一个写作的完成也许不单单成了作家自己的事情，而是有众多机构或者媒体来参与完成的，写作者名利双收。但是这样的文化如果逐渐被体制化，作家就会失去了原创的冲动。这样的事件，现在对中国越来越有影响，就像麦当劳一样，写作也成了国际连锁了。在这种文化环境下，我们对文学个性的认识就变得非常艰难。阅读者和写作者的个体性都被媒体遮蔽了。这就是我们目前文学所处的状态。

当媒体主导一切的时候，我们中文系的同学就面临一种考验。台湾的情况我不太了解，大陆的大学中文系的培养目标与这种潮流是相反的，我们要培养我们专业的独特的个人的审美口味，就不能被媒体制造的口味所左右。如同小孩从小吃惯了麦当劳、肯德基、必胜客，只知道炸鸡腿、汉堡包的口味，等到自己的口味觉醒过来，想分辨自己爱吃什么的时候，味蕾已经麻痹，吃不出真正的美味了。所以，从小培养自己的口味很重要。我们过去吃什么都觉得好，是因为没有更多的选择；而现在的小孩却不知道什么是美食，他们的胃口已经被垃圾食品所塞满，感觉器官也被这些垃圾食品占据，就以为这就是天下最好的食品。这样，孩子以后就很难改变自己的习惯。中文系学生应该是受过专业训练的阅读者，就是说，要让我们从麦当劳中摆脱出来。中文系的同学应该有自己的阅读口味。中文系的同学在阅读的时候，要尽可能挣扎出来，选准自己的口味，不受这种铺天盖地笼罩一切的传媒口味的左右。这是很困难的事情。作家和读者都面临着这样一种困境。我们如何去阅读当代文学、辨析当代文学的美学感受，这是我们共同面临的困难。有时候为了保持自己的独特的口味，避免受到传媒炒作的影响，我经常是不去读流行的、时尚的、正在热播中议论中的作品，我不想参与这种讨论。因为一旦卷入进去，必然要和传媒抗衡、较量，这样既无聊又无益。我有时宁可专心去读自己觉得应该读的书籍，读一些冷僻的作品。中文系的同学要有一种勇气和能力，把作家作品从媒体的宣传中剥离出来，读出自己的个人感受而不是这个时代共同的时尚的感受。

谈到新世纪以来长篇小说的创作趋向，最近我读了一批作品，我自己感兴趣的和认为应该提出来讨论的作品，主要是贾平凹的《秦腔》和余华的《兄弟》。我为什么选择这两部作品？因为这两部小说在台湾都有出版，大家可能都阅读过，评论家也都议论纷纷。这两部长篇小说，一部写农村，一部写城镇，都是当下的社会现实状态。《秦腔》写的是 2000 年那一年的故事，但是前后贯穿大约二十年的历史。《兄弟》写的是两个历史阶段，一段是"文革"期间，另一段是改革开放时期。我觉得值得讨论的是《兄弟》的下部。《兄弟》的上部出版后是一片骂声，下部出版后招来更多的骂声。我就是在一片骂声中读完这部小说。我读了两遍，第一遍读的时候，觉得它不像大家所骂的那样糟糕，还是蛮有意思的；当我读第二遍的时候，说句心里话，我被震撼了，当代哪一部作品有这么直接地、尖锐地、夸张地揭露了当下中国大陆的种种丑陋现象，让我们看到了当下中国社会的一个本相？说这部作品不好的人，尽管在美学趣味上提出很多批评，但其潜意识里多少有一种不愿意看到我们当下的社会是这样的，或者说是被这样描写的。余华的作品触犯了文学趣味的禁忌，也触犯了现实社会的禁忌。人人都王顾左右而言他。我把这两部作品放在同一个层面上谈，《秦腔》写的是农村，《兄弟》写的是城镇。贾平凹写的是一个悲剧性的故事，余华写的是一个喜剧加闹剧的故事，都是当代生活中奇形怪状的现象。但《秦腔》得到一致的赞扬，《兄弟》得到一致的否定，反差很大。我希望大家把这两部书放在一起来读，这样，你就可以了解一个辽阔的世界，了解当代中国大陆有这样一批作家，是这样来看待和理解当下社会的。

所以，我把这两部作品假定为我要谈的标志性的作品。20世纪90年代开始，文学被慢慢边缘化了，边缘化不是一件坏事，因为文学从来就是边缘的。文学变成社会主流，才是不正常的现象。

其实，所谓的边缘化，就是文学在社会上不再起到重大影响。如果在一个正常社会中，文学本来就不应该去承担一些不该承担的社会责任。比如，在1980年代女作家张洁写了一系列小说,《爱是不能忘记的》《方舟》等等,社会舆论哗然:这个女作家竟然公然描写离婚!大家纷纷批评,说小说提高了社会离婚率。这是不正常的现象,离婚与否应该是按照《婚姻法》的条例来判断,而不应该由文学来解决,也不应该由文学来指导。文学承担社会责任,表面上看影响重大,实际上已经离开了文学本来的职能。通俗地讲,文学就是"无用"之学,不是"有用"之学。我们依靠文学来提高人们的审美能力,丰富人们的精神世界。文学的主要功能在于精神层面的提升,我们不需要也不应该依靠文学来解决实际问题。文学是一种精神生活,表面上看没有直接效用,也只有这样,文学才能真正地发挥精神作用。但目前的社会远远没有达到我们所期望的理想状态,我们还无法享受到这样的精神生活,文学在当前的社会中仍然起到重大的批判现实的作用,起到帮助我们认识生活的作用。经过20世纪八九十年代文学道路的探索,新世纪的小说重新回到现实社会,重新关注我们当代生活的一些关键问题,关注我们当代生活的精神状态。我们还是需要重新认识文学的现实主义的批判精神。无论《秦腔》还是《兄弟》,我感到当代作家对社会还是有一种担当的责任、担当的勇气,敢于把自己对当代生活的真实感受勇敢地表达出来。他们的感受是从他们的生活实际出发的,是作家对生活的直观认识,没有其他意识形态的参照。像贾平凹、余华这样的作家,代表了当下现实主义创作的两种倾向。他们的表达方式是不一样的。

我把《秦腔》称作为是一种"法自然的现实主义"。这部小说读起来比较困难,我读了三遍,最后一遍才完整地读完。

我总是抓不住里面的内容，读了一半还没弄清作品里面讲的是什么，就像是一本流水账，非常琐碎，没有完整的故事和情节。但读完以后，我异常感动。按照平常习惯，读不下去，我就不读了，但是这部书我怎么都舍不得放下，还是坚持读完了。这部书模拟社会、模拟自然、模拟生活本来面目。生活就是这样，一种是效法自然，春花秋月，自然轮回；另外一种是效法自然的人事社会。自然的人事社会也就是今天的社会生活现状。举例来说，大自然变化并不是人为意志决定的，立秋那天就是秋天到了吗？立冬那天就是冬天到了吗？不是的，自然的变化是一点一点地发生，从量变到质变。我们对生活中每天的微小的变化毫无察觉，突然有一天，我们会发现夏天的翠绿变成秋天的金黄，秋天的灿烂变成冬天的白茫茫大地真干净。自然就在这种反复和重复中让你感觉不到它的变化，然而，确实日日都在变化。自然的人事社会也是这样，今天和昨天没有什么不同，每天的生活好像都在重复，比如，今天，村子里的一位老人去世，明天，村子里一个小孩出生，等等，好像是日复一日。然而，突然有一天，你会发现村子里的老人都不见了，小孩已经长大成人，生活已经进入了新时代，但是这个过程我们却没有察觉。法自然的人事社会就是这样。大多数文学作品是先界定时代特征，然后为了反映时代特征，再编造文学作品的故事情节。这是共名时代的文学。而《秦腔》完全倒转过来，描写的是一个村子几户人家的日常琐碎事，今天是清风街演出秦腔，明天是清风街领导班子发生矛盾，后天又是哪一家造新房子，一件事接着一件事，日复一日。突然有一天，有一位地位显赫的老人去世了，人们才发现，在村里竟然找不到青壮年抬棺材。原来是青壮年都已经出去打工了，整个农村已经荒芜了。阅读《秦腔》的感受就好像在读一部日记，似读流水账。然而整部小说通读完后，就会感到中国农村和农村文化的衰败与颓亡非常令人震惊。贾平凹在书后说，我要给我的故乡立一块碑。贾平凹认为他和家乡是联系在一起的，但终有一天，他会发现他和家乡已经完全没有关系。大家可以看到，其实，生活每天都在发生变化，每时每刻都在发生重大变化。这种变化是无法察觉的，突然，你会发现一个历史性的变化发生了。人生也如此，每个人都在不断变化，在重大的变化之前会有许多微小事件的发生，最后形成巨大的变化。把这些微小的人生事件记录下来，就是法自然的人事社会。

在中国大陆的当代文学中，这样子的现实主义的法自然倾向也不是从《秦腔》才开始的。一个高峰必然是耸立在一片高原之上，一个高峰的作品出现之前必然会有许多接近高峰的作品。在新世纪初，作家苏童最先发表的长篇小说《蛇为什么会飞》，刚发表的时候，很多人认为这是一部失败的作品。苏童擅长写美女，现在怎么突然变得粗野了？其实苏童曾经写过粗野，那是孩子的粗野（如《城北地带》《刺青时代》等），现在写中年人的粗野，写一些中年人没有正当职业、不守规矩，每个人都在为自己的生计奔波，整个社会是乱糟糟的。这部小说给人的感觉就是乱糟糟的。小说的最后意象是有一筐蛇都逃走了，作者就想象，蛇都飞起来了，同时新世纪的钟声也响起来了。这是一个非常有意思的意象。小说发表的时候，大家没有理解，这部小说到底有什么样的意味。其实这是一种新的创作范式的诞生，后来的《秦腔》也如此，就是用大量的日常、琐碎、平庸的生活故事来铺展一个社会的面貌、记录一个时代的声音。还有一位新世纪以来最值得重视的作家，是女作家林白，她的长篇小说《一个人的战争》《说吧，房间》等都有强烈的女性主义意识。但是近几年她的创作风格变化很大，我们以《万物花开》为代表来对比一下：《一个人的战争》写的是一个人的故事，《万物花开》则是"万物"，大千世界都包含在里面了。"战争"的意象充满紧张感，而"花开"的意象则充满了欢乐。是不是两者的变化非常大？这变化的缘起，是林白参加了一次走黄河的活动，她慢慢地走出了自己狭小的书斋。后来林白家里来了一个小保姆，是湖北浠水人，她告诉林白很多家乡的故事，她老家那个地方，男人出去打工，妇女不需要太多的劳动。她们经常在一起过着快乐的游戏似的日常生活。林白很好奇，因为这和她想象的农村不一样啊。于是她记下了几大本素材。后来依据这些素材创作了《万物花开》，这是一部很有想象力的小说。写一个疯子脑袋里长七个瘤子，一发作就发疯，发疯的时候就一边头疼一边感觉飞上天空，看各家各户的事，看到农民都在胡闹、游戏、寻求快活，充满了狂欢精神。《万物花开》引起人们的争论，褒贬不一。毫无争议的是林白的创作风格已经发生变化，林白原是一个很有个性的作家，但是现在开始关注日常生活。她用琐碎的日常事情来表达自己的想法。她说，自己的素材都是真实的。后来她索性不再编写故事，直接利用这些素材写出了一本书，叫《妇女闲聊录》。就是妇女讲农村里鸡毛蒜皮的小事。《妇女闲聊录》也可以看作是《秦腔》的铺垫。它完全没有故事情节、完整的人物、统一的结构，就是作家用农民的口吻叙述生活琐事。

运用这种写法的小说陆续出现，越来越多，《秦腔》的出现就成为必然的结果。《秦腔》的法自然表现手法特别丰富。贾平凹和林白、苏童还不一样。苏童喜欢编故事，编各种故事；林白的故事是从保姆那里听来的，而贾平凹是直接面对农村。这些年贾平凹对农村的观察、体验、理解的深度是很多作家无法相比的。中国文学史上有一个作家，就是沈从文。应该说，贾平凹有很多地方非常像沈从文，他从农村来到城市，面对都市他内心充满自卑感，可是对农村生活非常亲切，而且能冷静地观看到农村的衰败气象。沈从文也是这样，他写过一部小说《长河》，主要内容是描写农村随着战争的到来是怎样衰败的。发表的时候被国民党检察官删掉很多，后来沈从文的写作情绪受到打击，就没有写完。这部小说有一个很重要的段落，一个橘园主人的女儿，就像《边城》里面的翠翠，天真无邪，可是被镇上保安队队长相中了，那是个非常粗野的人……故事写到这里就结束了。这里就有一种无边的恐怖出现，一件非常美好的东西被黑暗慢慢地吞噬，这样一种感觉和趣味在《秦腔》里处处可以感觉到。如果用一个词语涵盖贾平凹的《秦腔》，可以说是：无边的恐怖。对于农民来说，西北农村的生活很封闭。改革开放以后，农民重新有了土地，可以过一种自足的生活，可以唱唱秦腔、种种庄稼，可是整个社会还在发展着，当整个社会大背景变化了，农村却慢慢衰败了，这都是不以人的意志为转移的。清风街的人根本不知道社会发展，不知道外面的事情，清风街的劳动力纷纷进城去打工，农村经济、农村文化却衰败、以至衰亡了，农民自己没有清晰地感觉到这一点，但已经有了一种模模糊糊的意识，他们还是挣扎。贾平凹对农村有极为丰富的认识，但是在这部作品中，没有一句话是他本人，或者通过什么人把自己的想法说出来。举一个例子，村中有两代干部，老一代的叫夏天义，他认为要靠种地、淤地来发展生产，农民不能离开土地。这种观念应该是很落后的观念。另外一个叫夏君亭，夏天义的侄子。是一个与时俱进的人，主张建立贸易市场，靠发展贸易来引导农民致富。这样的事情如果在前几年去写，经常会写成两种思想、两条路线的斗争，然后是正确与错误的斗争，而现在贾平凹却不是这样写的。小说有这样一段，一天村委会开会，新任书记夏君亭慷慨激昂地发言，畅谈贸易市场建成后的繁华情形，期待大家的热烈响应。然而大家听后反应冷淡。没有人表示赞同或者感到激动，那个与老书记夏天义站在一条线上的主任秦安不表态，这意味着书记和主任两个人的意见不统一，其他人就都在打哈哈、不表态。大家各自做各自的事情，好像这件事与他们无关，然后写一只老鼠尾巴着火了，点燃了门前草垛，大家去救火，回来之后大家又各自喝水、洗脸、上厕所，就是不讨论夏君亭的主张，最后才有人出来说，今天就算了吧，这么大的事情慢慢再讨论。夏君亭就生气地说，大家都要发表意见，这有利于大家的事，需要大家表态的嘛。结果大家的意见不统一。夏君亭就说，听说北边的山门县正在试验海选村干部，真想不到是什么样的选法？有人就说，十个人十张嘴，说到明天也说不到一块，民主集中制嘛，要民主还要集中，你们领导定夺吧。每个人表现得都很正常，但是事情就是没有任何进展。然后主任和支部书记就做"小动作"。书记找自己的人，主任也找自己的人，表面上他们在一起打麻将，其实是在商量对付书记。书记就向公安局检举赌博，结果把主任抓了。后来虽然把主任放了，但从此说话就硬不起来了。最后是书记夏君亭大获全胜，推行了建立贸易市场的方案。读完这一段描写之后你仔细想想，假如把没有民主选举制度的这一段话穿插进来，故事也是完整的故事。这就是农村的说话方式，说这件事就能联系到另外一件事，很随便的样子。但是正是这个穿插的段子，把官场运作方式揭露得真是入木三分，而且最后解决问题既不是依靠民主也不是依靠集中，而是靠搞阴谋诡计，运用权力的方式把问题解决。这是无数故事中的一个，也没有章节，也没有标题，好像很不起眼的，但是读过之后，仔细想想中国农村的现状，我们能够感到，贾平凹把非常重要的思考放到小说中。贾平凹不是一个慷慨激昂、虚张声势的人，他看上去是个比较内向、不善于表达的老好人，可是他又是一个非常尖锐的作家。他的尖锐是放在无数的生活细节当中，我们感觉不到他尖锐；他很平和，可是他把很深刻的思考展示出来。

我们接着讨论余华的《兄弟》。这部作品争论较大。我把《兄弟》的创作归纳为一种怪诞的现实主义。这个概念是巴赫金论拉伯雷的创作时提出来的，但在欧洲各个不同时期有不同的对怪诞的理解。我为什么用怪诞来概括《兄弟》的创作风格呢？首先是《兄弟》的描写很接近现实，接近中国当下社会的一种状态。可是余华采用的创作手法和贾平凹相反。贾平凹的描写看起来很真实、很普通，余华用的则是夸张的描写手法，是一种怪诞的手法。什么是怪诞？比如，卡夫卡的《变形记》很怪诞，主人公有一天突然变成大甲虫，无法与人类沟通了，最后凄凉、无助地死去，这就是一种怪诞。雨果的《巴黎圣母院》中描写的相貌奇丑无比、心灵非常善良的人物卡西莫多，也是一种怪诞。贝克特的《等待戈多》中，戈多总是等不来，这也是一种怪诞。但从艺术发展上说，欧洲浪漫主义文学接受了怪诞的因素以来，怪诞艺术已经不仅仅是拉伯雷时代的那种纯粹的民间性了，它还包含了某些现代意识。但无论哪一种怪诞，总要有两个要素。一个要素就是可笑，用一种很粗俗的、滑稽的现象来揭示现实社会的不合理性。但怪诞艺术还不仅仅是滑稽、粗俗、可笑，还有另外一个要素，那就是令人恐惧。比如《变形记》中的主人公变成甲虫，对于我们来说是可笑，但是如果我们自己变成甲虫，那就是恐惧；《巴黎圣母院》里的怪人卡西莫多爱上美丽的吉普赛姑娘是可笑的，但是如果反过来思考，他这样一个丑陋弱势的残废之人，仅仅想表达微弱的不可能实现的爱的愿望也不可能，吉普赛姑娘也不爱他，他作为人的极其微小的权利都将被漠视，这样想来就是一种恐怖。《等待戈多》里两个流浪汉在那里无聊地表演，等待戈多，却总也等不来，我们感到可笑，但是反过来想，我们每个人在一生中有多少等待，有多少东西，我们一生也等不来，我们的一生也都在扮演等待的流浪汉。这样一想，人生就是恐怖的。

怪诞的这两个要素，是随着 19 世纪浪漫主义，尤其是 20 世纪的现代主义出现而出现的，但是更早在欧洲文艺复兴时期，已经出现了如拉伯雷的《巨人传》那样的建构在伟大民间传统之上的狂欢之作。巴赫金称它为怪诞现实主义。后来怪诞就成为一种稳定的审美范畴。在西方是很普遍的，而在中国，喜剧就很少得到重视。我们只有相声、滑稽戏等等，也一向被认为是比较低俗的艺术，只有悲剧才显得伟大，至于要透过可笑来反映恐怖这样一种审美趣味，我们没有。现代文学中能运用这样表现手法的，那就是鲁迅的《阿 Q 正传》。鲁迅对阿 Q 的描写很复杂。《阿 Q 正传》开始是放在《晨报副刊》的栏目"开心话"里刊载。鲁迅也是抱着搞笑的心态来写阿 Q，后来编辑孙伏园觉得不大好笑，就把小说从"开心话"栏目里移出来，放到正常的小说栏目里连载，但是在正常栏目里面，又让人觉得好笑，于是人们不断议论这部小说，不断猜测阿 Q 这个形象是在讽刺什么人。鲁迅当时用的笔名是"巴人"，大家就一直在议论巴人是谁、这部小说在讽刺谁。鲁迅不想再写下去，但是编辑却不同意，因为读者等着要看。终于有一天，编辑回家探亲，鲁迅就迅速把阿 Q "枪决了"，等编辑回来，阿 Q 已经被"枪决"半个月了，无法再复活。这部小说的风格非常矛盾。这部小说就有一种怪诞的风格。它有比较可笑的一面。阿 Q 死到临头了，还在努力地签名画押，努力把一个圆圈画圆。你反过来想，一个人竟然死到临头，还在为配合刽子手画圆圈，这是何等的恐怖。还有一例，阿 Q 本来临刑时要唱几句"手执钢鞭将你打"，或者要高喊一声"过了二十年又是一条好汉"，这都是可笑的，可是他在游街时，突然发现观众眼睛都变成了狼的眼睛，这就是令人恐惧的。所以，《阿 Q 正传》在鲁迅的小说家族中是一个另类。大家知道，鲁迅的风格大多数是沉重的，只有这部小说的风格和其他小说的风格不一样。《阿 Q 正传》前面写得很绕口，有些描写是故意搞笑，比如阿 Q 的名字的来历。还有更加搞笑的事，有位日本学者专门去研究"阿 Q"名字中的"Q"，究竟是代表哪个字，后来得出结论是"鬼"

字，阿Q就是阿鬼。这就很恐怖。我们还可以这样理解，一个人有名有姓意味着有一定社会地位，如果像阿Q一样，没名没姓就意味着在社会上没有地位，没有保护，不被承认，这真是一种恐怖。好笑的背后就是一种恐怖，二者浑然一体，这使人感到沉重。我们必须承认阿Q的精神一直传到今天，谈论鲁迅必然要谈论阿Q，但是我们总是觉得不好把握。鲁迅的其他小说拍成电影都容易，但是《阿Q正传》一拍就拍成滑稽戏。上海的喜剧演员严顺开、杨华生都曾经演过阿Q，总使人感到别扭。1930年代有人就把这部小说搬上舞台，但也是强调了滑稽，鲁迅本人也不喜欢。其实，阿Q本身具有两面性，既有闹剧的一面，又有恐怖的一面，就是怪诞的结合体。

我谈阿Q，就是为了让大家了解在什么样的美学范畴内来界定《兄弟》。余华恰恰是在文学史的意义上把鲁迅《阿Q正传》的这条线接起来。余华是一个不断有追求的作家，他的每一阶段的作品都在变化。他的先锋小说充满恐怖的意象，但《活着》《许三观卖血记》却洋溢着民间的温馨和朴实，《兄弟》则写了社会变革中的一场闹剧。我们不习惯这样一种表达形式。中国人比较喜欢悲剧，一脸严肃。鲁迅当年就说过，他家附近有两家照相馆，一家是日本人开的，一家是中国人开的，他带儿子同时到两家照相馆照相，结果，中国人拍出的相片，孩子是老实听话、低眉顺眼的形象；而日本人拍出来的是顽皮捣蛋、一脸活泼的形象。鲁迅感慨，中国人喜欢的是温顺、听话、老实、严肃的孩子，从小对孩子进行这样的设计和引导。如果小孩装出一脸死相，父母就喜欢，认为这是一个乖孩子，如果顽皮就要挨打。这可以看出鲁迅的性格里面有顽皮因素，但是被压抑着，他表达不出来。结果在《阿Q正传》里面展示出一点，鲁迅自己又把它否定掉了。其实，从怪诞手法出发，用喜剧的因素来表达生活的恐怖，本来就是一种很重要的审美手段，但是我们不习惯。《兄弟》遭遇到那么大的批评，我认为，余华的创作确实是冒犯了中国大众的审美心理。我们喜欢催人泪下、感天动地的故事，不喜欢胡闹的、嘻嘻哈哈的作品。

但在《兄弟》的嘻嘻哈哈里面，恰恰藏了一种鲁迅的喜剧精神。例如，李光头从日本贩来一批垃圾西装，大家蜂拥而至，局长、县长都去挑。县长要挑衣服还要挑衣服领子里的日本家族记号，局长选中一件"中曾根"家族的衣服，县长马上拿过去了，局长只好重新去挑。这看上去是很荒诞的故事。今天的年轻人是在经济不断增长的前提下成长起来的，想象不到二十年前的中国人还要去捡日本人的垃圾西装穿在身上。但我们可以联想到阿Q把从城里偷来的衣服拿到未庄去卖的情景。这两个场景是相似的，一个是偷来的赃物，一个是捡来的洋垃圾，但同样在面临变化的封闭社会里面，都足以吸引大家蜂拥而至。表面看来这很荒诞，很滑稽，但这正是反映生活的一种状态。这部小说能够把中国当代大量的社会现象都写进去，尤其是生活中的丑陋现象，同时给予夸张的嘲弄。《兄弟》的描写看起来很夸张，实际上却非常逼真地写出生活的真实。《兄弟》上部写的是"文革"，下部写的是改革开放以后，人们疯狂的物质追逐。《兄弟》非常尖锐地把我们民族在当代历史中失去理智的、盲目的疯狂一面展示出来。"文革"中人们是疯狂的、不理智的，有些疯狂事情也只有在那个疯狂的年代才能做出来。而现在人们对金钱欲望的盲目性追求，与"文革"时代的政治疯狂有着某种相似性，这是我们民族的最大悲哀。近十年来，政府部门一直在宣传反腐倡廉，甚至抓出来一些省部级的官员。这些人当然明白法律和懂得法规，但是在巨大利益面前，抵挡不住的是疯狂欲望。这不是一个人的疯狂欲望，而是一个时代的疯狂欲望。我们可以从小说中看到许多惊心动魄的社会事件，当然许多是个别的孤立的事件，但是我们连起来看感觉就不一样了。小说的怪诞感觉就是这样产生的。目前我觉得还没有第二部作品能够把当代社会的荒诞、丑恶用艺术画面如此集中、真实地展示出来。余华运用极为夸张的手法，使这部小说能够迅速流行开来，受到了读者的欢迎。这样的一种怪诞因素帮助了《兄弟》的发行。你可以认为他是胡闹、开玩笑，本来严肃的故事因为怪诞，让人看到了浅薄，而浅薄和发笑反过来就包含了恐怖和深刻。我们只看到载体的一面而没能看到另一面。《兄弟》上部和下部加起来已经卖到一百多万册，这说明在大众嘻嘻哈哈的阅读接受过程中，这部作品展示一种生活的深刻，满足了大家对社会认识的需要。在余华之外，也有以怪诞的方式来表现生活的作品。给大家举另外一个作家阎连科的例子，阎连科从《坚硬如水》《受活》到《丁庄梦》，他就是以怪诞的方式来展示生活。我的意思是，余华和贾平凹能够达到这样的高度，不是偶然的。当代许多作家都在做这样的工作，创作这样的一种时代决定的风格，而且这种风格将会成为一种趋向，这种趋向还会有进一步发展的势头。只有这样，才能够在当代形成一种值得注意的思潮。

我刚才讲的是艺术与生活的关系，反过来，再讲讲艺术与精神的关系。这两部小说都有一种巨大的精神力量蕴含在人物中间。《秦腔》里的叙述人是疯子引生，《兄弟》里面的主要人物是李光头。这两个人在当代艺术人物当中非常有意思，他们都不大正常。引生发病就能够展示特异功能，可以灵魂出窍，能看到奇奇怪怪的故事。而李光头的故事，从表面上看是个小流氓发迹的故事，以他和他的父亲刘山峰为代表的刘镇人，是一群混沌状态的快乐民众，而宋凡平、宋钢则代表有知识、有理念的外来人，他们在刘镇无法生存。李光头和鲁迅笔下的《阿Q正传》中的阿Q有点相似，阿Q就是未庄的李光头，他无所事事、惹是生非、仇恨知识、调戏女人，既害别人，自己又是受害者。但李光头身上还有非阿Q的一面，那就是宋凡平留给他的理想主义的一面，如百折不挠、排除万难、出人头地，也善待人、关心人等等，李光头的成功不是因为刘山峰的遗传，而恰恰是宋凡平的精神遗传，人的成长史里，最重要的因素来自两个方面：一是血缘的遗传，二是精神气质的传承，气血两旺，才能健全发展。而李光头身上，刘山峰的血和宋凡平的气同时在起作用，构成了李光头的成功与失败。所以，当李光头无意识（命运）的纵欲把宋钢推向死亡，实质上也正是他身上的“血”的因素战胜了“气”的因素，其后果带给李光头的，不仅仅是自我谴责，更主要是他杀死了自己身上的宋凡平的“理想”，所以李光头万念俱灰，放弃一切，带着宋钢的骨灰开始到太空遨游。这里有一个隐喻，就是这地球上已经没有一块干净的土地能容下宋钢的灵魂。李光头要带着宋钢的灵魂到另外一个星球，他说，从此以后我的兄弟宋钢就是外星人啦。这个结果使我想到阎连科的长篇小说《受活》,《受活》也是一部荒诞的小说。小说描写列宁遗体没有地方存放,人们开始筹钱买遗体赚钱,这当然荒诞不经。然而作者想象的第三国际共产主义运动的创始人列宁已经死无葬身之地,竟然被人拿来赚钱,这是可笑还是恐怖?而宋钢的骨灰盒竟然无处安放,只能离开地球到太空中去。表面看来,这些作家都在描写怪诞的事情,看来很热闹,但是留下来的是一个令人恐怖的问题。

我喜欢《秦腔》里那个疯子引生。疯子引生不代表作家本人,代表着一种智慧。疯子的家原来是清风街的政治中心,他父亲生前是清风街的老主任,所以疯子对清风街的事情看得透彻。他对清风街的问题能够一针见血。小说写得最有力量的故事是疯子的爱情故事。已经很多年,从 1990 年代、1980 年代甚至半个世纪以来,我没有看到惊天地、泣鬼神的爱情故事。在当下的大陆社会,追逐金钱、追逐物质利益已经成为一种普遍的意识形态,人们在这个社会里公然地放逐爱情。如年轻人看惯了上一代人的离婚、通奸、包二奶等等,还有三陪、妓女、暗娼等等,这些现象已经毒瘤一样渗透于意识形态和存在于社会之中。关键是,这些现象在人们意识中已经变成正常的、合法的。这种合法的意识导致人们对真正爱情的淡漠和怀疑。现在的社会舆论是把爱情的严肃性排斥了,所以我喜欢看卫慧、棉棉的小说,她们的小说表达了年轻人对上一代人的不满和怨恨,表达了自己的愤怒和痛楚。这是一个物欲横流的时代,人们在不择手段地追逐利益、物质、金钱的时候,就会使他们的家庭和他们的亲人受到伤害。现在的文学作品写各种感情的都很多,唯独没有写纯真爱情的故事。《秦腔》中的引生对白雪的这种深厚爱情在现实世界已经是荡然无存了，引生因为白雪外嫁，就发疯阉割了自己，丧失了性的能力。他在肉体上已经不能再去爱白雪，白雪也已经嫁给夏风。无论是从哪个角度讲，他都不是夏风的对手，但是在精神上他却保持了一种爱的自由。他用各种语言去追求、挑逗白雪，甚至侮辱白雪，就是因为他已经没有肉体上的危害性。这种爱的自由是一种离奇的表现。

《秦腔》里写引生路过白雪家，有这样一段：

> 我继续往前走，水兴家门前旁那一丛牡丹看见了我，很高兴，给我笑哩。我说，"牡丹你好！"……太阳就出来了，夏天的太阳一出来屹甲岭都成白的，像是一岭的棉花开了。一堆棉花堆在了一堵败坏了的院墙豁口上！豁口是用树枝编成的篱笆补着，棉花里有牵牛蔓往上爬，踩着篱笆格一出一进地往上爬，高高地伸着头站在篱笆顶上，好像顺着太阳光线还要爬到天上去。我从来没有遇到过这么好的景象，隔着棉花堆往里一看，里面坐着白雪在洗衣服。（引自《秦腔》第 39 页）

贾平凹是比较能够写阴暗文字的作家，但他这一段文字却写得非常明亮、非常优美。太阳好像是棉花，牵牛花顺着阳光向上爬，犹如凡高的《向日葵》，阳光好像是有形的线，被花蔓攀登。这真是天下最美的文字。引生看到白雪，就去偷她的内衣，被抓住挨了打，然后自己阉割了自己。我们可以联系到一起的细节是，白雪后来生了个女儿叫牡丹，是个残疾，天生肛门闭塞。这个孩子多灾多难，白雪生她的时候，引生看到太阳都变黑了，就觉得不是好兆头。这个孩子还在母胎里的时候，夏风就劝白雪不要生，堕胎算了，因为他要把白雪调到城里，怀孕就不好办。后来孩子生出来了，夏风又把孩子扔掉，被白雪捡了回来，夏风好像和这孩子势不两立。牡丹的爷爷认为这孩子多灾多难，于是抱着她到村口去认养父，按村里的风俗，站在村口看到的第一个人，就是孩子的养父。结果第一个看到的竟是疯子引生。老爷子很生气，但是疯子却想：是不是我想念白雪想得太深，结果导致白雪怀孕，生下的就是我的孩子呢？当然这是奇想。但是我们回过头去想，古代神话中，太阳光照射到人体结胎怀孕是有的，就像神话里一阵风吹过身体可以生孩子、吃鸟蛋也可以生孩子一样。贾平凹把这个情节写得很亮丽，一个是牡丹花和疯子的交流，一个是阳光和疯子的交流，一个是阳光和白雪之间的交流，一个是疯子和白雪之间的交流，构成非常完整的生命的流程。阳光可以使人生孩子，这是人类的一个神话，但是放到小说中就变成精神上的力量。引生自我阉割失去生命传递的能力，但是通过阳光来展示另外一个生命的传递过程。我认为这个人物是和《秦腔》整个象征意义联系到一起的。

总而言之，我在这里和同学们交流的是我自己的阅读体会，我认为这里面包含着两种重要的创作趋向，一个是法自然的现实主义，一个是怪诞的现实主义，这两种审美风格在未来的中国文学创作当中也许会得到更大的发展。

2006 年 11 月 6 日应张堂锜教授的邀请，在台湾政治大学文学院担任"王梦鸥教授学术讲座"系列的主讲教授时作的演讲。演讲稿根据录音整理，初刊台湾政治大学中文系所编的小册子《2006年王梦鸥教授学术讲座演讲集》，2007年版。

批评与创作的同构关系：兼谈新世纪
文学的危机与挑战

同学们好：

长期以来，《当代作家评论》一直在全国高校组织文学讲座，很有影响。比如林建法先生曾经与苏州大学联合举办"小说家论坛"，请来一流的当代小说家，他们谈的是小说；后来他与南京大学联合举办诗人的系列讲座，请的都是有名的诗人，讲的是诗歌；现在林建法先生与杭师大联合举办"批评家讲坛"，按理说就应该谈谈批评。批评家谈批评是有一点困难的，小说家可以只谈自己的小说，诗人可以只谈自己的诗，可批评家如果也谈自己如何批评别人，就没有意思了。但是，因为涉及到这样一个规定性，我想我还是努力地把这个话题拉回来，拉到批评自身。我想先从自己的批评经验出发，谈谈文学批评与文学创作的同构关系，再讨论批评如何推动新世纪的文学创作。

"新世纪文学"这个题目，从 2005 年开始已经在一些刊物上出现，到现在已经有五六年时间了，去年，也就是 2010 年的时候，因为是"新世纪文学"十周年，学术界对"新世纪文学"的研究和评说就多了起来。在这个热闹过程中，大家主要关注的是文学，不是文学批评，今天呢我想反过来，从"新世纪文学"发展到今天，回过来看我们批评本身存在什么问题，即在这个"新世纪文学"十年当中，我们批评家有没有积极地参与？我们的问题在哪里？我想这样一个题目可能与在座各位都是有关系的，因为你们都是现当代文学专业的研究生，都要从事当代文学的研究与批评。

"文学批评"专业在文学领域究竟占什么位置？对这样一个问题，有不同的理解。高校中文系研究现当代文学的都是学者，我们往往把文学研究、文学批评看得比较重要。但在社会上，或者说在文学创作领域，批评其实是处在一个尴尬的位置。做当代文学批评的人可能都会有这种感觉。好像我们都会觉得批评是第二义的，对不对？创作是第一义的，很多作家都会骄傲地说，我从来不看批评的，我从来不看别人对我的评价，我照样可以写出好作品。这都是在公开场合的议论。那么，批评到底是不是依附于创作的派生物？是因为有了创作才有批评的存在？这是我们每一个同学——如果我们从事现当代文学研究的话，都会遇到的问题。

但是从另一方面看，我们国家有一段历史，大概是从1949年以后，批评被抬到一个非常高的地位。在那个年代，文学创作基本上是为了体现执政党的统治意志，基本上就是政治意识形态的工具。而意识形态与文学创作之间的领导与被领导的关系，是靠文艺批评来调节和体现的。那个时候的文学批评有至高无上的权威性。当时主要的批评家，都是管理文艺工作的官员，要么是作协的领导，要么是文化部、中宣部的什么"长"，最高职务是做到了中宣部的副部长，最低职务就是各类作协刊物的主编、副主编。从 1949 年以后到 1980 年代，我们文坛上的批评家，主要都是由这批官员构成的，批评家也是文艺界的领导人物，像周扬、冯雪峰、茅盾等人，一直到李希凡、姚文元啊等等"棍子"，他们拥有文艺界的权力，对文学作品有生杀大权。他们可以判断一部作品可不可以出版，即使出版了，他们还有权力来判断是香花还是毒草。如果他们说这是好作品，那这个作家就在文坛上站住脚了，如冯雪峰评论《保卫延安》，杜鹏程就站住脚了；茹志鹃的《百合花》一度被批评，茅盾出来讲话，赞扬这个作品，茹志鹃就站住脚了。这不全是因为冯雪峰、茅盾都是批评家的缘故，而是他们都是当时文艺界的领导，有一定的权威性。如果批评家说这是个坏作品呢？那作家就可能家破人亡，可能一辈子别想翻身了。作家萧也牧，本来是革命队伍中的一个作家，可是他写了一篇小说《我们夫妇之间》。小说写的是解放军进城以后，知识分子出身的干部与工农出身的干部之间的矛盾。知识分子比较小资嘛，但工农出身的干部，大多文化水平不高，小说描写一对夫妇之间的冲突，这个问题在当时是很普遍的，可是因为他写了这个小说，被批评为宣扬小资产阶级情调，批评为美化知识分子、丑化工农干部。结果萧也牧从此潦倒下去，作家也当不成，在出版社当编辑，最后编辑也当不成，"文化大革命"中被迫害致死。这就是说，当时一篇批评实际上可以决定一个作家的政治生命，决定一个作家的人生道路。这个时候的批评就变得至高无上，这就非常可怕了。

今天就不一样了。现在的文学批评家，大多都不是官员，官员一般是不写作的。1990 年代以后，批评形式就变了。现在的主要批评家都活跃在高校里，都是当老师的。我们通常喜欢说"学院派"，其实真正的"学院派"在中国是没有的。"学院派"一般不会在报刊杂志上写文学批评，但我们现在是由学院里的教师来履行文学批评的职责。这样一个学术队伍基本构成的转移，使批评家失去了在文艺界负有指导地位的理由。就是说，你是一个教授，你只能管管自己的博士生，你无法指导作家，谁来理你啊？没人理你。所以现在文学批评已经没有以前的那样至高无上的权威地位。我们心里可能还是会有这样一种想法，比如说，批评家，现在就是当代文学专业的博士、硕士生，可能会觉得自己比作家高一等啊，我就是为指导作家或者纠正作家而从事批评的啊，批评就是要发出恶声啊。但是多半作家是不认这个账的，多半作家不会认为批评家有资格指导他。作家从生活出发来写作，为什么一定要由另外一种教书职业的人根据一些理论教条来指导怎么写才是好作品呢？没这个道理啊。所以，批评家与作家的关系，文学批评与文学创作的关系，一旦摆脱了以前意识形态权威的领导和制约，就很难处理好。

关于这个问题，我想谈谈我自己的一些想法。当然从我的经验出发，不一定适用于大家。我自己从事文学批评三十多年了，其实还不止，在 1970 年代中期，我加入一个区图书馆的书评小组，那时每个图书馆都有工人书评小组，就是组织一批工人或者学生，来讨论文学作品和写书评，也就是最基层的文学评论小组。我当时不是工人，只是一个街道图书馆的工作人员，去参与区图书馆的书评工作。那个书评队伍当时很有名，很多成员后来都成为有名的媒体人，但后来真正当评论家的很少。这样一个经历对我来说有很深的影响，那时因为是"文革"后期，我们学习的是以群主编的《文学的基本原理》，以群也是上海作家协会的一个官员，但那时他已经在"文革"中自杀了。我们接受的文学批评观，就是要更好地领会、执行执政党的意志、政策、方针，然后来指导和批评文学创作，用我们对马克思主义文艺理论的理解来衡量文学创作，如果认为一个作品写得不符合当时的主流意识形态的要求，就要批评。可是我们谁也没有问过这样一个问题：你凭什么就比作家高一等？作家也是同时代的人，他同样可以通过学习马克思主义，用政策方针和意识形态来指导写作，为什么还需要另外一拨人来批评、监督创作呢？这个道理很难让人想明白，但如果把文学批评理解为当时的一种意识形态的权力，它的意义价值本身就是体现在对文学创作的指导和管理之中，那就迎刃而解了。所以那个时代写文学批评的人一定会卷到政治斗争中去，或者慢慢往上爬，成为一个"领导"。20世纪五六十年代的姚文元、李希凡就是这种人。即使在今天，如果我们对批评的政治本质没有警惕的话，也可能会慢慢地卷到官场，或者说，挤到权力阶层里去。

但这样的情况随着"文革"结束，毕竟在慢慢地改变。当我们回顾这段历史的时候，就要问，今天的文学批评与政治权威脱离了关系以后，文学批评的位置在哪里？可能我们每个同学都会有这样的问题。文学批评与文学创作，究竟是怎样一种关系？我在1985年就在思考这个问题，那时我刚三十岁出头一点，还没有什么经验。当时，林建法先生现在主编的《当代作家评论》刚刚创刊，主编是陈言先生，有一位编辑顾卓宇先生来约稿，组织我们写文章，题目是"我与批评"，谈谈自己的批评观是什么。我很坦然地说了一个想法，到现在我还坚持这个想法，那就是：批评与创作就像一条道路两边的树，这条路是大家共同拥有的，被两边的树覆盖的，但创作是一个系列，批评是一个系列，它们是这条路两旁的树。意思就是说，创作管创作，创作在一边，它自己会发展，与批评是没关系的，不会因为有了批评这个树就生长起来了，没有批评这个树就不长了，树本来就会长大的，需要它自身的生长环境。那么批评呢？它也是独立的，批评也不依赖文学创作，没有创作，它会用其他方式来展开批评的，对不对？批评家和作家都是面对了当下的实际生存环境，都是当代社会生活的参与者。但在这个参与过程中，作家有一种形象思维的能力，他是通过艺术形象和叙事形态，完成他对这种生活环境的思考和表达，并且用形象来解释社会生活。而批评呢，作为一个批评家，他依靠的不是形象思维，他不是用形象作为思维形态的，但他也不完全是理论形态的思维，而是介于形象与理论之间，又不能完全脱离艺术形象（或者说审美活动）。批评是一种理论思维，理论思维如果离开了文学形象也是可以进行的，可以造就一个理论家，造就一个思想家，但不是文学批评。文学批评家的思维形态似乎介于形象与理论之间，我们做个文学批评工作者，是借助了文学艺术的形象来解释生活。一个批评家批评某个作品，当然不是把作家已经写出来的东西重述一遍，而是借助作家创造的文学形象，来表达批评家自己对生活的看法。批评就是阐述生活本身。批评一个作品"好"在哪里"不好"在哪里，"深刻"还是"不深刻"，参照的依据仍然是生活本身。我们过去常常说，作家创作离不开社会生活。作家首先要在生活当中发现一些故事，他才会借助故事进行文学创作，这是一个从形象（生活）到形象（艺术）的过程；而文学批评是借助已被创作出来的形象，批评家在这个形象的内涵中看到了很多生活元素，也许是作家还没有全部意识到的，批评家不是直接对生活进行批评，而是拿创作形象来说事，他要判断和阐释，这个形象符合不符合他他心目中——批评家心目中的生活。批评家归根结底要表达什么？不是作品写得好不好，而是他对生活的全部理解。如果我们作为一个批评家，不参与到当下生活的激流中去，对当下复杂的生活现象没有大是大非的观念，没有大爱大憎的感情，那这个批评家也做不好，不管从哪国搬来多少理论多少知识，都是没有用的。

我说这个话是什么意思呢？就是在文学与生活的关系中，作为一个批评家，他不是"第二义"的。批评家与作家一样，是站在生活的最前沿。我们首先关心的是当下的生活，即我们的生存环境。我们是要对当下的生活环境发表意见。当然发表意见有各种各样的形态，那么，批评家，他有他的专业，有他的范围，有他的岗位，他的专业就是借助文学创作来表达他对当下生活的关心。批评家对当下生活的关心，包括了他对作家、文学、创作、审美等一系列的关心和理解，这些方面都结合在批评里面，形成他的批评文字。我有时候读文学批评，就有一种感觉，批评当然有好的批评，有不好的批评。好的批评和不好的批评，差别当然有很多种，但我觉得最根本的差别在于，批评家对他所面对的生活本身有没有深切的感受。我认为这是一个区分好批评家和不好的批评家的根本区别。如果一个批评家，包括我们在座的同学，将来也会成为一个文学研究者，如果我们谈论一个作品的时候，对生活一点感情也没有，非常冷漠地，就事论事地，谈论作家创作的故事，我觉得这样来进行批评的话，这个批评是没法写的。我这样说可能狭隘了一些，其实我所要表述的"当下生活"，并非是纯粹客观的社会生活。一个艺术家关照下的生活，本身就是含有强烈主体性的。我说的生活本身，同时还包含了主体的自我、理念、思想感情、身体的反应等等，这样对生活的理解可能会广一些。

刚才我说，文学批评与文学创作仿佛是一条道路两边的树，树与树之间有关系吗？有关系的。这个关系在哪里？就好像我们看到两棵树，树与树的枝叶会碰起来，互相会影响，道路两边的树会有一种相互感应的关系。特别是作为一个作家来说，他一定会关心批评的，他一定会关心批评里有什么看法，批评如何解释他描写的生活和表达的内容，这种对生活的解说对他来说是否有价值，他就会把其中新鲜的看法吸收到他的创作里去。反过来，创作对批评也是这样，影响就更大，就是说，当我要借助文学批评来讨论问题的时候，我一定是选择某些作家的创作。作家的创作实践可能就是我的批评的资源。我自己就有这样的体会。最近我编了一本自己的三十年批评文集，从 1980 年代到现在，我有了一个机会把以前写的批评文章都看了一遍，我就发现了一个自己以前没有注意到的现象：我现在喜欢的一些当代作家的作品，其实在三十年前就不知不觉地开始喜欢了。我在 1980 年代曾经非常随意地选择作品进行批评，一直到现在我还在关注这些作家，比如王安忆、张炜、阎连科、张承志、莫言、赵本夫、余华等，后来还有贾平凹、严歌苓、林白等，我在 1980 年代或者 1990 年代初就开始关注他们的作品，最早讨论他们的作品可能是在 1980 年代后期。1985 年前后，我在复旦大学开设当代文学作品讨论课，集中讨论的作家有王安忆、张承志、阿城、莫言等，当时都是刚刚发表作品的青年作家。三十年来，我讨论的这些作家与我同步在慢慢发展，就像道路两旁的树，你看着我，我看着你，慢慢地成长。我们共同面对同一个时代，几乎像朋友一样，一起相处了二三十年。他们出版的所有书，我基本上都会阅读。有些作家与我见面机会很少，也没有委托我让我读他的每一本书，我也可以喜欢或者不喜欢具体哪一部作品，我与作家们并没有结成圈子，如果不喜欢的作品，也可以写点批评的意见，如果喜欢，就谈谈自己的感想，冥冥之中好像有这么一种关系，若即若离的缘分。比如赵本夫，赵本夫最早发表小说的时候，我还在读大学，喜欢他的小说，就写了他的评论。当时赵本夫写那些落后农民啊，寡妇再嫁啊，我就在他的小说里感受到一种与概念化的农民不一样的民间元素，我很喜欢这样的一种形象，写了篇文章在《文汇报》上发表。后来北京的《中国青年报》刊登一篇文章批评我，说赵本夫的小说是丑化了农民，不应该美化。文章是批评我的，但我没有受到任何影响，却苦了赵本夫，当时他在徐州的一家文化馆工作，他们领导发现北京报刊有人批评赵本夫，就不得了了，开始批判赵本夫了。赵本夫后来跟我说：你害了我，本来我没事的，被你这么一写，我连牙膏牙刷都准备了，准备他们把我抓进去。那个时候文坛上的权威批评还是会造成政治迫害的。但后来赵本夫的《卖驴》得了全国优秀短篇小说奖，那件事就混过去了。赵本夫本人我是很多年以后才认识的，但他出版的小说我都会看，没人送给我，赵本夫也不送给我，但我自己很喜欢。我写赵本夫的一些评论，差不多都在 1980 年代末 1990 年代初。我在 1990 年代阐述"民间文化形态"理论，讨论作家的民间立场和民间审美，后来才发现，我最早关于"民间"理论的雏形，就是在评论赵本夫的文章里。我在赵本夫的创作中发现一种新的元素，当时还不叫"民间"，叫"准文化"什么的，反正我就用了各种词来形容赵本夫的创作，后来才形成了比较成熟的观念，就是我在 1990 年代提出的关于"民间"的思想。我觉得我与赵本夫就是一种缘分，就好像人生中有这么一种缘分。这样的例子有很多，像阎连科，在他刚开始写小说的时候，写鬼故事的时候，我就评论他的作品，后来我去香港大学参加国际研讨会，提交一篇关于文学创作中恶魔性因素的论文，就以阎连科的小说为例子。还有叶兆言，那个时候他的小说我也差不多每一部都看，会做些分析。对我来说，作家与批评家之间就是有一种缘分，时间一长，二三十年就过去了，回过头来看就有意思了。张炜，我从他最早的《古船》开始写评论，后来又写《九月寓言》《家族》《刺猬歌》等等的评论，这一路上我都会关注这个远在山东的作家；莫言，我最早是写他的《透明的红萝卜》的评论，《红高粱》的评论，从那时候开始写起，现在我还在关注莫言；王安忆，王安忆最早写《69 届初中生》的时候我就开始跟着她写评论。很多作家与批评家是很有缘分的，我问自己这是为什么？这中间没有人与我事先约定，没有人要我必须去关注某种东西，也没有人提出与我交朋友，要我以后专门承包他的小说评论，没有人这么说。但是为什么会这样？这是因为有相近的审美兴趣，或者说是一种趣味相投。就是说，这一类作家，能够符合我的审美理想，我从阅读他们的作品当中，会产生出很多思想来。这就好比一棵树，根是我的根，但是会慢慢生出很多树枝，树枝上会慢慢生出一颗颗果子，这颗果子是来自阅读王安忆的作品，那颗果子是来自阅读韩少功的作品，那颗果子是来自阅读张炜的作品，这样慢慢、慢慢生出来，最后就变成一棵大树。

我们是专业的文学批评工作者，那是与一般读者不一样的。像我这样几十年从事文学批评的人，我感觉这就是一种宿命，我会把我一生的精力固定在几个作家身上，我会很认真地去跟踪，可能十年、二十年、三十年。在座的各位可能多是二十多岁的青年人，也许你们到五十岁还在做文学批评，那时你们就会知道你们与哪些作家有缘分，缘分是哪里来的。我不会喜欢所有的作家，这是可以肯定的。有很多很优秀的作家，我就不举例，我很想分析他们的作品，但我就是写不出来，我读了他们的小说以后还是把握不住什么感受，或者说他们的经验与我的经验几乎没有共鸣，那我只好不写，或者写了一两篇也很失败，我只好罢手了。

那么，这样一个缘分是从哪里来的？我带着这个问题去看文学史，我觉得批评家与作家之间的同构关系，是由"五四"新文学传统形成的。古代文学不存在这个问题，我理解这是由现代文学的特殊性造成的。中国"五四"新文学实际上是一个先锋运动，它不是在所谓常态中发展起来的文学。什么叫"常态"？常态发展的文学形态就是说，文学随着生活的发展，自然而然会发展起来。生活变了，文学也发生了变化，意识形态也在变化，这样一个慢慢变化的过程，是一种常态。但现代文学不是这样产生的，我把它归为先锋文学。什么叫"先锋"？它是发生在生活发展的前面。因为中国是后发国家，当中国认识世界的时候，中国比西方列强诸国落后一大截，人家比我们强大得多，文明得多。中国的现代化在某种意义上是一种人为的激进行为，一批批出国留学的青年人，怀着向西方寻求救国真理的心情出国去了，考察去了，考察完了发现西方人是怎么做的，我们今天也这么做。于是把西方的那一套现代化经验拿来进行推广普及。这样一个运动，我们称它为启蒙运动，新文学就承担了启蒙的功能。启蒙运动的文学很显然是一种观念先行的产物。这个文学运动自然而然是与先进的政治运动、先进的思想观念紧紧地联系在一起。我们读现当代文学，一直到1980年代都是这样，尤其是"五四"时期，当新文学运动产生的时候，它本身是有了一个启蒙的、新潮的、前沿的立场观念，作家自觉或者不自觉地都用先进（新）的观念来指导文学创作。这个先进（新）的观念是从西方来的，在这种情况下，文学理论、文学批评就变得特别重要。批评与创作的同构共生现象就是从那个传统开始的。

在"五四"新文学运动初期，最重要的两篇文章，一是鲁迅的《狂人日记》，一是鲁迅的弟弟周作人的《人的文学》，一篇是白话小说，一篇是新文学批评。我觉得那时的创作与批评是平衡的。周作人提出"人的文学"，是从西方文艺复兴以来的人道主义精神传统中拿过来的，提倡的就是后来钱谷融先生说的"文学是人学",强调文学是表现人和人性的。但是鲁迅的小说呢,其实鲁迅看问题要比周作人深刻得多。周作人所鼓吹的,就是社会上流行的人道主义啊,个性主义啊,等等,周作人把这个思想拿过来,用到文艺理论中去,就写了一篇《人的文学》。这篇文章的主要观点,就是认为人性是美好的,一切有利于人性的文学都要提倡,一切不利于人性的都是"非人的文学",要反对,因为只有人才是至高无上的。可鲁迅写《狂人日记》的时候,已经提出了一个比周作人尖锐得多的思想,就是说人是由动物进化来的,人不是像你们说的那么美好,人是有吃人的基因,不是某种人会吃人,而是所有的人都要吃人,连狂人自己也曾经在无意中吃过,鲁迅思考问题要比周作人深刻得多。可是鲁迅的这个思想是到今天才被意识到其深刻性的。我们今天考察《狂人日记》,用尼采的现代意识去解读文本,用弗洛伊德的理论去解读,才发现鲁迅有这么个思想。可是在"五四"的时候,鲁迅在《狂人日记》表现的"人要吃人"这个思想,就被遮蔽掉了。当年,鲁迅的一个朋友,也是"五四"时期很重要的一个人物,吴虞,写了一篇文章叫《吃人与礼教》。什么意思呢?吴虞根据《狂人日记》里的一段话,从"仁义道德"和"吃人"的对照中,提出了一个观点,认为鲁迅批判的是礼教吃人,仁义道德是来自封建礼教嘛,小说的主题就是揭露了中国两千年来封建礼教吃人的事实。你们发现我这个说法有差别吧?当你说封建礼教吃人的时候,人本身是无辜的,人是没有责任的,对不对?就像"文革"结束以后,大家把"文革"中的所有罪恶都说成是"四人帮"造成的,"四人帮"其实也不是四个人,是一个专制制度,罪恶是"文

113

革"制度造成的，具体人的责任都卸掉了，许多人在"文革"中做的坏事，都不存在了，因为他们都是被"四人帮"这个制度裹挟、上当、受骗了，他们只不过是响应领导的号召啊。这种解释就把具体的人从这个责任事故中开脱出来。可是鲁迅的《狂人日记》明明就说，"我"也吃过人，"你"也吃过人，大家都吃过人，谁也别想开脱。没有吃过人的孩子或许还有，所以要救救孩子，不许他们再去吃人，《狂人日记》的最后那个话就是这个意思。鲁迅在《狂人日记》里体现的思想要比当时"人的文学"深刻得多，对人的反省也深刻得多。可是当时"人的文学"主导的文学批评观念，很快就把《狂人日记》里深刻的东西遮蔽掉了，然后就变成了大家都能够接受的"礼教吃人"。"礼教吃人"到今天我们也能够接受，反正"我"又不是礼教，"我"就没有责任。后来就影响到很多反封建的小说，比如巴金。巴金写《激流三部曲》，就说，我攻击的不是个人，而是人格化的制度。巴金写《家》，都是封建礼教把小说里的人一个个吃掉了，几个女性都死了，但这个悲剧里面没有一个人是承担责任的，个人没有责任。人被开脱出来，本质上是符合"人的文学"的标准，就是说人是至高无上的，人是完美的，人不承担责任。

我举这个例子，就是想说，文学批评与文学创作是同时在社会上发生作用的，而文学批评的观念，会直接影响社会上对文学创作的一般理解，同时也是对社会生活的理解。如果文学创作的思想高于文学批评，这些高出来的思想很可能会被遮蔽掉；但反过来，如果文学批评非常高明，非常深刻，它也是可以提升文学创作的，文学创作的内涵就会变得丰富。著名的例子是俄罗斯的革命民主主义批评家别、车、杜对俄罗斯文坛的影响。像杜勃罗留波夫，二十六岁就患肺病死了，他写的批评文章洋洋洒洒，作家写一本小说十几万字，他的批评差不多也是几万字。他分析作家的创作，分析出来的意义远远比作家自身的认识深刻，把作家吓住了。屠格涅夫当时写了个小说叫《前夜》，写一个保加利亚革命者与一个俄罗斯贵族女子的恋爱故事。可是杜勃罗留波夫写了篇文章，质问俄罗斯的"真正的白天什么时候到来"，他把一个恋爱故事阐述成了俄罗斯革命的前奏。这篇文章非常有名，但屠格涅夫不承认自己有这些思想，不仅为此与杜勃罗留波夫、而且与发表杜勃罗留波夫的那篇文章的杂志社断绝了关系。可这些思想还是通过杜勃罗留波夫的声音传出去了，这个意义就被传出去了。由此就可以看到，当文学批评有很高的境界时，它可以提升和丰富文学创作，而且可以使文学创作成为一个时代的里程碑似的标志。杜勃罗留波夫也好，别林斯基、车尔尼雪夫斯基也好，他们都是站在时代生活的最前沿的人。批评家不仅仅研究文学，他更研究当下社会生活，他是对生活提出自己的思想。文学是他拿来论述的一个工具，一个中介。那么，这样的批评是不是都对？也未必。批评家的有些批评很可能确实不是作家所要表达的，我们现在叫过度阐述，但还是可以看到批评与创作之间有着非常精彩的同构关系。回到"五四"新文学运动，"五四"新文学运动中创作与批评一直是并驾齐驱发展的。新文学初期所有的文学社团都有一个承担批评的角色，《新青年》阵营里有周作人、文学研究会里有茅盾、创造社里有成仿吾、新月派里有梁实秋等等。批评家的作用是什么呢？就是把自己这个群体所追求的文学创作的理想、美学观念或者文学理念，用理论的话语说出来，把自己的团体与其他团体区别开来。像创造社，它一成立就开始骂文学研究会，为什么？它要把自己和别人区别开来。那这个工作谁来做？批评家。所以，一代作家就有一代批评家，一个层面、一个流派的作家，都会有属于自己的批评家。1930年代，左翼文艺运动兴起，同时也出现了所谓"京派""海派"文学，于是就出现了新的批评家。左翼文学批评就出现瞿秋白、冯雪峰和胡风，那个"海派"啦，"第三种人"就出现了胡秋源、苏汶，"京派"就出现了朱光潜、李长之、李健吾等等。抗战以后，又出来一波，比如，在延安的批评家就是周扬、陈荒煤等等，他们根据毛泽东的文艺思想推举出赵树理；而在国统区，胡风是理论家，他的理论影响了一批作家，形成了"七月派"；在西南联大为中心的现代诗人群体中，就出现了唐湜。一个独特的文艺群体就有独特的批评声音，这就影响了一代文风。繁荣的创作与繁荣的批评是多元共生的。每一个文学社团都会有自己的批评家，这样一个现象我们过去很少去关注。我们的文学史多半只讲作家和诗人，不大讲批评家，但如果从文学社团的角度来看，每个社团会很自觉地搭配起来，既有创作又有批评，既有小说又有诗歌，而且搭配得很好。没有人有意去分配，也不是按指标来划分，它是自然而然形成的。一直到1949年以后，因为批评变成了权力，批评家成了官员，那是另外一种批评的异化，我们就不讨论了。

我在上面对文学批评与文学创作的同构关系作了简单的回顾，目的是想讨论我们当下的文学批评。新世纪文学是从

1990 年代文学自然发展而来，没有什么风云突变的事件，也没有出现有影响的文学运动。我把这种文化形态称为"无名"，它就是常态的文学发展。这种形态有它的好处，稳定、自然、轻松、多元，文学不承担过多的社会责任，多元的格局就慢慢形成了，如流行文学、网络文学，甚至手机文学、微博文学，等等，随着现代社会生活的发展变化，都慢慢地出现，这不需要谁去提倡，谁去反对，都是自然而然形成的。我们也不能简单地说，这样的文学状态就失去了战斗性和批判性，真正的人文精神的体现，仍然可以在多元文化格局中找到。尤其是，在这样一个举世滔滔的社会环境中，我们的主流文学，也就是从 1980 年代开始写作的一批作家群体，经过了三十年的文学实践和知识分子立场的坚守，在新世纪几乎是创造了文学领域的一派高峰。在贾平凹、王安忆、韩少功、莫言、阎连科、余华、张炜、方方、林白等人的小说中，都能看到他们这批作家坚持了 1980 年代以来的批判精神，而且他们深刻了解当下中国的所谓"国情"，他们的批判越来越具有文学性。他们几乎都是从 1980 年代的寻根文学起步，经过了 1990 年代的民间文化形态的洗礼，新世纪以后形成了成熟的个人风格。整整三十年过去了。如果说，1980 年代他们还处在不成熟的状况，那么今天他们通过艺术形象批判社会现实，达到了很高的思想艺术水平。就像贾平凹，贾平凹个性比较内向低调，1980 年代的创作基本上是歌颂农村的改革开放政策，他的长处是对商州地区的人情风土有非常深厚的感情，写商州风情的文字非常美。1990 年代他的文风明显转变了。在 1989 年以后他感到没有出路，绝望了，颓废了，于是出现了《废都》。本来贾平凹是个"歌德派"，现在他开始要表达自己那种失望、绝望的经验了。这个转变在贾平凹的创作中起到了重要作用。然后到今天，新世纪十年，贾平凹的创作似乎进入了井喷期，一部小说接着一部小说，《秦腔》《高兴》，最近的《古炉》，等等，一部比一部有力，一部比一部深刻，你读上去平平淡淡，他写的就是一些村姑、村妇、老人、闲汉什么的，好像就是日常生活，可是在这些日常生活当中你能非常清楚地看到中国农村严峻的现实。《秦腔》里有一个细节，我印象非常深刻，小说开始写镇上都是劳动力，夏天智老头坐在一张大椅子上，两个晚辈抬着他，八面威风啊，可是等他死的时候，抬棺材的年轻人都没有了，几个中年人抬不动，半道上要爬坡，大家抬不上去了。这个细节我们可以从各种角度来理解，这个"棺材"是什么？是什么人去抬都抬不上去了？简单说就是农村里没有青壮劳动力了，农民都进城了，农村荒芜了。这种批判完全是艺术的批判，是一个艺术家的批判。再看莫言，再看王安忆，再看林白，都在慢慢地变化。你们看，主流作家在这十年里，几乎都写了"文革"题材的长篇小说，如余华的《兄弟》、王安忆的《启蒙时代》、林白的《致一九七五》、贾平四的《古炉》，阎连科、张炜就更不用说了，莫言写的《生死疲劳》《蛙》都与"文革"有关。每个优秀作家都没有放过"文革"题材。这是什么原因？难道他们的创作不受审查吗？不是。他们都懂得叙事策略，懂得艺术技巧，懂得如何用文学的手段来表现"文革"，不再是像以前那样，一写"文革"就是"伤痕文学"。因此，从我自己的阅读经验来说，新世纪的文学创作是相当成熟、相当辉煌的。

但是，这里就出现了另外一个问题：那么今天的文学有没有存在着危机呢？当然是有危机的。问题在哪里？就是我说过的"中年危机"。我在 2009 年以后一直在研究当代，也就是这十年的文学，我在关注，关注的过程中我一直在思考：这十年里我们的文学到底出了什么问题？我提出了一个"中年危机"的看法，这个问题其实是明摆着的，由于我们这一代作家的风格太成熟了，他们的风格就慢慢地成为主流文学的话语，影响和引导文学风气的趣味和走向。很多年轻人眼着他们走，但也不可能超过他们，因为他们太成熟了。但如果你想跳出这个影响，想作为他们的对立面展示出一种新的风格追求，我们批评的视野就会出现局限。这个问题其实在 1990 年代就已经出现。我举一个例子：1990 年代初，以南京为中心出现了韩东、朱文等新生代作家，还有鲁羊、毕飞宇、吴晨骏等等，这批作家当时急于表达自己，他们确实是很优秀啊。当时朱文的小说引起了很多争论，《我爱美元》《尖锐之秋》《食指》等等，这些小说真是不错，我当时读了都很震动。他用了另外一种方法表达对社会的批判，又是与知青一代作家完全不一样的表达方式，展示了他们独特的美学趣味。这个趣味你可以接受也可以不接受，但是，确实显示了他们的才华和发展前景，只要有才华就应该让他们自由发展嘛，可是新生代作家在当时就受到很多批评，都是当时知识分子主流的话语，批评他们太"个人化"，意思就是说这些作家太个人化、太私人化，都是"私人写作"，甚至是"私小说"。这个批评后来慢慢就变成主流话语，男作家受到批评最多的是朱文，女作家受到批评最多的是林白，他们都成了"私人写作"的代表。所谓"私人写作""私小说"

慢慢就变成反面词了，变成了一个意义暧昧的词。这样一步步下去，韩东、朱文他们这个团体被逼得偏激了，走了偏锋，他们就提出了所谓的"断裂"宣言。我觉得"断裂"是迟早要提出来的，但他们太过急地提出来了。他们的说法很尖锐，骂鲁迅，骂巴金，骂《收获》，骂中国作协，等等，持一种很尖锐的态度，结果遭到了整个文坛一片讨伐声。但是应该看到，这批年轻人在提出"断裂"、否定传统的时候，他们表达了一种"五四"以来最宝贵的先锋姿态。可是这个先锋姿态被压制了、被抹杀了，这批作家后来都渐渐退出了先锋创作。现在能够从这个圈子跳出来的就是毕飞宇，很多作家的创作影响就慢慢地小了。朱文后来搞电影去了，只有韩东还在写小说，虽然非常好，但关注的人也不多。还有一个类似的情况，就是所谓的上海"美女作家"，卫慧、棉棉这一代作家，好像是70后，其实无论从哪个角度看，卫慧、棉棉在当时都是很有前途的青年作家。卫慧有点俗。可是她们还是把她们这一代所面对的深层次的痛苦，那种失去家庭欢乐、失去父母的爱的痛苦写出来了，她们小说里写的几乎都是单亲家庭，写的都是渴望财富而不得的梦想，他们的父母那一代在改革开放初期的财富原始积累过程中的很多罪恶在子女身上得到了报应。可是，一方面媒体炒作什么"美女作家"啊，一方面是官方发文件说不健康啊。后来不仅卫慧、棉棉写的东西产生不了影响，与她们一起的许多有才华的作家也都慢慢沉寂下去。她们这一批里跳出来的一个是魏微，其他人好像就引不起社会的关注了。从文学发展的角度来说，大浪淘沙也是正常的。可是从文化的多元性看，无名时代多元共生的文化生态还是受到了破坏。这种破坏就导致我们今天文坛上主流文学相对比较单一的声音，我们的主流作家的风格就是我们今天的风格。当然这批主流作家本身也受到了伤害，我待会儿还要讲到。因为太单一，这批主流作家自身的突破也碰到问题了。

回过来说我们当代的文学批评。我这一代的批评家也都是1980年代成长起来的，与知青作家差不多的经历。我们把1980年代逐渐形成的、向"五四"新文学传统靠拢的一种批评规范，变成了我们的批评标准。当我们拿这种标准来衡量今天的文学的时候，对不起，我看到了像贾平凹、莫言这样的写农村的作家，我就看不到莫言之后有哪些超过他的作家。超不过，对不对？我在2003年主编《上海文学》的时候，曾经努力朝大西北开拓文学资源，我自己去跑，跑到宁夏、跑到甘肃、跑到青海，一个地方一个地方地跑，希望把西北作家的作品拿到《上海文学》发表，我也看上了一批作家。可是你再怎么宣传这些作家，你能说他们超过了贾平凹的影响吗？还是超不过的。比如，宁夏的回族作家石舒清，一个非常优秀的作家，短篇小说写得非常漂亮，还获过鲁迅文学奖；还有甘肃作家杨显惠，我在《上海文学》上连载过他的《定西孤儿院纪事》，真是写得惊心动魄。可是能引起大家普遍关注吗？就是很困难！他们不在我们大多数批评家的关注视野之内。因为你从艺术标准、艺术风格的角度来批评，杨显惠肯定比不过贾平凹、莫言他们。所以当我们批评家的趣味变得狭隘以后，我们就发现不了这些作家。我们的社会文化、我们的文学状况会越来越单调，在一批优秀作家的成熟风格之后就出现了"代际断层"。这就是我前面说过的"中年危机"。

我有一个博士生，研究当代文学，博士论文选择了一个奇怪的题目，叫做：《从"弑父"到"无后"》。她提出一个观点：新世纪文学出现了"无后"现象，就是没有后代。她仔细观察新世纪十年的重要小说，发现一个奇怪的现象，就是在我们最重要的作家的小说里面，写到后代的时候几乎都是缺席的，或者是绝望的。莫言写《生死疲劳》，最后生出来的是一个怪胎，《蛙》里面写小孩最后都是青蛙，贾平凹写《秦腔》，女主人公白雪生出一个没肛门的孩子，都是怪胎，要么就是死掉了，或者像余华的《兄弟》那样，男人都自动结扎了。还有《风和日丽》啊，她举了很多很多例子，包括王安忆的很多小说。王安忆的小说没有一部写小孩健康成长的。我的学生讨论说，为什么这些最重要的小说叙事里，作家们对下一代似乎都绝望，这种无意识是从哪里来的？如果是某个作家这样写，没有什么好奇怪的。但你看，莫言在1980年代写《透明的红萝卜》，写那个黑孩，多么生动的形象！可是现在他写的小说，就写怪胎了。我觉得这个同学是有眼光的。当然"无后"这个提法对不对，我不知道，但是她敢提出来。在博士论文开题报告时，也有导师质疑她：这个题目不规范啊，这个说法没有依据啊，你举了这几个例子能代表所有吗？但我还是鼓励她坚持研究下去。为什么？因为这个问题没人提过，她提出来，我觉得她就应该把她发现的创作现象深入研究下去，并且概括描述出来。反过来我与她讨论了相反的例子：韩寒最近写的那部小说《1988》，他最后就写了一个风尘女孩生了孩子，那么可爱，是个私生子，女孩最后把这个孩子作为礼物送到了小说第一人称的"我"手里，"我"就把孩子接受了。这个形象根本不是差耻，也不是被抛弃，而是充满希望的。为什么韩寒就能看到希望，我们这些老作家却看不到希望？实际上这是一个代际断层的问题。就是说，我们这一代优秀作家看不到下面有比他更优秀的作家。

某种意义上说，我们这一代批评家与主流作家已经形成了同构的关系。我们的标准也是他们的标准，换句话说，我们用王安忆的标准来讨论与王安忆相似的作品，用莫言的标准来讨论与莫言一类的作品。但问题是，当王安忆、莫言、张承志、韩少功这一代作家在1980年代整体崛起的时候，正好是遇到了一个文学充满创新意识、先锋意识的时代。当这批作家崛起的时候，一批同样年轻的批评家也在成长。如果当时批评家都用王蒙的标准、刘宾雁的标准、李国文的标准来衡量王安忆一代作家，他们也是会被遮蔽的。我记不清在1980年代的哪一次研讨会上，有位南京大学的教授，专门研究当代文学的，我当时还很年轻，对长辈也不太恭敬。那位教授在会上说，王安忆嘛，小说写得再多也比不过她妈妈的一篇小说啊，那位教授指的是茹志鹃的《百合花》。道理是一样的。我当时心里就很不服气，不以为然。我也很喜欢《百合花》，但我用我们新的一代的审美标准来看文学创作，我对于1950年代的文学总体上是不喜欢的，我更喜欢的是王安忆写的《小鲍庄》和雯雯的故事，喜欢莫言笔底下那些稀奇古怪的农村故事，也喜欢余华的先锋小说，等等。这也不是我个人的选择，而是当时时代的选择，大多数与我一代的批评家还是有相近的审美标准。我当时就很体会"五四"新文学初期的一句响亮的口号，一时代有一时代的文学，就是审美精神变化了，表达时代生活的方式和感受也会变化。

　　所以我要说，这个断层，我们批评家是有责任的。但是，你们这些研究现当代文学的研究生们更有责任。为什么这么说呢？你们都是现当代文学的研究生啊，都是硕士生、博士生，是靠这个专业吃饭的。可是为什么，当你们走上专业道路的时候，你们不把眼光放到自己的同代人身上？为什么不去关心你们这一代人的心声、你们这一代人的审美、你们的伙伴在干什么？你们肯定都能在网上读到无数新的作品，也熟知70后、80后、甚至90后的文学，对不对？有一次英国领事馆组织英国出版界的访问团在上海座谈，伦敦要举办下一届国际书展，出版界的代表想了解中国当代文学，来咨询当代中国有什么小说可以推荐到国外去。我就说王安忆啊、张炜啊、严歌苓啊、莫言啊……他们都知道，他们说这些作家早就被外国出版商包掉了，让我再介绍别的人，要他们不知道的，但又能够卖得动的作品。我就开始介绍刘慈欣和韩松，两个科幻作家的作品。那些外国出版商不知道，其实这两位作家大约也是60后生人，已经不年轻了，但是他们很活跃，那些领事馆的小青年都知道，他们就笑了。我介绍韩松的科幻小说《地铁》，写得很棒，哪里是什么通俗文学，它就是鲁迅的精神，鲁迅的《狂人日记》的精神体现在今天的小说里面了。可是为什么我们不去鼓励他们呢？而是让他们那么寂寞地创造？我说的时候后面一直有笑声。其实这些青年人都在读韩松、刘慈欣，他们也觉得写得好。我想你们也一定知道这些作家和这些作品，可是为什么这些作家就不能成为你们的博士论文的研究题目？不能成为你们的研究对象？你们为什么不用你们对生活的感受去把这一代人对生活的理解和所追求的美学境界挖掘出来，用你们的声音表达出来？

当你们学会了表达自己的时候，你们就可能成为新一代卓越的批评家。作为批评家，你们更应该关心你们这一代的人，或者属于你们这个群体的人。就像成仿吾评论郭沫若的作品会很好，但解释鲁迅就不行，不到位。李健吾是优秀的评论家，他评论"京派"作家的作品尤其好，可是评论巴金的作品就不行，连巴金也不同意他的批评。不是他的批评不行，而是每一个人都有自己的美学趣味上的局限。一个好的批评家不能拿到篮里就是菜，不能什么作品都能评论。他必须学会选择，选择与自己真正趣味相投的作家，作为自己的研究对象，同时也是通过研究作家来了解自己，挖掘自己，甚至是发现自己。所以我现在非常鼓励我的学生，你们一定要写你们喜欢的，如果你们在网上看小说，遇到你们真心喜欢的作品，你们就可以写，为什么不写呢？你们可能写得不成熟，你们喜欢的作家可能也不够成熟，但这没有关系。重要的是你们要有这种勇气，为你们这一代人说出你们的心里话。如果这样的话，那我能指望你们这一代人来弥合新世纪文学的代际断层。如果成功了，我们的文学就有希望。所以，我们的批评者、文学研究者实在是责任重大。现当代文学这个二级学科没有什么可以与古代文学学科相比，没有什么可以与外国文学学科相比，我们这个学科的基础不够，学问也不够，但是，现当代文学学科有一点是有绝对优势的、别的学科所不具备的，那就是我们面向的是未来。研究李白的人不需要去面向未来，他只要把李白弄清楚就可以了。可是学习研究现当代文学的学者必须面向未来，考察我们的文学未来会怎样发展，因为我们这个学科在时间上只有上限没有下限，整个现当代文学的传统就在我们这些人身上流淌过去，传到后代去。传到后代也就是把我们这一代人、我们的研究者、我们的作家的生命力量也带向未来。如果我们没有这种能力，我们还来研究当代文学干嘛呢？所以我们要有这种信心，要走到生活的第一线去，感受生活中独特的东西，学会表达自己。

这其实是个很简单的事情，一个很简单的道理。现在的新世纪文学是处在不正常的状态，批评有责任。有一年网络上韩寒与批评家白烨打笔仗，韩寒一吵吵，那么多粉丝都在拍砖头。粉丝就只能这样，但你们是专业的研究生，你们要站得高一些，不能学粉丝去瞎起哄。反过来说，你们能不能做比粉丝们高明一点的事情呢？你们有谁把韩寒拿过来作为一个时代的典型仔细研究？分析他到底哪些地方做得好，哪些地方做得不太好，把他当做一个客观存在的文化现象来研究？你们研究十个韩寒，研究十个张悦然，研究十个郑小琼……这样来做的话，我们这一代文学就在你们手里慢慢诞生了。经常听人抱怨说，现在的文学批评缺乏思想、缺乏权威、缺乏批评力量，我觉得都不对，归根结底是我们没有把一批新的声音培养起来，我们现在培养的研究生，就是自己声音的重复，只是鼓励你们去研究我们曾经研究过的东西。当然，这也是很好的，但我觉得很不够。因为，年轻人应该比我们掌握更多的知识，掌握更多的信息，要提供新的东西。这是我要讲的新世纪文学批评的危机与挑战。

谢谢大家！

2011 年 3 月 10 日应林建法兄的邀请，在杭州柳莺宾馆主讲由《当代作家评论》杂志社和杭州师范大学人文学院联合举办的"批评家讲坛"第三讲。主持人为王侃教授。演讲稿根据录音整理，初刊《当代作家评论》2012 年第 3 期。

学院·学院派·学院批评

今天，文学批评正处在一个承上启下的关键时期。我和南帆都是"文革"后恢复高考的第一届大学生，77级的，我今年已经六十岁了，连我的第一批学生，像郜元宝、张新颖、王宏图等等，都到了接近知天命之年。作家一批一批涌现出来的很多，像70后、80后、90后等，但文学批评则需要更长时间的积累，要做出引人注目的成绩很不容易。现代文学馆采用了非常好的办法，设立了聘请青年批评家为客座研究员的制度。这是一个典范，作协和学院的联手，使一批本来在学院高墙里做研究、在课堂上讲课、在学术刊物上发表论文的人，得以直接进入社会实践，与创作进行面对面的接触和交流。

现代文学馆原来是一个服务性的学术机构，最早是巴老提出建立，用来提供现代文学研究的场所。当年现代文学馆在万寿寺刚刚建成，还特意建造很多客房，供现代文学研究者住在那里查看资料，功能与图书馆差不多。但李敬泽、吴义勤，特别是李洱来了之后，把这一功能改变了，使它成为从学院到社会的一个中介，它可以帮助学院里的人更多地接触现实生活，接触作协系统的活动。我觉得这是一个很好的创意。

中国的文学批评，在 1949 年以后基本上是由文学界的领导来主持。过去我们一谈当代文学批评家，从周扬开始一直到何其芳，再到冯牧，其实都是官员，他们的专业不是文艺批评，而是制定和实施文艺政策，他们是通过文学批评来落实文艺政策，实践文艺政策，甄别哪些是好作家好作品，哪些是要批判的"毒草"，所以大家对批评是很害怕的。刚才李敬泽也说到，作家害怕批评家的批评，就是那时种下来的毛病，那时如果《人民日报》发一篇批评某作家的文章，这个作家就完了。记得有件事：我大学快毕业的时候，《文汇报》的一个编辑朋友，他建议我写一篇文章给《文汇报》发表，以扩大一些影响。我就到资料室去乱翻杂志，翻到一篇赵本夫的小说，有点感觉，我写了篇评论在《文汇报》上发表。那篇小说是写一个农村寡妇改嫁的，我说这篇小说写得很好，体现了农民的爱情观念。但不久《中国青年报》发表文章批评我，说我歪曲了对农民爱情观的理解，说赵本夫的小说写得不好，把农民写得很肮脏，这与现在有些批评家骂莫言、贾平凹调调差不多。我毕业留校，来自北京的批评对我没产生什么影响，但赵本夫却很紧张，那时他在徐州的一个文化馆工作，馆领导找他谈话了，说"中央的报纸已经点名批评你了"，要组织人批判他。赵本夫就很紧张，每天都把漱口的杯子、牙刷、牙膏都放在身边，随时随地准备被抓。后来赵本夫碰到我说："你差点害了我。"其实我那时也不认识他，我是随便写的。可想而知，在那个时代，批评还是被看作某种权力话语的体现，所以批评家的地位就很高。但近三十年来，局面开始转变了，作协系统的批评慢慢失去了决定作家或作品的生杀大权，它的功能已经慢慢丧失了。

现在老有人在说"批评缺席""批评边缘化""批评没有声音了"，好像批评很寂寞似的。我们千万别上当，批评从来没有缺席，只是"打棍子"的批评缺席了，代表权力意志的批评弱化了。前几年，国家进入了"和谐社会"，不提倡搞"阶级斗争"，所以"打棍子"的批评家都失业了。"棍子"们就不舒服，因为他没有权威了——你整天说作家好，作家看不起你；你说作家不好，作家才会认真起来。作家和批评家是一种很微妙的关系，现在讲"批评缺席""批评要重振雄风"的人，大都是想重新把话语权拿到自己手里、把"指挥棒"拿到手里的人，这种人严格来说不是批评家，不用在我们这个圈子里讨论。文学批评在今天的功能已经变了，最重要的标志，就是批评主体从文学管理部门转移到学院。今天，从陈引驰到王安忆、再到南帆的发言，都在讨论学院派与文学的关系，但我觉得，"学院""学院派""学院批评"都不是一个概念，不能混淆。

首先要讨论什么是"学院"。"学院"是一种功能，我指的是文学教育。学院和文学教育的功能是传承经典。周代以来流传的诗歌不知道有多少，因为有孔子，才选了三百首诗出来，用我们今天的话来说，就是编了一个诗歌选本、一本文学教材。不管动机如何，孔子把当时的文学创作保留下来了；两汉的乐府民歌也不知有多少，为什么我们只能读到那么一些呢？就是因为它们在当时进入了教材。文学经过几千年传承到今天，有无数优秀作家早就被我们忘记，不是被我们忘记了，是被历史淘汰了；还有无数像《红楼梦》这样的优秀作品，也极有可能被历史淘汰了。历史本来就是淘汰的过程，可能就有千千万万像曹雪芹的作品被淘汰掉了，只不过我们选中了曹雪芹的《红楼梦》，当它成为研究对象、成为教学对象，它就留下来了。这个过程简单地来说，就是一个"经典化"的过程。古代识字读书的人能有几个？真正爱好文学的读书人就更加少了。但我们的文学还是传下来了，我们今天还是可以从《诗经》《楚辞》到唐诗宋词一路侃侃而谈，这就是依靠教育。这些能被我们知道的文学作品，都是通过大学教育保存下来的。试想一下，如果没有中文专业，没有这样一种文学教育，今天谁能知道这些作品？所以说，学院机制和文学教育从来没有消失过。当然，它有时会包裹在经学或者文章学里面，但本质还是对文学的爱好，这是文学教育里很重要的因素。文学还有另一种传承方式，比如《三言两拍》《水浒传》《七侠五义》，是通过民间流传的，是老百姓的爱好。这类通俗文艺也是一代一代传下来的，这就不是通过教育，而是通过市场运作，通过商品流传，就像我们喜欢用杯子喝水，杯子就会一代一代传下来，传到哪一天，不再用杯子喝水了，杯子就淘汰了，但在没有淘汰之前大家还是会使用它。我们的书写形式已经改变了很多次，从竹简到布帛，到纸，再到电脑，但内容都保存下来了，因为大家喜欢。以前没有印刷，喜欢了就抄，这些读物不一定是经典，但恰恰被人们喜欢。

文学无非就是两种传播方式：一种是通俗的传播、市场的传播，一种是经典的传播、教育的传播。这中间不是截然分开的，比如宋词，当年是通俗的，就像今天的流行歌曲一样，这些歌词都留下来了，后来进入了学校教育机制。为什么宋词我们一句都不会唱？什么是《渔家傲》？什么是《沁园春》？怎么唱？我们都不知道，但词留下来了，变成了文学作品。这就是教育对经典的选择。对于当年的青楼歌女来说，词什么样可能不重要，只要会唱曲，词谁都可以填；但经典就是选出最重要的文本，比如苏东坡的、李清照的、辛弃疾的。学院的文学教育就是这样的功能。所以我不太主张在学院里传播研究通俗文学，因为通俗文学不需要我们保留，市场本来就在选择和淘汰。我们的工作就是要从通俗文学中选择有价值的文本，保存和传承下去。我们培养研究生，培养一代又一代的文学研究者，实际上是在承上启下。今天还是会有人研究《楚辞》，研究唐诗宋词，一代一代通过不同的阐释、不同的发现，使这些经典越来越"经典化"。当然我们不排除今天网上流行的东西将来也可能变成经典，《大话西游》我没看过，但如果真的好也可能变成经典。当年劳伦斯的《查泰莱夫人的情人》不是经典，拉伯雷的《巨人传》不是经典，但后来变成了经典，进入了文学史。过去，《三国演义》《水浒传》《金瓶梅》都是民间流传的，但通过一代代的研究也会变成经典。

学院的功能就是这样的。如果学院降低到市场水准，跟着市场起哄，那学院的功能就不一样了。有些人不喜欢学院，觉得学院讨论的东西，他们都不爱读。读歌德的《浮士德》，还是读流行作品？他们肯定更愿意读流行作品，但《浮士德》还是会作为经典传承下去，它会渐渐脱离一时一地的美学趣味，变成人类共同的财富。学院里的中文系、外文系做的就是这个工作，把经典保留下来。

反过来，我们的批评也是一样的。1990年代以前，许多优秀作品是得不到"茅盾文学奖"的。"茅盾文学奖"是新世纪以后才逐渐发生变化，以前不是这样的，有些得奖作品我们也不看的（有人做过统计，几部重要的文学史里面，"茅盾文学奖"作品都没有地位），而学院推荐出来的作品虽然不得奖，仍然有很高的声誉。在 1990 年代，文学领域的分流是很清楚的。有批作家创作就是奔着获奖来的，"茅盾文学奖"啊，"五个一工程奖"啊，但是学院的批评和研究中，并不关心这些。这很正常，因为在学院里，我们不需要知道它是否获得过什么奖，只有宣传部长才需要记住谁得过奖，因为这是他的政绩。而学院就是做比较纯粹的研究。为什么近十年里有一批作家获得大家的公认？莫言、王安忆、贾平凹等等，这就与学院的研究分不开。学院开了无数次讨论会，培养一大批研究生写论文，无非就是围绕那几位优秀作家，这是我们选出来的。张炜写了十卷本的书，难道指望给市场上网络上的读者看吗？不会的，他一定是指望给学院里的人看，给教授看，希望大学生研究生去研究它，所以作家的目标也是很清楚的。作家如果要走市场的，就写畅销书，写类型小说，写鬼故事，写盗墓言情，都可以；如果要走严肃文学的，可以关注学院；如果想奔"五个一工程奖"的，就去走官员的路子。这些道路分得清清楚楚，都是可以走的，而且都走得通，但功能不一样。一个腰缠万贯的通俗作家不要指望学院开他的研讨会，如果开这样的研讨会，不仅他无聊，我们也很无聊；反过来，我们开一个优秀作家的研讨会，就是为未来选择一批我们这个时代的经典作家，这就是学院的功能。在这个前提下，我们先界定学院在今天对文学教育的意义。如果学院也在讨论一些根本不值得讨论的东西，那这个学院就不像学院。这个界限一定要分清楚。

第二个概念是"学院派"。我们在座各位都有学位，都在高校里工作，都算"学院派"？这也是个误会。"学院派"恰恰是不出现在学院以外搞批评的。我1988年第一次到香港中文大学访问，那里有个教授经常在报上写杂文，很有名。但是他们大学里的教授都对他不屑一顾，因为这不是"学院派"。虽然他是教授，而且是名教授，但大多数人不认可他，这件事对我刺激很大。那时候我对香港大学的教授很羡慕，大学教授的工作就是培养学生。他们的著作很少，不像我们现在天天被逼着要考核，要写论文，但他们自称是"学院派"，不做非"学院派"的事情。香港中文大学的英文系研究比较文学的几个教授都很有名，但他们都不给报纸写文章，这才是"学院派"。"学院派"有"学院派"的场所。"学院派"用理论试着对文学进行归类，把它变成一种学术。不要认为这很无聊，这也是"经典化"的过程。当我们在学院里讨论当代诗人小说家，必须是一种学术讨论，不是情绪化的，不是泼妇骂街草寇夺位，学院派讨论的成果也不需要在媒体上哗众取宠。像林建法的杂志（《当代作家评论》）、张燕玲的杂志（《南方文坛》）都应该算是这类"经典化"的杂志，这就是跟学院联盟的结果。如果他们不是跟学院联盟，而是作家协会自己办的刊物，只发一些作协本地作家的评论，哥们吃顿饭喝杯酒，写几句吹捧文章，这当然都可以的，但不是"学院派"，"学院派"就是认准几个好刊物。现在评选核心刊物虽然很无聊，但有一点是不容回避的，那就是要分出档次。只能给这些杂志写文章，因为这些杂志代表了我们的水准。有些杂志看上去很热闹，但很快就会被淘汰，但不能说这些杂志不能办，它们吸引眼球，给大家看看玩玩也很好。大狗小狗都要叫，总得给它叫，但"学院派"的人就不应该在这种刊物上乱叫。"学院派"的阵地就是我们今天的讲台、课堂、学术会议、专业杂志，我觉得"学院派"是很简单的，不是那种吵吵闹闹的场所，否则就把"学院派"低估了。

唐弢先生有句话，我年轻时很反感，现在才理解。唐弢先生是不主张编写《当代文学史》的，他的名言是："当代文学不宜写史。"为什么当代文学就不能编史？现在我明白了，当代文学确实不成史。我们1980年代追捧的作家，1990年代都消失了，1990年代谁还去谈1980年代的流行作家？到2000年，1990年代流行的作家也消失了，现在流行的，到下个十年就更少了，各领风骚三五年，这是谁都无法预料的。经典化就是这么一点点少下去，不会越来越多。本来十个好作家，现在变二十个，再下去变成一百个，这就不是经典化了，是搞群众运动了。真正的经典总是越来越少，这是一项极其严肃的工作，这项工作就是由学院来做的。所以我觉得：真正称得上学院派的，第一，不要乱起哄，吵吵嚷嚷的不属于学院的研究；第二，学院派要讲道理，大家要通过充分说理，通过理论研究、学术研究，讨论一些社会上不去关心但又很重要的问题，这些问题在媒体上是不会引起热烈争论的，这才是我们学院的工作。

今天参加会议的很多都是年轻朋友，也都是来自学院，我还是要把话说清楚：当"学院派"，你就要甘于寂寞，甘于做高头讲章，不受媒体的诱惑。我举一个例子：上海文艺出版社的曹元勇鼓励我主编文学刊物，我拉了王德威一起编了一本以书代刊的《文学》杂志，一年出两本。我非常幸运，第一期就刊发了一篇稿子，社科院外文所的陈中梅教授写了一篇文章，解释古希腊的一个词，就是词源考，他对一个词的研究，写了十几万字，引经据典，洋洋洒洒。我读了非常兴奋，真是大开眼界。这篇文章分两期刊发，第一期只发了一半，另一半放在第二期发。有人问我："你的杂志要发这种文章干嘛？"我说："既然上海文艺出版社不怕赔钱，我就做一件别人不做的事情，我就是要告诉别人什么叫'学院派'的文章。"陈中梅教授才是难得的学院派，写得很精彩，像钱锺书的《管锥编》一样，一章一章，反反复复讨论这个词，这才是学问。他通古希腊文、拉丁文，从美国留学回来，翻译《伊利亚特》和《奥德赛》。我就是要提倡这样的学者文章。香港中文大学的王宏志教授就跟我说，他也写了一篇论文，解释一个中国字："夷"，写了六万字，通过这个"夷"字来讨论翻译从古到今的地位的变化。这才是"学院派"做的事情。我们总不能今天看到莫言得奖了，出来表个态，明天什么口水诗了，又来表个态，这算什么"学院派"？我对我的学生刘志荣、金理反复说，千万不要到媒体上晃来晃去，不要飞来飞去忙着开会，咋咋呼呼做明星，想做学问就要坐下来，安安静静地研究问题，大学需要这样的人，中文系也需要这样的人，这才是读书的种子，这才是中文系的精魂，他们留下来就能继承我们。

每一代人都不一样，我和南帆都是苦出身，年轻时没有受过严格教育，都是在江湖上混过来的，进了大学算成正果了。但我知道珍惜学院的教育和传承。我自己很明白，我的一生中也就跳跃过一次，就是恢复高考时考进复旦大学。进大学之前我在一个图书馆工作，我也是写书评的，今天看来这些算什么东西！进了大学我才明白，学问应该怎么做，学者应该怎么做，知识分子又该是怎么做的，在当今社会又应该怎么处世的。这些我都是在大学里学到的。我们这种人，胆子是有的，见识是有的，社会经验也是有的，但我们的学问是不够的。我四十多岁的时候去德语系读了两年德语，就是想再开拓一个学术领域，但我开拓不了，我读了两年还是没用，黑格尔的书还是看不懂。前天，华师大有位研究沦陷区文学的教授跟我说："你以前让我好好学习日语，我现在懂了。我真后悔没有学好俄语，没有学好韩语，现在不得不跟俄国人合作，跟韩国人合作。"这位教授现在就感觉到了，我们做一个学者，知识是远远不够的。

什么叫"学院派"？看看钱锺书，看看陈寅恪，也看看陈中梅教授。"学院派"的时间大多数不是在开会，而是在写作，在学习。我要是能够精通几国外语，我就不是今天的水平了，我的学术境界还会往上走，但我做不到。你们还年轻，就应该把 90% 的精力放到学习知识上去，放到知识积累上去，有些垃圾不值得去花时间，不要去讨论，不要以为在报纸上露了一次脸，就很重要了，连报纸将来都会很快淘汰，有什么重要的？现在，你们都已经被捧得很高了，作协给你们青年评论家开会，出版社也来找你们出版著作，名和利对你们来说都只有一步之遥，但距离真正的学术境界、真正的"学院派"，还有十万八千里。我们宁可推开面前的"一步之遥"，去走更难的路，这样我们才能成大器。

到了我这个年龄，我就感觉到，再想学东西来不及了。我看到一房间的书很感慨，买书的时候，心里想现在没时间看，等以后空一点再看，等到现在，空还是没有，但眼睛先不行了，老花了，本来看一本书的时间现在大概只能看四分之一，精力也不够了。所以大家最有精力的时候千万不要耗费在乘飞机、坐高铁跑来跑去凑热闹，开心是开心了，但是把自己生命都浪费掉了。张爱玲说出名要趁早，但为了虚伪的名利付出生命的代价，不值。

我们不要轻易地说自己是"学院派"，这三个字对我们来说，都不够格，我们只是在学院里拿工资，有一个学院的工作证，这与"学院派"是两回事。"学院派"要有师承，要有传统，把自己融到传统里去。真正的"学院派"，可能著作等身，但也可能一辈子就为学术传统增添那么几块砖，使学术传统更完美。我觉得"学院派"就得把自己局限在自己的工作岗位上，就是做一点自己能做的事情，把更多的时间放在学习上，放在积累上，放在传承上，尽管我们的老师、老师的老师已经积累了很多知识。前辈们做的学问，我们不是超越不了，但是前辈建立的学术传统，我们是无法逾越的。我举一个现成的例子，《鲁迅全集》1981 年版，这是聚集全国大批专家学者，以十来年的辛勤治学、共同研究的集体力量，做成一部注释本的《鲁迅全集》，当然它有不完善的地方，也有那个时代留下的痕迹，但是它是有巨大学术信息量的产物。《鲁迅全集》通过几代人的努力研究注释，已经形成了一种传统，是不可逾越的。后来有别的出版社出于商业利益，另起炉灶再搞一套注释本，也是动员了很多新一代的学者的力量，这也是可以的，但问题是你根本无法推翻前人所做的巨大成就，你最多是做些拾遗补缺的工作，做点纠偏的工作，而不可能推倒重来。传统就是传统，它需要不断修订，不断补充，慢慢发展。我们学院的功能就是在这个传统中添一块砖，把这个传统修理得更好。现在我们有许多传世的学术工程，基本上都属于这一类。所以要做学院派，就别太想另起炉灶，作什么自欺欺人的创新；学院派的工作和责任就是梳理好传统，承前启后。

第三个概念是"学院批评"。"学院批评"不是"学院派批评"，而是学院身份的人走到社会上去。比如在报纸上写文章，我不拒绝，我也写的，大家都在写。我认为，媒体也好，杂志也好，评奖委员会也好，作协领导也好，这些只是工作岗位，不同的工作岗位会给每个人不同的限制，如果我上电台、上报纸，我就已经不是"学院派"了，是媒体人，这个身份自己必须搞清楚。学院里的人并不是到哪儿都可以自称是"学院派"的。不是说不可以上媒体，媒体工作也需要大量有学院背景的人去做，但做的时候你就是一个媒体人。你去主持节目、上《百家讲坛》，在媒体上发表谈话，都可以的，只是你的身份变了。

但你即使不是"学院派"，你也不可以放下责任，因为你毕竟是有学院的身份，在新媒体、在一些更时尚的领域发挥功能的时候，你还是应该有一个"学院"的品格，你做的就会跟别人做的不一样。如果自己丧失身份，跑到外面去胡说八道，哗众取宠，那么你不是违背了"学院派"（因为这时你本来就不是），而是违背了"学院派"的品格。文章写得漂亮、吸引眼球，都是好事，但我们既然是这么一个团队，有作家协会的支持，我们个人又有非常好的学院背景，就要珍惜这个团队，要形成一种跟当下的创作相结合的、又有"学院派"风骨和精神的评论力量，这会给未来的文学创作开拓一个新的局面。这是不难做到的，关键要学会做，自己要有意识地发挥自己的优势。文学批评毕竟与写博士论文不一样，我们关注的是当下性，要发现新的问题、发现新的观念，要尖锐，这些都可以做到。我觉得，如果把学院的成果和功能移用到批评领域，利用好媒体，把它做好，这是一件很好的事情。

还有一点，就是文学批评是建设性的，不是破坏性的。今天这个时代是一个乱象丛生的时代。人在这样一个时代里，很容易丧失自己的立场，因为诱惑太多，名利满天飞。在这种情况下，文学批评的功能是什么？刚才李敬泽讲的话，我举双手赞成。批评家有什么资格站在作家的前面指手画脚？谁给你指导作家的权利？上帝没有给，亚里士多德没有给，刘勰也没有给，谁能拿出一张铁券丹书，说"我有资格指导作家"？你学的这点东西作家也学过，现在大多数作家都是高学历的。李洱是华师大毕业的，他学的知识与王晓明、南帆学的是一样的，凭什么要由评论家来指导作家？这个神话早就应该打破了，我们这代人不能再相信这种神话。

批评家只能是作家的朋友，只能跟作家站在一个战壕里，我们共同面对当下生活，我们要改变的是生活中一切不文明的和落后的东西。批评的建设性，就在于它对今天的生活提出建设性的意见，只不过它借重了文学创作，它通过对文学创作的理解来表达观点，从这个意义上说，作家和批评家完全是站在同一个立场上对生活发言。所以，我所研究的作家，就是那些能够引起我共鸣的作家，我能够借他们的文字文本来谈我自己的想法。我不评论的作家不是不好，只是我找不到与我自己生活经验的沟通，我写不好这样的评论。其实我所谈的意思并不是作家说的意思，我不是在阐述作家说了什么，而是阐述我在作品里领悟到了什么。我读到的可能是作家意识到的，也可能是作家没有意识到的。如果没有意识到，那就可以帮助作家思考；如果我说错了，也没关系，因为我不是作家的代言人，不需要去与作家商量好怎么说。我当年读巴金的作品就是这样，今天解读王安忆、解读莫言、解读年轻作家的作品也是这样。能够激发我主观感想，说出来对社会有意义，我就说。批评家不要认为自己跟生活隔了一层，中间隔了一个作家，或者隔了一个专业学术，其实不是的。我们还是面对生活的，我们只是在用自己的专业对生活说话。我觉得，如果我们的批评家都能够站在生活的第一线，我们的面貌就会发生变化，所以，我们还是要从建设的角度去讨论文学，一个民族的文学需要大家爱护，同样，作家也需要我们共同去爱护。郁达夫说过一句话：不知道爱惜自己民族伟大人物的民族，是一个没有出息的民族。我们当然不能说，作家就是自己民族的伟大人物。但是，我很同意张新颖对我说的一句话，他说我们研究文学的人首先要爱文学，如果我们不爱文学，甚至仇恨文学，诋毁文学，那么就不要来做文学批评的工作。我想确实是这样。一个批评家要出于对文学的爱，要读了文学作品会感动，激发我们的共鸣。这是从事批评工作的基本底线。否则我们的文学就可以不存在了，我们这些批评家也可以不存在。

2013 年 6 月 15 日在中国现代文学馆与复旦大学中文系联合举办的"新世纪文学教育"研讨

会上的演讲。地点在复旦大学。演讲稿根据录音整理，初刊《文学》2015 年秋冬卷。

第四辑

人文教育的位置

什么是人文教育？拿这个问题问中学老师，回答可能是：人文教育就是素质教育。问家长，家长也会说，让孩子读童话、背唐诗、弹钢琴，发展各方面特长，就是素质教育。如果放到大学里讨论这个问题，也会有人回答：人文教育是不是人文学科的教育？中文、历史、哲学的教育？我想，这些都与人文教育有些关系，但都不是真正意义上的人文教育。那么，什么是人文教育？它的对象又是什么？今天我想着重谈谈这些问题。

有一次，我参加一个上海教育界的学术会议，会上有人提出对未来教育的设想，马上遭到批评，说你们这些说的都是理想主义，靠理想主义不能发展中国的教育，我们的教育需要务实，需要把教育与社会需求结合起来。按照这种批评逻辑，社会需要什么样的人才，学校里的教育就应该培养相应的学生。殊不知大学的本科教育需要四年的时间，四年过后，很可能社会的需求就变了，那么学生的出路在哪里？因为教育有一个时间差的问题，表面看紧紧配合社会发展需要的教育，实际上恰恰是浪费了教育资源。所以我说，教育这个行业一定要讲理想，要考虑到十年甚至二十年以后这些人才对国家的贡献。大学本科四年，硕士三年，博士三年，就是说，相对完整的高等教育要十年的时间。我们为大学一年级的学生设计的是十年以后的社会需求。一个学生毕业后要经历实习、与社会磨合、成家立业等等的过程，大概还需要十年的时间才能对国家有稳定的贡献，这样算下来，就是需要二十年的时间。办教育必须有对二十年以后中国需要什么样的人才的预测。

靠什么去预测？那就是我们的人文理想。没有人文理想是不行的。如果没有对二十年后的预测，我们的教育就是失败的，因为我们不是在办职业补习班。什么样的教育培养什么样的人才，什么样的人才产生什么样的社会，教育永远是最重要的。

从儿童成长为青年，我觉得需要面对三个世界。

一个是日常生活的世界。在日常生活中怎么对待父母、家人，以至于所有的他人，怎么表达自己？怎样学会生活？这不是学校的职能，是家庭和社会一点点熏陶出来的。这和电脑中的虚拟世界完全不同。

第二个是知识世界。包括从学校里接受的数理化、语文历史地理等，要通过学校的系统教育实现，知识只有通过教育才能掌握。没有受过教育的人即使会一些简单的算术，也肯定不会代数、几何、语言知识、人文知识，所有和知识范畴有关的都要通过学校教育来完成。

第三个对孩子来说，是最重要的世界，就是心灵世界，也就是人性的世界。到底要做什么样的人，人的喜怒哀乐的情感为什么会产生？这些是没人教的，要通过自己的感受，慢慢提升出来，由不自觉到自觉。人之所以为人，怎样做一个人，怎样做一个好人，这不像知识那样，通过从无到有的教育可以完成，它是启发性的，需要激发出你的内在的人性因素。理解怎样做人，这就是人文教育。

人性的因素是与生俱在的，一个没有太多知识的人也可能是一个有道德的人、善良的人。比如看到老人摔倒，不用人教也知道去扶，这不是知识型的，而是启发型的。有一些人，知识上完全达到人才的标准，但感情上像一块木头，就是人们通常说的"高分白痴"，不知道怎样表达自己的感情，人格上枯燥无味。这就叫人文的缺失。

大家都知道前几年的一则新闻，清华大学化学系的高材生用硫酸泼熊。在事故陈述时，这位学生说，我是想做一个实验，看看熊的嗅觉是不是像别人说的那样灵敏。

从某些角度看，这个学生很有求实精神。但社会舆论在批评他时，理由也很奇怪：如有些人从经济角度来看，认为他的罪行在于毁坏了一张价值不菲的熊皮，如果是一只兔子，事情就不会有这么严重。

其实这不是个经济价值问题。更重要的问题是，这个学生缺乏对生命的感受。他没有意识到，他的行为是对熊的生命的伤害。如果从生命的意义上来看，熊、兔子都是有生命的，熊的痛苦和人是同等的。

这不是每个人都能够意识到的。每个人都感受过痛，但对别人的痛却没感觉。所以，要做一个完整的人，首先要学会对生命的尊重。

我们都听过阿里巴巴和四十大盗的故事，故事的最后是女仆用沸油把躲在坛子里的强盗都烫死了。小时候，读了这个故事也还是很高兴的。可后来我在给别的孩子讲这个故事的时候，讲了一半我讲不下去了。

我在想，为什么这个故事能够流传几千年，小孩子都能够接受？它也触动了某些人性的因素，但那是"恶"的因素。

每一个人在幼小的时候都有一些相似的经历：看到蚂蚁，会用手用脚去碾死它们，或者用开水烫，看着蚂蚁四处逃散还很开心，没有人意识到蚂蚁也是有生命的。还有比如把一条蚯蚓弄断，把蝴蝶的翅膀撕掉。后来我明白了，这是孩子对生命有一种好奇心，好奇心的背后有一种撕碎生命的欲望。从某种意义上说，这也是有关人性的。战争和古代的一些酷刑大概都和这些人性隐藏着的恶的欲望有关。人性不完全是好的，也有恶的一面。

那么如何识别人性中的好坏、善恶，谁来分辨哪些是有利于人性好的发展的呢？

这没办法用法律来规范，甚至不能用道德来规范。那么用什么来规范？这里就涉及人文教育的问题。人慢慢成长之后，会对其他的生命有所认识，会感受到人性的苦恶。

对儿童来说，日常生活的教育可以交给家长，知识教学可以交给学校，而在心灵世界的教育方面，则是整个人文教育的任务。人文教育永远在保护人能够成为一个真正的人，保护人在容易丧失本性的经济利益中，把自己变得更善良。

中国有着巨大的人文传统。

孔子的一生，都在整理古代的学问，所谓注"六经"，就是试图说服古代的统治者如何理解人；《诗经》是民歌，属文学;《尚书）是古代历史文献;《春秋）属当代史;《乐》是音乐，就是现在理解的文艺;《礼》是写政治规范，讲社会秩序;《易》是中国古代哲学。两千年前，孔子把人文学科都整合出来，直到 20 世纪初，中国人文传统都是这样的。

文史哲等人文学科是人文教育的基础。文学，让人感觉生命的美好;历史，寻求的是生命的价值;哲学，解决的是生命的自觉。

我十三四岁时读了巴金的一本小说《憩园》。这本小说讲了地主杨梦痴虽然家里有钱，也受过良好教育，但吃喝嫖赌无所不好。他后来因为偷窃行为，失去了工作、家庭，沦为乞丐，但仍恶习不改，最后被抓住死在牢里。

很多人都觉得他死有余辜，但他有一个小儿子寒儿，很爱父亲。父亲住在破庙里，穿着破旧的衣衫，带了几本线装书，还养了几盆花，寒儿去偷看父亲时会悄悄带上几枝花插在庙门口。

这本书给我的震动很大。从那以后，我脑子里常常有一个穿蓝色绸衫的乞丐，似乎就从我家弄堂尽头的巷子里走过来。我总是出现这样的幻觉，想着自己要给他一些什么东西。上大学以后，这种幻觉还会出现。

现在想想，大概是因为少年时代我的父亲在外地工作，我心里总有着一种对父亲的渴望。人到青年时代，特别需要父亲的形象，直到大学里我遇到了我的导师贾植芳先生，这种情结就完全释放了，我在精神上把导师当作父亲一样追随。大概每个人都会在年少时遇到这样那样的故事，只是有的人不记得了。

《牛虻》对我的影响也很大。主人公亚瑟是主教蒙泰尼里的私生子，蒙泰尼里不能承认这个私生子，只能以教父的名义照顾他。后来因为种种原因亚瑟成了革命者，用各种方法抨击自己的父亲。主教受到自己儿子的批判，感到非常痛苦。我当时不明白私生子是怎么回事，但知道蒙泰尼里犯了一个错误，一辈子都很痛苦，不开心。这样一种忏悔的人格，我觉得是有魅力的，他比那些伤害了别人却丝毫没有感觉的人更像一个人。

后来有一次我到巴金家里，他那时候在写《随想录》。他年纪大，手颤抖得厉害。我问他：你为什么不口授出来，请别人代笔。他告诉我说，写得很痛苦，有时候右手停在那里一个字也写不出，要用左手推一下才可以写下去。但这样艰难的落笔写出来的忏悔之言，我觉得是最有力量的文字。

我感觉这样的老人很有魅力，他一点都不潇洒，他总是在考虑一些很沉重的东西，但他是我们社会的中流砥柱。

社会历史像水一样流过，巴金这样的老人就像水里的一块块石头，改变了水流的方向。虽然水还在流，社会还在发展，但有些宝贵的东西留下来，这就是精神。否则社会上的人就都活得轻飘飘了。一个活得很轻浮的人，人格上会很低贱。

一个人通过与文学接触，会唤起内心很多的感受，甚至是一些灵魂深处的东西。如果一本书让你看得泪流满面、又哭又笑，肯定是对你有震动的；如果看过一本书一点感觉也没有，大概就没什么收获。

但影响一个人一生的，不一定是一本很伟大的书，有时候，一本很普通的书，只要对你的人生有启发，就是一本有收益的书。

文学要解决的，是对生命的热爱，感受到生命是美好的。

要学会爱，首先要感受到美。意大利文艺复兴得以产生，有一个原因是当时的出土文物。文艺复兴之前的中世纪，宗教认为人都是有罪的，只有死之后才能得到解脱。但随着经济发展，到了文艺复兴时代，人的欲望开始膨胀，就想给自己的这种欲望找到一些理由。正好当时出土了大量的雕塑和文献，像维纳斯那样的雕像虽然残缺不全，但一下子让人感觉到人自身其实是那么美。

古希腊人崇尚武力，所以男人的肌肉都很强壮．雕像也让人感到充满力量的美；女性则都很柔和，我在卢浮宫看到维纳斯的雕像，就不知道她以前是不是应该有手臂。

由美进入爱，是美让你想到为之奉献，不求回报。学生和我讨论到底什么是爱情。不说爱情，我只说爱。爱就是当你碰到一样东西，你愿意为之奉献一切的感觉；如果你看到一样东西想把它藏到口袋里带走，这不是爱，而是占有，是欲望。父母生病了，你愿意把自己所有钱拿出来给他们治病。需要输血，你马上伸出手臂献血，这就是对父母的爱。进而论之，爱事业、爱国家、爱你的爱人，在感情上是一样的。

在今天的生活环境中，竞争已经进入到每个人的生活中。孩子刚读小学，家长就希望他的成绩比别人好，这样小学、初中、高中、大学一路读来，压力重重。这种压力不是出于自身的需要，而是外界给的。

竞争演变得越来越剧烈以后，会导致人文教育的缺失。现在社会的价值观就出现了一些扭曲，哪个孩子的爸爸有钱，哪个就是英雄；反过来，父母对孩子也有这样的想法。我们小时候讲大灰狼、小白兔的故事，总是对兔子、羊寄予同情，而现在的社会主流颠覆了这种价值观，强大的才能成为社会成功人士，弱小的就是没有价值的。

人文精神是个抽象的东西，但在现实中不可缺少，我把它转化为"岗位意识"这个词，每个人在生活中都有一个职位，在任何社会位置上，都能够体现人文精神。

我举一个例子。上海市民"七不"规范，其中有"不随地吐痰"和"不乱穿马路"。有人就说上海是一个国际都市，你应该叫人去学英文啊，怎么还在规范这些最低的要求？但我就觉得这很好，就是要从最基础的开始。

中国人有随地吐痰的不良习惯，我想大概是因为中国的空气质量差，导致喉咙口总会有痰。日本人不随地吐痰，但是我到日本的时候，发现他们每个十字路口都有很多烟蒂，原来，日本人非常遵守交通规则，红灯一定要等，等的时候很多人喜欢抽烟.红灯一变成绿灯，烟蒂一扔就走。在美国，不管是码头还是地铁站，地上到处粘着口香糖。

还有一次我到法国巴黎，上午和一个同事到当地很著名的百货公司购物，我刚走到门口，一下子滑倒在地，原来是踩到了一堆狗屎。旁边的老太太大笑，说，在法国，没被狗屎滑倒过就不是一个巴黎人。法国人热爱生命，也热爱狗的生命，狗随地大小便也不管。

所以，日常生活中人文教育的失落是全世界的。人的不良习惯不用教，全世界都是一样的。人文教育最终是要普及到日常生活中的。人是教育的产物，通过人文教育，把人性中善的、美的元素激发出来。人文教育的重要性从大处讲，是要维护文明的发展；从小处讲，是完善自己的生命。

2005 年 7 月 23 日应《钱江晚报》徐澜的邀请在杭州浙江省图书馆的演讲。演讲稿根据录音整理，以《让人文教育回归日常生活》为题，初刊 2005 年 7 月 25 日《钱江晚报》。

真正的"五四"精神与教育的理想主义

各位代表、各位前辈：

我非常高兴参加今天这个座谈会。今年是五四运动 90 周年，各界社团、特别是我们教育界，都有非常隆重的纪念活动。我在参加这个会的同时，也收到了北京大学举办五四运动 90 周年会议活动的邀请函。时间也是这几天，跟我们这个活动时间撞车了。我北京也不去了，其他的活动也推掉了，我就是为了参加今天这个活动。还有什么活动比今天的会议更重要的吗？

我们今天这个会非常重要、非常有特点。五四运动是一个很大的、与我们国家整个现代史联系在一起的事件，而这个事件的急先锋，就是我们今天要隆重纪念的匡互生先生。大家都知道，五四运动，1919 年 5 月 4 日北京学生爱国运动，打响的第一炮就是火烧赵家楼。火烧赵家楼的领头人——第一个冲进赵家楼、又是第一个点火焚烧卖国贼曹汝霖宅邸的，就是匡互生。他是"五四"学生爱国运动的组织者和领导者，又是一个勇往直前的急先锋。五四事件过后，许许多多人都在争谁是五四运动的领袖，谁是爱国运动的先锋，好多人都在那儿各说各的，像傅斯年、罗家伦，都是把这个光荣经历当作了能吃一辈子的老本；匡互生先生他是真正的第一个先锋，但他从来不说，他后来甚至隐退，离开了聒噪的知识界和政界，转向了民间社会，他实实在在地跑到上海创办立达学园，成为一个以实践著称的教育家。我想，五四运动的意义在哪儿？五四运动的意义就在于实践。它的理想是改造国民意识，改造旧中国，创造新中国。很多人，特别是新文化运动以来的一批领袖们——我们绝对没有要批评这些领袖的意思——这些领袖们大多数都是因为五四运动成为了明星，成了万众瞩目的明星式学者。但是匡互生先生呢？他离开了这个名利场，他不当名人，他把自己的生命交给了教育事业，实实在在地在中国这样一块土地上进行理想主义的教育实践。我觉得，这就是真正的五四精神。

毛泽东过去指出过，"五四"知识分子是起到了先锋与桥梁的作用。这个桥梁就是联系大众，联系实践，联系社会革命。那么这样的道路，匡互生先生是按照他自己的理想用自己的方式来实践的。可惜的是匡互生先生去世得太早。他的英年早逝，是与他后来长期的极其辛苦的工作、为理想而操劳有关。我有一种非常强烈的感受，一个运动，一个事件，会造就一批名人，然后等到这些名人变成名流以后，就会被媒体、被社会、被各界所包围，然后就会被捧得高高的，在那儿代表着我们中国的一种"文化"。我认为这是一种浮躁的文化，而真正的大智大勇者，他是要离开这些东西的。他会拒绝名利，拒绝让那些聚光灯照到他们身上，他们跑到大家不关注的地方，把自己的生命献给真正伟大的事业。匡先生就是其中一位，中国应该有千千万万个像匡互生先生这样的人，这样的知识分子。他们始终走在中国民间的道路上，默守在自己的工作岗位上，就这样献出自己的一生。我们今天纪念匡互生先生，因为他既是五四运动的先驱者，新文化新思想的一个代表；同时，他更给我们树立了一个为了伟大的理想、伟大的事业而默默地奉献、默默地牺牲的人生榜样。他用他的实践书写了一种新的、属于民间的历史，一种往往不为人注意的、写历史的人也不太关心的、不是帝王将相也不是社会名流的历史。这就是匡互生先生的意义，也是我们今天纪念匡互生、纪念五四运动的一个意义。

匡先生他毕生实践的是一种理想主义的教育，这也是我非常感佩、非常神往的。匡互生先生是个理想主义者，我们这次会议的主办单位是立达中学，另一家主办单位是上海巴金文学研究会，因为巴金先生也是个理想主义者，他与匡互生先生是好朋友。我们还有一个主办单位是丰子恺研究会——今天丰一吟女士也到了——丰先生也是个理想主义者。他们的共同点，就是他们都有一个非常崇高的理想、非常善良的良心在照耀自己、引导自己。

我最早知道"立达学园"是在读大学的时候。那个时候我与我的同学李辉，一起写研究巴金先生的论文。因为研究巴金，我就去访问了毕克鲁先生（坐在会场上）的父亲毕修勺先生，著名的翻译家。毕修勺先生非常热情，我第一次到毕先生家里去，毕先生那时已经七十多高龄了，身体非常健朗，他领着我们说，我带你们去看我们当时的那些朋友。他就带我们到吴朗西先生家，吴先生是著名的出版家，也是鲁迅最信任的出版家。吴朗西先生身体没有毕修勺先生好，他的手因为帕金森氏症经常颤抖。毕先生没有跟他们打招呼，就带着我们闯进吴先生家里。当时吴先生不在，吴师母柳静女士在，她非常热情地接待了我。她对我第一个讲的不是巴金，也不是吴先生，第一个讲的就是立达学园和匡先生。柳静女士曾经是立达学园的会计。她说我们当时都是凭借一股理想、一股精神。吴师母还告诉我，匡先生去世后，她在重庆还办过一个书店，叫互生书店，就是为了纪念匡先生的。后来是吴先生来了，还有陶晶孙的妹妹，都在一起。他们谈得最多的还是立达学园，这给了我非常大的震动。当时我还是个大学生，这批老人一谈到立达学园就神采飞扬，那种由衷地从心灵生发出的一种骄傲，是我从来没有见到过的。

其实这种理想主义的教育，上世纪二三十年代，在五四运动开始时也并不是一个罕见的事情。我们都读过叶圣陶先生的小说《倪焕之》，《倪焕之》里面写的实际上也是这样一种教育理想主义，但当时这种理想主义是失败了，立达学园后来也失败了，包括像上虞白马湖的春晖中学都是这样。从春晖到立达，甚至连蔡元培、匡互生、毕修勺先生参与创办的上海劳动大学，这些教育事业，都有一种理想在背后支撑着，鼓舞着，与现在社会上为了赚钱而办学的民办学校完全不是一回事。这种理想之一就是，教育首先要育人，社会才有出路。首先要培养的是高尚人品，教育学生要做一个高尚的人。我看到巴金先生的文章，包括其他人的文章，都谈到当年在立达学园，教师是怎样教育学生的，怎么树立人品的。比如他们培养学生爱劳动的习惯，每个星期都要劳动，耕种养殖。这样的劳动，后来我们说就是学工学农，毛泽东在"文革"时期推行的那一套做法，也是受了"五四"理想主义的影响。现在是没有了，我在读中学的时候还有，每年"双抢"时期学生都要下乡劳动。这个理想，我觉得是从"五四"以后逐渐形成的。过去封建社会劝人读书是为了做官、成为人上人，成为统治阶级的一分子。但是在"五四"以后这个教育理念改变了，读书就是为了培养有理想、有勇气、有独立生活能力的人。立达不仅教学生读书，还要培养学生的劳动技能。有技能就可以独立生活，可以不受屈辱、凭自己的技术去生活。但光有技术还不够，立达还要培养学生的理想，教学生怎么去做人，怎么去服务社会。这就是立达与众不同的地方。我是从研究巴金走上我的治学道路的，因为研究巴老，后来有幸认识了毕修勺先生、吴朗西先生等等朋友，可以说是忘年交吧，我跟他们非常投缘，最直接的感受，就是我从他们身上学到了一种理想主义。毕先生过去跟我说，我们只要播种，只要把自己的生命献出去，有没有收获啊，有没有报酬啊，这些问题不要去问，有就有，没有就没有，主要是我们的生命能够真正地产生价值。用巴金先生的话说，就是我们的生命要开花。什么叫生命开花？就是说，生命要像花一样，到了春天就一定要开放，这个开放就是把生命的能量传播给别人，影响别人。

我也是一名教师。作为教师来说，我们的生命也要开花，就是永远面对年轻人，把自己的思想、人格、品质、学问、技术教授给别人。这个过程就是生命开花的过程。这样一种高尚的、理想主义的东西，到今天越来越显示出它的意义。我们对今天现实的教育是有不满意的，比如高考制度啦、应试教育啦、量化管理啦、用群众运动的方式来搞教育，甚至公然鼓励学生在课堂监督教师，打小报告，等等。还有所谓的把办教育看作是一种产业，一切都是为了赚钱：拼命补课呀，乱收费呀，买辅助教材呀，等等，这算是社会上一般的风气吧。然而我们办教育的人，陷在这种污泥浊水中还是需要有种理想的。我有一次在上海参加一个教育方面的会议，好几个教育专家，他们公开说理想主义的教育已经过时了，现在这个行不通了。现在的教育就是要务实，社会需要什么，我们就为这个服务，这叫做为综合国力服务。我本来也不想说什么，都是专家嘛，我很尊重他们的，但听到这儿的时候我实在忍不住了，我就这样说了：中国各行各业都可以为现实服务，为今天服务，只有教育它是为未来服务的，为十年以后的中国服务的。在座的各位都是中学老师，你培养个学生中学毕业了，他还要读四年大学，再加上研究生阶段，再加上博士生阶段，走上社会以后还要做几天学徒，吃几天萝卜干饭。所以真正到他成家立业，为社会真正作出贡献，最起码要十年以上的时间，甚至是二十年。我在大学里也经常说，我们大学培养学生是为十年以后服务的，一个人走出校门，不可能在十年以内很快地在社会上发挥作用和影响，最起码十年以后。那也就是说，我们未来，我们十年以后的中国会怎么样，会发展到什么样的水平，是要看我们今天的教育水平。如果我们今天培养出来的学生，都是只顾自己做老板，只顾赚钱，那么十年以后的中国会怎么样，可想而知。如果我们今天用理想主义的东西去教学生，培养他怎么去做人，引导他怎么去发展自己，那么今天它也许没有什么意义，但是十年以后就有意义了。这是一个非常重要的问题，如果我们从事教育的人，没有一个远大的目标，没有考虑到十年二十年后的中国会怎样，那我们就不要谈教育了。我们不是简单地给人一个饭碗，我们是要从整体上来树人。

说句我的心里话，我自己从事教育也有近三十年，我对今天的教育是不满的，从上到下，从大学到社会，我是不满意的。但是这话我不多说。我只想说一点，正因为这样，我们今天的教育，实在有必要回头研究一下匡互生先生等前辈的理想主义，并且发扬光大。这会让我们的教育更有希望。

我的话完了，谢谢！

2009 年 5 月 24 日在上海作家协会大厅"匡互生与立达学园教育思想研究报告会"上的演讲。报告会由上海巴金文学研究会、复旦大学中文系、松江教师进修学院附属立达中学等单位联合举办。演讲稿根据录音整理，初刊凌卫民、何大强主编的《匡互生与立达学园教育思想的研究与实践》，华文出版社 2010 年版。

谈谈大学的人文教育

关于大学的文学教育，我想讲以下几个问题，一个是知识教育和通识教育的关系，第二是作家进大学的文学教育，第三是关于当代文学课程和方法。

第一个问题是通识教育。我觉得通识教育在某种意义上就是人文教育，但现在高校通识教育并没有达成共识，因为这是近一二十年的事情，以前没有这个概念。杨叔子校长提出"华科大要搞人文教育"，在全国影响非常之大。其实通识教育就是人文教育。但是，现在往往很多学校都把通识教育变成一种知识教育，就是说为了扩大学生的知识面，或者讲些方方面面的人文知识，让理工科同学多掌握点文化知识。这样的理解对不对呢？我谈谈自己的想法。

复旦大学进行通识教育也有十几年，我每年都开课，有一半时间都在上通识教育的核心课程。复旦大学一年级新生进校就上这个课。这个课和本系的专业教育是没关系的，中文系的学生是不能修我开的通识教育课程的，我的课的对象，主要是理工科、医科、社会科学的学生，当然也有其他专业的人文学科的学生。为什么要上这个课？我的课是现代文学作品选读，属于赏析性的。后来我慢慢地体会到，我们的文科教育其实有两种教育：所谓的知识教育，就等于中文系的专业课程，这些专业课程与人文教育课程应该是不一样的。它是传授一种知识，学生不来上课就不知道，你不听我的课，你就不知道。当然自学是另外一回事。我这里要强调的知识教育就是需要老师在课堂上讲解某种知识，而学生听课是经历从无到有这样一个过程，听了课之后，学生的知识体系就慢慢建立起来了。这种课程是我们大学主要的课程。

但是，近二十年来我们开创了另外一种课程，就是所谓素质教育、通识教育，或者说人文教育。我认为应该把它统一称作人文教育。什么叫人文教育？就是关于人之所以为人的教育。这种教育对学生来说，不是从无到有的接受知识，就算你不来上课，我讲的所有东西都是你自己具备的。我们作为人，都具备人性的素质，内含了人的各种各样的心理元素、感情元素以及伦理元素，只是有些人对此是不自觉的。人文教育，尤其是在大学的课堂上，就是要老师通过各种人文的途径唤醒同学们的人文自觉，把学生培养成为一个大写的人、自觉的人，或者说，高尚的人。他们走出这个课堂时，就和进来时不一样了，因为有了一个做人的自觉。这种自觉，数学老师没法教你，物理老师也没法教你，他们教你的都是知识。所以我觉得杨叔子校长非常伟大，他看到了这一点，我们要培养国家各个岗位上的合格的优秀人才，就不能只给你技术，不能只给你知识，还要给你做人的自觉，这就是人文的力量。

这是我长时间在第一线上课而后获得的体会。这是一门很难讲的课程。比如，通识课里讲现代文学，就不需要告诉学生，鲁迅的生卒年月，有什么代表作等等，这都是知识教育，知识教育就到中文系去上。人文教育就要求你通过阅读鲁迅的作品，或者讲解鲁迅的故事，或者讲文学史的某一个问题，让学生从中获得一种人性的丰富的感受，获得人性的力量。让他们觉得，上完这门课，感情变得丰富了，对人的认识更加丰富了。这是人文教育的特征，通识教育实际上就是一种人文教育。

第二是作家进大学的问题。作家在大学课堂上担负的责任，不是知识教育，如果你讲小说怎么写，诗歌怎么写，这是一种专业知识的讲课。但某种意义上说，文学写作都不构成知识，文学是人学，这是过去钱谷融先生说过的。文学是一种关于人的学说，接近人性和人的生命本体。在人文教育的台阶中，最接近人的生命本体的是艺术教育，如音乐、绘画、舞蹈，甚至是体育的肢体语言；再往上就是语言、文学；再往上还有历史、哲学，更高的是宗教，人文教育是有阶梯的，越来越抽象。如果停留在人文教育层面上，文学艺术是最接近生命本体的教育，它的专业性不强。各专业都有明确的培养目标，但中文系好像不太明确。我们学校每年接待新生，法律系欢迎新生，可以说"你是未来的大法官"，物理系欢迎学生，可以说"你是未来的爱因斯坦"，中文系就没有这个说法，说"未来的文学家"？也不太可能，中文系过去接待新生，校门口立个黑板，写着："你跟着我走吧"，走到哪里去？谁也不知道。文学这个专业有很宽泛的内涵，不能与职业紧密联系，也不能与未来安身立命、升官发财联系在一起，它就是一种人的教育。但是中文系的学生接受教育后，应该要比别的系的学生感情更丰富，人性更复杂，对人的体谅、洞察更深刻、更灵活。

　　理解了这一点，我们就可以讨论作家进大学的问题。当一个作家走进大学课堂，一般是在通识教育的层面上进行教学。但王安忆有些不一样，她在复旦是作为一般教授来安排工作的，她也在核心刊物上写论文，讲授有学分的课程。学校为了发挥她的优势，通过教育部特别设置了创意写作（MFA）的专业学科，她是学科带头人。她和我一样，是某一个学科的带头人，也讲授知识教育课程。但是我们读王安忆老师的《小说家的十三堂课》，原来的书名是《心灵世界》。为什么叫《心灵世界》？因为它讲的是心理的问题，不是分析作品的知识点，而是讲文学怎么把人的心理世界呈现出来，文学展开的世界是怎么把我们的人性拉扯在一起，这是最独特的。

　　还有一些作家在课堂上讲课，基本上不是知识性的，而是启发性的，是用文学提高学生的审美能力。人性是个复杂的概念，我们上课讨论人性问题，无非是提高审美，提高文学的鉴赏能力，也提升人的自觉，提高对人性的洞察。我在上课的时候，比如讲鲁迅的小说，谈论的是人，而不是知识。有关人性的问题学生都是可以理解的。因为这本来就是他自己意识里的东西，只不过没有被激发出来。所以上课的形式也往往不同，核心课程可以举行讨论，给学生充分参与的机会，学生就会自觉地提升自己。我就想起，过去作家上课与一般学者上课是不一样的。我不知道闻一多先生怎么上《楚辞》，但我看到有回忆文章说，闻一多先生走进课堂，先要大家抽烟，然后自己点燃一支，望着窗外的黄昏，开始讲屈原。我想他讲的屈原一定与我们现在的屈原专家讨论版本什么的不一样，他有他自己的解读。听说俞平伯先生上课，读完一首古诗，就说"好！"这就是人文教育。当他说"好！"的时候，生命能量随着声音传递出去，那时全场肯定是很安静的，大家都会来领会俞平伯先生的这个"好"，每个人心中唤起美好的感受，唤起对美的不一样的感受，当他以后再读诗词的时候，他连俞平伯先生的"好"都容纳到心里去了。

这和我们现在的考试，老师要学生背记不一样。所以我认为，作家进大学是加强人文教育的非常好的渠道。因为作家会比我们一般的教师更贴近感性的东西，更贴近人性。当然这也不一定，通识教育也有其他方面的功能，但我觉得围绕的核心问题是人文教育，是人性的自觉，这是最主要的。

第三个问题是关于当代文学课程。今天到会的有很多教当代文学的老师，我也是教当代文学的。但复旦大学没有当代文学教研室，一开始就是和现代文学合在一起的，复旦的老师大概比武大的老师少很多，我们上课都是从现代讲到当代，"现当代"是一个概念，不是分裂出来的现代或者当代。我一直对现当代文学这个学科的合法性有怀疑。现当代文学构成二级学科，地位很高，与古代文学一样，但是我们都明白，这个学科的内涵比古代文学和外国文学小得多。从近代文学到当下的文学，也就是一百多年，这个历史内涵与古代文学和外国文学、语言学，都是无法比的。

正因为存在这个问题，很多教当代文学的老师心里焦虑，一定要强调我们的专业是一个学科，强调这是科学，包括刚才房伟老师谈到要经典化的问题，都是属于这类情况。因为认识到我们这学科太薄弱了。一般古代文学培养研究生，先要指导研究生做年谱，古人的年谱很难做，你把年谱做完，你做学问、查资料的本领都会有了，因为这个难度很大。但是我们做一个当代作家的年谱，如做王安忆的，你不了解，去问王安忆就可以，编个年谱并不难，只要学生认真去做，一般就不会错。可见当代文学的难度比古代文学的难度要低得多。但问题就在这里。现当代文学那么小的范围，我们还要把它分很多三级学科，有的研究现代，有的研究当代，比如说研究新世纪文学、研究鲁迅巴金等等，把自己的研究范围划得很小。为什么呢？因为我们想提高这个学科的内涵，提高学科的学科能量。所以也有人开始做当代作家年谱、资料长编等等。但我个人理解——这个理解可能是错的，我始终认为当代文学的方向是在未来。

这个学科的上限是很清楚的，严家炎老师主编的文学史把现代文学的上限往上推到 1890 年出版于巴黎的一部法文小说，这也就一百二十年。但是我们的文学往后发展呢，那就是有一个无限发展的空间，这个未来怎么样，我们谁都不知道。我们在 1985 年讨论 20 世纪中国文学的时候，也没有想到今天这里有个王安忆、方方，也没想到莫言、贾平凹，更不知道韩寒、郭敬明，就是说，未来出现的文学现象，我们是不知道的。我们当时很自信，在 1985 年，距离 20 世纪末还有十五年，我们已经开始定义 20 世纪文学的规律、特征、风格，已经把 20 世纪的文学都定义完了。可是一到 1989 年，一到 1990 年代的商业经济大潮，这些定义就不对了。我们是没办法预测历史的。这个学科的意义根本不在于追求稳定性、经典性和科学性，这是做不到的。我们那个时候怎么会预见现在有网络文学？怎么会预见现在通俗文学会那么发达？市场经济把整个社会都改变了，文学就会跟着变化。所以，我们必须正视未来，当代文学的视野一定要扩大，随着未来不停地发展，不断地变化，我们重新回过头去看历史，对很多历史上的问题都会有重新解释。文学史永远要重写，因为没办法预测未来的东西。比如，我们以前一讲新文学就要讲"五四"，一讲"五四"，就要讲新文学对鸳鸯蝴蝶派的批判，现在反过来了，范伯群老师的团队研究通俗文学已成蔚然大观，把市民文学与知识分子的新文学看作是现代文学的两个轮子，要比翼双飞。同样的道理，从今天开始往后一段时间，我们也没法预测文学再会变成什么样的文学。很有可能，前面我们否定过的东西，又会翻过来，也可能前面觉得神圣不可侵犯的东西到后来全没了。我们读书的时候，文学史里还没有沈从文、张爱玲的位置，可是现在，研究生做沈从文、张爱玲的学位论文有多少，我估计要超过研究巴金、老舍、曹禺。所以，我们不要自己去封闭这个学科，不要僵化而是要扩展，要开放，把这个学科向未来推动。我们这个学科必须要走出去。我们现在都自称是学院派，但是学院派不能把校门大墙关起来，躲在里面自娱自乐，搞一套理论研究只有自己明白，那没有意思，至少也是误人子弟。我们必须要鼓励学生去跟踪当代文学发展、参与当代文学建设，某种意义上说，我们研究当代文学的老师和同学，都是文学传统中的一员，这个传统一定会从我们身上过去，把我们的生命信息也带到这个传统中去。

在这个意义上说，作家进大学是非常好的事，因为它使当代文学学科和当代文学现实结合在一起了，是我们观察现实、参与现实的一个重要环节。我认为一个好的文学研究者应该和作家携起手来，一起创造和解释我们今天的社会生活，就像当年俄罗斯的批评家别林斯基、车尔尼雪夫斯基、杜勃罗留波夫那样。我们不完全是研究文学，更多的是研究文学背后的生活，研究者和作家一起面对当今的社会生活，一起解读生活，甚至影响生活和改变生活。作家用形象表达他对生活的看法，如果他表达的不对，学者、批评家可以批评，如果他表达的和批评家是一致的，批评家可以利用他的创作，更深入地对生活进行解剖。我们批评家和作家应该共创当代文学的未来。

　　2014 年 11 月 9—19 日，我和王安忆应方方的邀请，同去武汉华中科技大学讲学。这是我 11 月 16 日在华中科技大学举办的高峰论坛上的演讲。演讲稿根据录音整理，初刊《长江文艺》2015 年第 5 期。

现代出版和现代知识分子的形成

今天我们纪念商务印书馆双甲子的庆典，我想对中国现代出版和中国现代文化的关系，以及中国现代知识分子的关系，谈点不成熟的想法。

作为一个普通的人文知识分子，我们对社会的贡献主要体现在哪里？我个人的理解是，人文知识分子的主要工作有一个字可以表达："传"。它是一种传播。我们不能说自己是一个思想家，思想家让更伟大的人做。我们的任务是传播。比如我是一个老师，我站在讲台上，把我所掌握的知识告诉你们，虽然这些知识里也融入了我个人的体会，但知识本身不是我发明创造的，人文知识无非来自历史上人类实践的智慧结晶，还有就是人之所以为人的人性本身，这些都是客观的东西，我要传给你们的，只是我自己学习的一点心得。

"传"是多种多样的。著书立说是为了传播。戏剧家写了一个戏，导演、演员把它搬上了舞台，那是舞台上的传播。拍成电影电视剧了，那是屏幕上的传播。知识分子的功能，就是把人类文化的精神产品传出去。而现代出版，就是一个专门从事传播的机构，不仅仅新闻报刊、广播影视是传播机构，新媒体是传播机构，其实学校教育、出版等领域，也是传播机构。上世纪90年代，那时候我四十几岁，精力比较旺盛，曾经与好几家出版社合作，策划过一个"火凤凰"系列丛书，我喜欢做出版工作，觉得非常有意义，出版工作可以把我认为好的东西编出来、印出来送到读者手里，我觉得这是非常有价值的传播工作。

现代出版事业自觉介入中国现代文化建设，这个起点是商务印书馆的建立。这是中国现代史上非常重大的事件。整个现代知识分子的转型由此开始。

1898年戊戌变法失败。一批支持改革的官员都作鸟兽散，从北京跑到了上海十里洋场的张元济受到朝廷的处分是"永不叙用"。这里我要提到三个人：张謇、蔡元培和张元济。他们三人都是支持政治改革的官员，戊戌政变以后，他们都南下上海，到了上海他们就想明白了一件事情：企图开倒车的清政府是靠不住了，所以他们都绝了继续做官的念头。张謇到南通搞实业，成为中国近代最有名的企业家。蔡元培和张元济，后来一个参加革命，成为民国著名的教育家，一个担任了商务印书馆编译所的所长，负责编教材。他们三个人对现代文化建设所作的贡献，比做一个晚清或者民国时代的官员，要重要得多。

张元济先是到南洋公学做老师，主要负责教材，这样他认识了商务的几个小老板，张元济委托他们印一些南洋公学的教材。这个过程当中，张元济觉得有一个很大的事情可以做：编教材。当时，政治体制改革已经失败了，但可以从思想文化、教育出版的角度来传播新思想，办新学校，教育下一代，这样也可以慢慢地改变中国的落后状态。封建时代的教材无非是四书五经，是在私塾里传授的，这套所谓的"国学"已经无法应对现代社会的进步和需要，更谈不上与世界接轨。张元济要编一套适应公学的教材，他邀约了一批当时中国最卓越的知识分子，先编小学教材。这样商务印书馆就开始慢慢提升了，它本来是一个家族型的小企业，承接各种印刷生意仅仅是为了赚钱，但自从有了张元济，商务印书馆开始有自己的产品，首先是编撰了当时堪称一流、能够与国际接上轨的教材，精神文化、教育、出版三位一体结合起来，进行传播。这就是人文知识分子的岗位，后来商务印书馆越做越大，成了现代中国第一出版社。

这样，有些原来属于士大夫阶层的人士，慢慢在民间摸索自己的事业和价值观，开始了中国的现代文化转型，把教育、出版，包括他们传播的新思想都结合起来了。这就是我们今天说的独立知识分子的形成。

知识分子本身就是现代的产物。古代没有知识分子。古代士大夫阶层的价值观是一定要通过做官才能实现。所谓修身齐家治国平天下。中国古代两千年就是以"治国平天下"为读书人的基本价值观。而现代知识分子很不一样。为什么张元济他们的选择道路很重要？因为他们看到，读书人除了做官以外，还可以用其他途径造福社会。这不是职业的选择，这是价值观的变化。我们要注意，张元济介入商务，不是简单地编教材，而是自己入股，把自己的精神劳动和经济利益绑在一起，这样他就不是一般的写书者，而是新型的出版人。慈禧晚年想把张元济召回来，让他再来做官，结果张元济就拒绝了，因为他觉得，商务印书馆也能对社会有贡献，也能实现他的理想。这就是价值观念变了。有了这样的独立自主的价值观念，才有后来的知识分子的道路。

现代知识分子的岗位有很多，在晚清和民国初年，很多留学生出国深造，选择的是专业是法政、经济、医学，将来回国可以做律师、医生等等，都是有价值的。我要说的是与"传"的关系最密切的岗位，第一就是思想学术，做某一领域的专家；此外还有两个直接负责传播的岗位，一是教育，一是出版。教育与出版这两个领域是联系在一起的，与精神产品的传播相关。如果追根溯源的话，起源于中国文化的奠基者之一孔子。孔子周游列国，就是想说服那些诸侯国君，希望做官，结果他失败了。这个人一辈子官运不好，最后他总算安分一些了，安心下来教书，开一个民办学校，而且他的私学门槛也很低，不管是贵族还是贫民，只要交学费他就施教，把教学看成是一个普及、传播文化的工作，而不是一个专门为贵族服务的机构。这就是孔子的第一个"传"。

孔子接下来的工作就是编教材，这是第二个"传"。他把中国古代的民歌收集起来，选择政治正确的，编了一部《诗经》。《诗经》传到现在有两千多年了，大学中文系第一课还要读这个。此外孔子还编了《春秋》等几套被后来称为"六经"的书，其实都是教材。他编的这几套书是中国两千年来读书人的基本阅读范畴。读书人进入朝廷做官不是赤手空拳，而是带着一套孔子传下来的"学术传统"。这个学统与皇家政统结合在一起，构成了两千年封建专制体制。可是，这样"学而优则仕"的传统到了晚清被打破了。中国要与世界接轨，要成为一个现代民主国家，就不能只读四书五经，很多现代工业、现代农业、现代科学、现代军事包括现代思想文化的知识都是传统国学所不具备的。专业越分越细。知识就是力量，掌握的科学知识越多，就越有可能在工作岗位上发挥作用，像过去"半部《论语》治天下"的神话，在今天是奇谈怪论。

中国现代文化的建设过程中，从民国初年一直到上世纪30年代，出版工作一直起到了重要的作用。它与现代文化建设之间有密切关系，但也有非常大的冲突。两者关系是一个非常值得研究的问题。因为出版形态是商业行为，它必然与商业利润挂起钩来。但文化建设又是一个精神产品的开发和传播过程，有可能赔本的产品对社会却有贡献，赚钱的产品却对社会有负面影响。出版做的是精神产品，和普通商品不一样。出版一本书，可能它产生的影响会很大，它会改变一个民族，改变一代人的思想。

上海福州路河南路口，原来马路的两边分别是两家上海最大的出版公司：一家是商务印书馆，一家是中华书局，形成了竞争的格局。这个格局的形成也要说到张元济。张元济是一个从庙堂到民间的出版家，他一方面用新的眼光传播新的思想文化，另一方面在政治上还是比较保守，毕竟是官员出身。他发财靠的是教材，但教材与晚清的主流意识形态有关系，与晚晴政府的教育政策也有千丝万缕的关系。随着革命的风潮越来越烈，很多地方教学已不再使用这个教材了。当时商务印书馆有一个搞发行的人叫陆费逵，他很敏锐，把这个信息反馈给张元济。但张元济认为满清政府倒不了，拒绝了陆费逵的建议。陆费逵就自己组织人编了一套符合国民需要的教材。没想到刚编完，辛亥革命爆发，清朝灭亡，商务印书馆积累的大量旧教材用不了，这个跟头跌得很大，这时陆费逵就跳槽了，在商务印书馆旁边办了中华书局，靠新编的教材一下子把出版业务做了上去，等到商务印书馆清醒过来，中华书局的第一桶金已经发挥了作用，后来长期形成商务、中华对峙的局面，你编辞典，我也编辞典，你编教科书，我也编教科书，展开了全面的竞争。

但是张元济主持的商务印书馆对于现代文化建设是采取了全面的合作，还不仅仅是教材的编写。他对于现代作家的支持力度也是非常大的。他认准了哪个作家，觉得这个作家有希望，就主动为他包装，营销，不遗余力，把这个作家变成一个大作家，最典型的例子是林琴南。林琴南翻译的第一本小说是《茶花女》，一时洛阳纸贵。林琴南后来翻译的一百七十多种小说，大部分都是商务印书馆出的。林琴南不懂外文，需要找一个懂外文的人跟他合作，如果跟他合作的人是一个品位比较高的人，就给他讲讲狄更斯、莎士比亚，如果合作的人是一个喜欢看通俗小说的人，林琴南也搞不清楚，跟着他翻译，他一辈子一百七十多种作品当中，有三十多种是世界名著。这已经很了不起。但是林琴南老了以后，翻译的质量越来越差。张元济的日记里记着，某某编辑汇报林琴南翻了一本烂书，张元济就指示下去：只要是林琴南翻译的书照出，但是一定要让林琴南重新修订，有的书名译得花里胡哨，张元济就让林琴南把书名改掉。出版商与作家之间是有斗争的，互相有牵制。

其实张元济也是保护林琴南，保证林琴南的译作水平不至于太烂。

还有一个重要的知识分子是严复。戊戌变法失败以后，严复曾经在给张元济的一封信中说，"民智不开，则守旧维新，两无一可"。所以严复一心只做一件事：翻译西方的学术著作。他认为如果把西方思想传播开来，老百姓"民智"开了，就会慢慢懂得世界是怎么回事，外国先进国家是怎么做的，那么，中国一定会有希望。问题是严复要这样做，一定要有人支持，没有人支持也是白搭。严复译的第一本书《天演论》不是商务出的，接下来商务印书馆把严复的翻译全包了下来，而且印得非常好，不仅包装漂亮，张元济还亲自为每本书做了一个中西名字索引对照表附在后面，让读者搞清楚书中的人名和地名等。严复的翻译通过商务印书馆的出版发行，在中国现代文化发展中产生了巨大的作用。经济学、人类学、法学、政治学、逻辑学等等社会科学的雏形，这在当时中国传统学术中是闻所未闻。可以说严复开创了一个新的学科群和新的知识人群。严复在商务印书馆有股份，晚年严复就靠商务印书馆每年给他的版税生活。所以说，有了现代出版制度，对文人就有了一个直接保障，提供你工作、经济、生活，出版与文人之间达到了良好的关系，共同创建现代文化的事业。这种情况是现代出版的一种典范。

后来情况慢慢变了。很多知识分子自己办起了出版社。最典型的例子是上世纪20年代出现的一个中型出版社——开明书店。开明书店也是从商务印书馆分裂出来的。商务印书馆有个刊物叫《妇女杂志》，主编章锡琛在《妇女杂志》上组织讨论"性解放"，引起社会上的争议。商务印书馆的主管们觉得有伤风化，就把章锡琛解聘了。这件事以后，很多作家就鼓励章锡琛再办一个出版社，与商务印书馆对着干。他们编了一批新文学教材。商务印书馆曾在晚清时候针对私塾的四书五经搞了一套新教材，后来中华书局针对辛亥革命搞了一套适应民国的教材，但新文化运动起来后，一批白话作家为开明书店编了一套新文学教材，这就是有名的"开明教材"。当时编教材的有叶圣陶、夏丏尊、丰子恺、林语堂等一批今天听上去名字响当当的大名人，那时候他们都还年轻。这套教材奠定了开明书店的基础，开明书店崛起了。开明书店与商务印书馆、中华书局的理想不一样，经营模式也不一样。它不是一个出版商与文人的关系，而是一群文人自己在做出版，叶圣陶、夏丏尊参与了其中的工作。他们也赚钱养家糊口，也传播理想，为新文学作出了重要的贡献。茅盾的《子夜》《春蚕》、巴金的《激流三部曲》等许多文学史上奠基性的作品，都是在开明书店出版的。一群作家自己办出版社，这个模式后来有了很大的发展。比如巴金。巴金早年是一个信仰无政府主义的革命者，他从法国留学回来，当年跟他一起搞革命的同志都分散了，他理想中的革命也失败了，这时巴金心里充满了矛盾，非常痛苦，所以那段时期他创作了很多小说，讲的都是他认同的革命故事。巴金后来名气越来越响，但他写得很痛苦。

1935 年巴金在日本的时候，他有一批朋友，吴朗西、丽尼、陆蠡、伍禅等等，他们有理想，喜欢文学创作，却没有出版社愿意出版他们的书，他们就自己凑钱办了一个很小的出版社，叫文化生活出版社，他们把巴金从日本叫回来当总编辑。巴金就这样开始编书，鲁迅支持他，茅盾也支持他。文化生活出版社后来出了很多好书，其中有一套书叫《文学丛刊》，这套书每辑十六本，小说、诗歌、散文、剧本都有，一共出了十辑，共一百六十种书，里面有大概一半以上的中国现代重要作家的创作，比如曹禺、何其芳、萧红等。曹禺早期的所有剧本都是巴金给他出版的。还有在战争期间死去的作家，巴金把他们的文章收集起来出版。就这么几个年轻人办起了一个重要的出版社。

抗战时期，国家都面临沦亡，但中国文学著作的出版一点都没有受到影响，很多优秀作家在这个时候冒出来了。有大量的出版商在战争中不断地输送精神食粮，这很了不起。除了吃不饱饭，当时的出版社还受到生命威胁。吴朗西、巴金跑到后方去了，留守在文化生活出版社的是一个叫陆蠡的编辑，也是散文家，他最后被捕关进日本宪兵队的狱中，失踪了。但是尽管身处那么艰苦的环境，面临生死关口的考验，依然有那么多知识分子在出版岗位上作出了卓越的贡献。在民族危难时期，一些知识分子通过出版援助了很多逃难的作家。吴朗西先生就告诉过我，抗战中许多作家去找他，谈自己的创作计划，还没有书呢，他就预支了稿费，及时帮助生活困难的作家。

从商务印书馆、中华书局的建立与竞争、发展，到后来像开明、文化生活出版社的兴起与活跃，这样一个出版发展过程中，我们可以看到，中国出版与知识分子创建现代文化两者之间的关系越来越密切，很多出版商就是知识分子自己，他们把自己的写作、出版、文化传播紧密结合在一起。所以说，现代文化发展和现代出版发展是根本分不开的。

2017 年 3 月 25 日在上海市静安区图书馆举办的"纪念商务印书馆双甲子"系列活动上的演讲。演讲稿根据录音整理，整理者为朱自奋，初刊 2017 年 5 月 8 日《文汇读书周报》。

当代文化走向与出版对策

　　当代文化的发展势态，或者说文化走向和出版策略这样一个命题，其实有很多种解释方法。通常的一种理解，就是我们需要知道现在外国的文化发展趋势是什么，我们当前的文化发展趋势又是什么，有什么可能性？了解这些趋向以后，就可以相应地提出某种对策，赶快跟上，或者想出一些出版途径，进入到文学文化发展势态当中去。这是一种思路，但并不是好的思路。为什么？且不提国家的意识形态的作用和控制，我认为中国的市场，特别是图书文化市场、图书的发展同文学的发展，局部地看，所谓的文化走向、势态、发展等等，基本是一种人为的东西。整个文学文化思潮发展的本身也是人为行为，就是通过人的努力，用时髦的说法，就是一种"炒作"——说"炒作"，我并没有贬义，就是通过人为地去"做"，推动某种文化趋向的发展，甚至影响整个文化事业。这是我对文学潮流、文化思潮的基本态度。因为国家的一般文化状态不会有很大的反复和变化，它基本是稳定的，但是我们看到的文化现象是不断变化的，那就是通过某些人的"炒作"，各界人士的推波助澜，推动了某种文化潮流向前走；然后过一段时间，又会被另一种潮流所掩盖。要认清文化潮流的发展，就必须要看到，它正在处于什么阶段，因为文化潮流定是要有兴起、发展、繁荣的过程，最后是衰落。我们必须要认清，所谓文化走向和文化潮流处于什么阶段，是兴起阶段还是衰落阶段，这是一个重要的问题。

与此有关的另一个问题是，有一种规律，即是无论学术动向、文学动向，甚至是一些很严肃的学术思想，基本上都有对立面。就是说，有一个阶段，在强调一种倾向的时候，这种倾向就会压倒所有的倾向，好像成了一种主流发展，可是过了几年就会反过来，而且新的走向与前段日子的走向完全相反，就是所谓对立面的转化，一种倾向压倒另一种倾向。举一个例子，比如现当代文学研究中有一个很流行的文化批判思潮，这也是从欧美传过来的，在中国成为一种理论学术思潮。这样一种思潮，在中国学术传统中本来就存在的，过去马克思主义批评和社会学的批评里都有这样的传统因子。最近出现的文化研究思潮里，我经常听一些从事文学批评、文学研究的人说，文学研究是不能够来解释社会问题，或承担指导性的角色，必须要用文化批判用文化研究来取代文学研究。这样的研究过程必然会贬低文学与艺术本身的特点，即文学独立的审美性。文化批评要强调的一点，就是文学带有社会意义。对照 1980 年代，特别是 1985 年以后，中国的文学思潮与这样的观念恰恰相反，那时候整个文学势态是强调文学的独立性、文学的审美性、文学的向内转。当时很多人强调的，就是文学要更多地反映心灵世界，反映内部的规律，而尽量淡化文学与社会的关系。那时候的文学研究者强调的是研究文学的内部结构，文学是意识流，是一个精神世界、心灵世界。好，我们现在把这两个时代的观念对照一下就可以知道，学术界，尤其是文学研究的主流思想，是怎样发生变化的。在 1980 年代，很多学者千方百计地强调艺术有它的独立的价值，因为过去过于强调文学与社会的关系，所以现在应该强调文学内在的规律、文学独立的规律、文学的审美精神。从 1988 年提出"重写文学史"到 1990 年代形成一个基本的学术走向，这可以说是 1980 年代中期到 1990 年代中期的基本学术主流。但这种主流到 1990 年代后期，出现了文化研究和文化批判，而这种文化批判所强调的恰恰是 1980 年代所反对的东西。从另一个角度来说，它是一种倾向与另一种倾向之间的关系，一个倾向出现，一定会压倒另一种倾向，但发展到一个极致的时候，就会来一个反拨。现在文化研究、文化批判的发展趋势，其实是对 1980 年代以来整个文学研究的一个反拨。这是必然的。这种趋势会发展到什么程度，会出现什么样的可能性，在如今方兴未艾的阶段还不能预料；但是我完全可以预见这种思潮发展的一种方向，因为这种方向与前一种思潮的方向正好是一种对立的继承关系或者延续关系。除此之外，还有很多小的潮流，文学上的、学术上的、创作上的，都有一个倾向，一种相对的对立面转化。所以，作为一个文化思潮的发展有几个特点：一个是有人为性的因素，是通过人的努力去推动的，并不是自然的、先验的或天上掉下来的；第二，这种发展变化始终存在由盛到衰的过程；第三，它的整体变化很可能是对立面的转化，很可能就是一种倾向变成另一种倾向。

联系到出版的现状看文学文化思潮，我有一种很深的感触，其实每一个编辑都可能成为一种出版思潮或学术思潮的推动者，尤其是在今天大量的文化思潮和流行文化面前，很可能一个点子、一种努力、一本书，就改变了整个出版界，并会使出版界朝另一个方向发展。这种可能性是存在的。所以，当我们认清文化走向和出版策略的关系的时候，我想，首先要有出版策略，才有文化走向，关键看怎么把握。并不是说有了文化走向，对应它来想方设法出书，而是反过来，应先制定一个文化策略，有了整体的出版理念，然后可以去创造阅读走向，影响文化市场，推动文学发展。

　　从当代文化的发展或出版思潮的发展来说，每一个思潮的推动，总归首先有一批精英分子，一些聪明的人，他们可以是作家，也可以是编辑、学者，总是会突然提出一些想法，会在整个文化思潮中一般人看不到的地方，制造出一个文化高潮或文化潮流。这是现代出版一个很重要的概念：通过实践推动一种文化走向。第二类人，是跟风，跟潮流的人，也是聪明人，看到潮流出现了，马上有许多出版社、许多编辑跟着走。比如上海男孩韩寒，读中学时写了长篇小说，红起来了，马上有一大批的"小韩寒"，而且年龄越来越小，他们看似不断制造这样一个潮流，其实是在跟从最早创立的"新概念作文"。后面又紧跟着什么低龄写作、少女写作，就形成了一个很大的出版市场。但这两者是分不开的，没有精英为核心，就推动不了潮流；而没有跟潮派，也不可能成为大的文化走向，只能是几个人小范围的文化实验，很快也会烟消云散。还有比较糟糕的是第三类人，属于那种跟末班车的。等他们反应过来再去跟从潮流，市场已经趋于饱和。出版自有它的周期，要写、要编、要印，不可能很快，等书运作出来，市场已经衰落了，书就堆积在仓库里。像这种跟潮派是很危险的。在整个出版界，总是只有少数是前面两种，他们得利了，而大多数是后一种，等他们去赶末班车的时候，潮流已经过去了，又有一批新的精英出来策划新的动向。所以文化市场不可能是一种常销市场，不是一种正常的运作，而是"现代读物"的一种创造，是现代流行的一种出版理念。但这会造成大量的浪费和积压，人才、资金和文化的积累性建设，都会受到一些影响。

除了这三类人，对潮流的推动来说，还有体制外和潮流外的一群人，也是不可忽略的，他们确实是破坏者，这是指其"恶魔性"，即恶魔力量，始终是起着破坏这些潮流的因素。比如说盗版者，或者是一些把整个文化市场搞乱的破坏性力量，这种破坏性力量在大的文化思潮流行时一定会出现。盗版也可能将正版书压倒，盗版书到处流行，这也是潮流中可怕的东西，也是影响文化发展很重要的因素。就是说，必须把这种成本也考虑进去。一个好的选题推出来能不能抗衡盗版？如果可以抗衡，跟盗版会成为一种互动刺激，市场就会被推动；如果抗衡不过，有时就会完全垮掉。这四种类型的人，实际上是构成一个文化出版潮流的主要因素。

举个例子，上海的余秋雨散文就是一个文化现象，也可以说曾经掀起过很大的文化潮流。我认为余秋雨是一个很了不起的学者，他原来是上海戏剧学院的院长，算是个干部，他又是研究戏剧史的学者，属于学院派的学者。在 1990 年代初，文化市场、商业文化刚刚开始出现，出版社开始追求利润，当时许多人看到的是负面，即文化市场确立以后，学术著作和纯文学创作的出版受到了严重打击，新书积压，文人下海经商，计划体制开始瓦解，人文危机非常严重。所以当时我们提倡人文精神，就是想在学术的危机之中重新找到自己的力量，我自己曾经为出版界做过很多事情，包括策划"火凤凰"系列，其实都是跟当时追求人文精神的实践有关的。但余秋雨不同，文化市场的确立和取代过去的计划经济，他看到的是阳面，是积极意义，他意识到今天的知识分子已经不能像过去那样，坐在书斋里清谈、发牢骚、抱怨世风日下，这是没有用的，现代知识分子就应该走出书斋，与现代传媒结合，利用现代化的传播工具，把我们的人文精神、人文思想传播出去。所以我觉得余秋雨的想法是有创意的，属于精英策划潮流的一类。他的性格是属于"海派"文化的性格，他敢于抛弃包袱，什么院长、教授都可以不做，他开始写散文、主持节目，与传媒结合，去旅游和写作等等。他的文章是传媒体的文章。他的《文化苦旅》，最早是连载在上海最老牌的文学杂志《收获》上，我忘了它是否收入后来的《收获》丛书，好像也没有引起太大的反响。但那时正逢文化危机，社会上普遍觉得知识不重要，过于高深的学术研究，大众也没有时间和精力去看。而像《文化苦旅》这样的书，以文学的形式，通过旅游随想，写文明古迹、文化传统、人文关怀，将知识分子高深的东西化成通俗的美文。我认为，写出《文化苦旅》的人是精英，出版《文化苦旅》的人也是精英，都是制造潮流的精英，出版者与作者正好是一拍即合。这本书首先在台湾被炒热，台湾读者的传统文化修养高一点，对散文比较喜欢，《文化苦旅》在台湾出版后，马上就被一批崇尚文化的有闲阶层追捧，这本书既是讲文化传统，又有对大陆名胜古迹的向往和知识分子的人文关怀，马上就流行开来，并进入台湾的图书排行榜，后来反馈到大陆，大陆开始流行。而这个流行，也是跟大陆出现的文化热有关，文化热中当然不可能出现很高深的文化，因为是大众型的文化热，即是在经济潮流中需要一点心灵和文化的安慰。以上的原因促成了余秋雨作品的畅销。而且我认为当时知识出版社的编辑给它定位定得特别好：不是学术著作或通俗学术，而是"大文化散文"。散文在1980年代卖得最不好，那时的文学创作主流是小说，散文创作中要出一个大家是很困难的。可是到了1990年代初，余秋雨的散文带动了一大批散文的出版，后来散文反而比小说容易出版。"大文化"是个非常模糊的概念，它可以上下五千年，只要与文化有关，什么都可以揽进去，知识出版社后来出了一套"文化散文系列"。这套书的热销又带动了小散文、各种学者散文、小女人散文等等，后来这些就属于跟潮流了。跟潮流没有原创性，可是有再生性，比如"小女人"跟"大文化"完全没关系，可是搭了顺风潮，也出来了。一批老先生，如季羡林、张中行等等，也写了"学者散文"，其实在1980年代就有，但当时不受重视，即便出版也卖不动。而到了1990年代，很快就得到市场承认，畅销起来。可见对一种文化势态的确认，诞生了很多相关的产品。

但是，当这样的思潮非常轰动、非常流行的时候，随笔、散文满世界皆是，它的问题也就出现了。现在出版散文集肯定又是卖不动了。为什么？即是说，这个势态已走到底了。后来一批跟风的东西泛滥，很多根本卖不掉的东西都搭了顺风潮。

在这个过程当中，精英阶层和出版界的破坏性力量也是相生相克的。余秋雨的书出版以后有大量的盗版。然后他就不断地打官司，跟盗版作斗争。我觉得，所有的盗版，对他的创作、对整个大文化散文或文化发展，一方面是推波助澜，一方面是很大的破坏。这种破坏跟余秋雨是有关联的，他不断在跟这种破坏力量冲撞，制造一个又一个的"新闻"和"事件"，这些"事件"也包括很多反对他的人，包括骂他的。只要余秋雨存在于图书市场，只要他的学术存在和原创性在发展，所有骂他的书宣传他的书，凡是与他有关的书，全卖得好。这是能量问题，精英阶层的能量，有时要比破坏性能量大得多。所以在相生相克当中，他的影响和他的实践也都是在发展。当然从大散文思潮本身来说，我认为潮流已经过去了。但余秋雨这样的一种文化精神，或他直接从事的文化实践，我认为是成功的。在这个过程当中，如果余秋雨锲而不舍地坚持下去，他会在此基础上，把自己的产品精益求精，越做越好，也可能会在流行文化中产生出经典。如金庸的武侠小说，经过长期的市场考验，变成一种文类当中的经典。这种经典，你再怎么批评他，还是一种经典。当然这需要经过很长时间的考验和坚持，以及作者自己对精益求精的追求，才会慢慢稳定下来。

所以，当我们要确认当代文化势态和出版策略的时候，首先要确认领先性，这个观念对每个编辑和出版家来说都非常重要。如果跟着思潮走，跟着流行走，搞不好就会找不到策略；最好的出版家是创造文化思潮、扭转文化潮流的人，出版过程中谁都没有注意的细节通过有意识的选择，最后就造成了大的文化势态。这样的出版社是原创型的出版社，所谓的品牌，就是这样创造出来的。这是我要讲的第一个问题：出版策略与思潮的关系。

现代读物的问题，即对现代读物的确认，是当代出版业很重要的理念。中国加入WTO之后，面临全球化的文化挑战，出版界危机很重。我们成立出版集团的目的，就是要组成综合的力量来对抗国外的大出版集团的市场争夺。这对整个出版业的发展从根本上是有好处的，因为现在还是国家运作的文化事业，一旦出版社的体制发生根本变化，具体的文化单位如果有丰厚的实力，有可能在全球化的文化空间里有自己的位置，而小出版社肯定没有这种力量和可能性。在这种形势下，现代出版的策略和理念都发生了很大的变化。我们国家原来的计划经济，对出版的分类是非常老化的。过去文艺社出版文艺书，人民社出版政治读物、社会读物，大范围已经划定了。新华书店也是这样分类的，文学、社科、教材等等，跟过去出版社的分类法是吻合的。现在走进书店，要分新书类、畅销书类，不管是小说、传记，统统放在前排。这是值得我们注意的一个迹象，它提示了一个问题，即现代的出版业不能按原来传统的文学、艺术、社科来分类，否则就把自己束缚住了。

以我对出版的观察，我认为有三大概念：一是专业书，在某种意义上还是按照一个门类来划分，比如学术专著，明确的专业概念的行业用书，这类书永远不会畅销，它是一种学术积累；第二是教材类，有明确的目的性，发行渠道自成一统。除了这两种图书外，可以把所有的书都归入一种新的概念里，我将它们定义为"现代读物"。"读物"的概念源于我1980年代对香港文化的一次考察，那里的书店很多，但香港的学人将香港定义为"文化沙漠"。这种定义一直有争论，现在大陆主要的学术界是否认这种观点的。其实我觉得这个概念是有道理的，说香港是"文化沙漠"的大都是香港的知识界和学术界人士，是以学术专著的出版来衡量的。在香港，严肃的学术出版很艰难，这是香港学者的悲哀之处，他们是自己掏钱印专著，也没有人买和读。这是"文化沙漠"的意义所在。但大陆许多学者对"文化"的理解是把声色犬马都放进其中，跑马、跳舞全是文化，以这样的视角看，香港的文化非常发达。所以文化概念是不同的。我认为应区别开来看，专业书籍就是为了文化的积累承传、国家的学术传统。但作为出版社，最关心的应该是现代读物。以我的理解，现代读物与流行音乐、影视传媒，在当代社会大众文化中是三足鼎立的局面。出版社出版的百分之八十的书籍，都应纳入到现代读物的概念里。这是一个非常复杂的概念，值得我们研究。将来出版业全部产业化经营，意味着出版社出版的都是文化产品，必须进入市场销售。除了学术书籍有承传性（国外的学术著作由国家出资在高教出版社出版，也没有稿费，只标志一种学术传统），大多数书籍进入市场，都应视为现代读物。首先，它是现代文化市场中的读物，必须进入现代市场炒作运作，带有商业性质。为何不称其为"书籍"而称"读物"？对我来说，书本来是很高尚神圣的概念，而通俗书的概念即是读物，但并没有贬低的意思，读物里也有很好的书。读物是个中性词即被人读的东西，读物也有很多层次，如果用现代读物的概念跟流行音乐、影视传媒相对比，它是最为抽象的，不纯粹诉诸人的感官发生作用的，读物还是需要一定的理性思考的态度。

在现代读物的金字塔的最高层，是精英读物。精英读物应该包含了许多有思想的东西。很多书本来是可以成为严肃书籍的，现在成了读物。比如杨绛的《我们仨》，听说已销了二十几万册，它没有任何理由畅销。九十岁老太太写的平静的回忆作品，也并非是完全真实的记录。这样一部家长里短叙述生活的作品（当然也很感人），也不至于印二十多万册。当然，这绝对是一本好书，对于研究钱锺书也是很珍贵的资料。可是至此，它已经变成一种读物了。这是很成功的例子。同样成功的，还有前几年顾准的书的流行。有思想有品格的书，又被大众所接受，它会主导我们图书出版的走向。这种书不会很多，但代表了很高的品格。考察一个阶段的图书市场好不好，首先是要考察这类书。它们的存在，至少表明在图书市场，有一部分精英的书被大家所接受。

学者也好，作家也好，出版家也好，如果把学术著作当作读物来做，也会做得很好。如果有可能，出版社就应该设法把严肃的、精英的著作转换为一种读物，被大众接受和承认。现代读物可分为三类，第一类是刚才说的精英读物，第二类就是精致的读物，即高档次的文学创作。好的文学作品，不管是否是大家的文学作品，都应该进入到现代读物里，能够被大众所接受。1990 年代流行的一些作品，比如，张爱玲的小说，周作人的随笔，当时成为图书市场上的热销。浙江文艺出版社的中国现代作家散文全编，还收有瞿秋白的散文集，他的文章不是太好看的，但编入这套全编，依然销得很好。这就是编者的高明，也是精致读物的做法，可以使有价值的文学创作慢慢转化为读物。还有后来 1990 年代出版的一些老书，本身可读性并不强，但包装得很好，也变得很畅销。这就是精致文化、精致读物的做法，对我们推广普及严肃的文学是很有好处的。

第三类是畅销读物，也包括通俗读物，如武打、言情、科幻等，很多。还有实用读物，根本不是文学类，如菜谱食谱、养宠物、种花卉的图书，在香港是放在超市里卖的。这类书也销得好，因为有实际需要。最差的是粗俗读物，包括色情、诈骗、星相、八卦等乱七八糟的东西，也是出版社的产品。对粗俗读物来说，包装可以引起误导，全看出版社如何定位和处理。对现代读物所谓整体性的认同和认知，我们今天在理论和实践上是远远不够的。理论上还缺乏探讨，即怎样了解现代读物的规律，怎样认知它的功能。在实践上，出版社包括发行部门，都应该有一个市场定位，即明确书出版后是给谁看的。中国其实是一个很大的有潜力的市场，因为它的社会层次多，只要定位准确，十多亿人口的基数，已经是很大的市场。上海的《故事会》就是给农民看的，就很成功。出版物怕就怕不进行定位，所以必须要建立相应目标，有一个定位，到底是什么类的图书，出版社首先要搞清。

山东画报出版社的"老照片"制造了一个潮流，非常成功，这个潮流后来也泛滥了。现在有些书就变成图为主，文为辅，文字反而很不重要了。文学读物和学术著作的价值不同，这里面的界限是很多的。现代读物的运作与过去的图书出版也是不一样的，现代读物越来越突出的是策划的概念，它与媒体批评都是现代传媒的组成部分。过去的图书出版当中，出版社往往是被动的，是"接活"的单位，作家创作了一部小说，出版社认为好，就进入出版运作，其实出版社并不知道市场前景如何。进入市场后，有批评介入，读者根据自己的喜好决定是否接受，这是以前图书出版运作的过程。现在则全然相反，出版社不再是"接活"的单位，而是制造商，是精英阶层的聚集地，是可以制造文化潮流的。许多现代读物是出版社的编辑和作者共同策划的，先行通过社会行情的调查，决定可以制造哪些书，然后与某方面的专家合作策划图书选题。前期是出版社投资给作家，预付稿酬，然后发行、传媒等后续工作已全部安排好，产品完成后马上进入市场。所以，现代读物的运作过程当中，出版社成为主导单位，作者成为打工者，这与现代出版体制有关。坐等作者、作品上门的时代已经过去了，当然学术著作不在此列。现代读物是可以通过包装、经营、宣传完成的，里面有许多规律可循，这是现代编辑应该充分认识的。现代编辑要走出办公室，广交朋友，作者队伍就是一个好编辑的资源库，现代市场发展是需要群体策划的，大出版集团更要有大的运作，由出版精英、知识精英、资产精英联手，制造适合当今文化环境的选题。如何运作文化市场，是出版社、作者、市场策划各种人才共同的课题。而对于新的现代读物的运作，国内如今还处在起步阶段。

最后，算是盛世危言吧，在全球化的出版挑战前提下，现在国内的出版界处在关键时刻，挑战和机遇并存。在这种形势下，我们不能坐等国外的出版集团、跨国公司进入中国市场后再抗衡，那时已经来不及了。他们一定会把国外的东西带进来，比如国外的卡通已经把本土卡通打得落花流水，根本没有与人家平等对话和交流的机会。全球化在某种意义上不是平等的国际文化交流，而是强势文化吞并弱势文化，最先受到损害的就是国家的民族精英文化。这是非常严肃的问题，关乎我们自己民族的文化将来如何生存。要灭亡一个国家，首先灭亡它的文化基础。任何被侵略的国家，"垃圾"是不会消亡的，消失的是精英文化。所以，今天我们并没有乐观的可能性。读者是中国的读者，市场是中国的市场，但将来文化还是不是中国的文化？我们文化的自我保护能力其实还不及印度。这个问题已迫在眉睫，值得我们认真考虑。我只是提出这个问题，希望今后有机会与大家作进一步交流。

2004 年应虞静女士的邀请在山东出版集团的演讲。演讲稿根据录音整理，初刊 2005 年 2 月 20 日《文汇报》。

对中国文学外译的几点看法

我刚才坐在这儿，想起二十年前，我第一次去瑞典斯德哥尔摩大学。当年他们举办了一个会，与今天的会类似，主题叫"沟通"。参加会议的中国作家有余华、史铁生、朱文、杨炼、多多、林白等，参加的人很少，一半是中国的作家，另一半是汉学家和翻译家，评论家也有，就我和陈晓明，还有朱伟，其他人都是作家。

那个会也没有什么明确的主题，主题就是"沟通"，也不谈翻译，我们今天开会还有点儿技术性的内容，比较实际地讨论翻译问题。瑞典那个会就是谈文学，作家们谈自己认为的中国文学应该是什么样的状况，翻译家也谈他们心目当中的中国文学应该是怎么样的，然后相互之间就不停地提问讨论。我印象中，那次讨论很深入。

我听斯德哥尔摩大学的主办者说，因为觉得瑞典文学院对中国文学不够了解，他们就想通过这种广泛的对话来了解中国文学。我有一个很深的印象，当年参加这个会的很多汉学家都在讨论高行健。因为中国大陆的作家与海外隔膜很深，也不了解海外作家做了些什么。高行健很早就到欧洲去了，中国的作

192

家都不大了解他，了解的就是以前他在国内的情况。因此大家就很纳闷，不明白为什么汉学家们都在那儿讨论高行健。

会议结束那天，在马悦然家里，我们在书房里聊天，不知怎么说到了北岛，因为一直在传说北岛要获诺贝尔文学奖，可是一直没有。那天我就提了这个问题，马悦然马上把话头打断，他说他觉得高行健也很好，我听了有些惊讶，就说，高行健在以前创作的剧本我们比较了解，现在到国外就不知道怎么样了。马悦然马上从桌上拿了一本高行健的《灵山》，递给我说，你拿去好好学习学习。我接过了书，看到上面是高行健送给马悦然的题签，我觉得不大好拿人家的书，马悦然就说，这个书他不需要了。因为他已经把它翻成瑞典文，正式出版了。他说那个话的时候是 1996 年，当时参加这个会议的中国作家没有人认为高行健会获奖，好多人都觉得这是不可思议的事情，但大家觉得很奇怪，为什么会有这么一个信号出现。

但是在海外的汉学家和翻译家里面，觉得高行健可能获奖，一点不奇怪，来参加会议的好几个人在主题发言里面都在说高行健。我们开会是 1996 年，才过了四年，高行健就得奖了。所以说，一个中国作家在海外产生影响，不是偶然的，而是在海外有一个长时间的被研究、推广、介绍的过程，这是我们不了解的。以前我们的国门都是关闭的，我们不了解海外发生了什么事，都是自己关着门在自吹自擂，与外部世界是不发生关系的。

我们今天的会，主题也是一种"沟通"，提供一个充分展示的平台让中国作家和外国翻译家、汉学家有比较亲密的，或者说比较具体的接触。我觉得这是很重要的问题。因为通常翻译者可能是先读了一些作品，然后去认识作家的。我们也是这样，我们讲外国作家的时候都是看了译文，看了作品，对作家本人我们是不了解的。但是，作为一种真正意义的文化沟通，首先是翻译家和作家要成为朋友。翻译家如果对作家有充分的了解，他对作家的作品总体风格的把握，包括作家的精神气质，都会有具体、感性的认识。这样的交流，我们现在做得还不够。我们的作家往往觉得翻译家愿意翻译就翻译，与自己没有什么关系。或者即使承认有关系，也没有机会与翻译家有充分的沟通。

翻译家也是这样的。我在大学里工作，经常接触汉学家，或者是现在学汉语的一些留学生，他们都希望翻译中国小说，但他们都会问：哪一部小说好啊，或者哪一部可以推荐啊，都是这样，并没有他们自己的选择。如果没有一个充分展示和沟通的平台，我们相互之间的文化还是存在很深隔阂，这种隔阂对我们真正理解作家，或者说，翻译真正的好作品，还是有妨碍的。

其次，我想说的是，想把中国文学推广到海外去，这是一个很早以前就开始做的工作，不是从现在才开始的。在 1980 年代，或者在 1980 年代早期的时候，中国作协也推过什么"熊猫"丛书，更早的，还有《中国文学》杂志的英文版。那个时候，也是希望把中国作家的作品介绍到外国去。

还有第二种情况，大约从 1980 年代后期开始，承担中国文学外译的工作主要归功于汉学家，这是了不起的工作。由于汉学家的努力，中国现代文学开始进入西方大学的课堂，有些中国作家的名字也开始在西方汉学界流行。因为，过去在西方国家里，中国文学大约除了《红楼梦》等少数几本经典外，一般是人们不大了解的。可是我在 1990 年代遇到一个海外作家，他的英文非常好，用中英文写作。他当时就不以为然地对我说，中国的文学作品翻译到外面去有什么用啊，最多是在高校里给一些读中国文学的学生看的。他说他自己啊，他的书是进入商业书店流通的，在市场上卖的。他说如果一本中国文学作品不在文化市场里流转的话，等于没有影响。他这个话可能有偏见，但还是有道理的。文学作品首先是被大众阅读的，不能仅仅满足于学院里流转。

但是，今天，中国文学在国外的情况就完全不一样了。大概新世纪以后，中国许多重要作家的作品，中文本刚出版，英文版也跟着出版了。我们讨论苏童的《河岸》，单行本刚出版，我还没来得及看，它的英文版已经在亚洲获得一个什么奖了。这个速度之快，几乎是同步的。而且，现在出版中国作家的书的外国出版社，也都是国外很有名的出版社，不再是小出版社，或者是一些仅仅提供教材的高校出版社。我们现在到欧洲的一些大书店里去看，也能看到中国作家的作品，至少莫言的小说是很多的。在这样一个慢慢变化的过程当中，我们的汉学家真的是立了汗马功劳的，这是我们要向他们致敬的，这是一个很艰难的普及的工作。

新世纪以后，差不多近十多年来，变化越来越大了，莫言获奖当然是原因之一，主要的原因还是中国的经济实力增强了，中国的经济起飞了。中国经济在飞跃发展的过程当中，必然上上下下都希望中国的主流文化、中国的文化意识形态也能够向世界传递，这个想法大概在中国现在也是占主导的地位。我们现在只要向政府有关部门提出把中国书翻译成外文，很容易获得国家资助，中书外译成了一种国家行为。在这种情况下，上上下下都希望把自己的好东西输送出去。但中国的问题是，人口实在太多，不少人都喜欢用搞运动的方式去做事情。有些事情都不是依靠真才实学的专家们安安静静地去做，而是搞运动式的。

具体到文学作品的翻译，如果不是很认真去做的话，很可能就是一堆垃圾，翻译出来的东西，自己人看不懂，外国人也不看，经常是这样。但是成堆的钱就白白花出去了。这样一个状况，我们是不得不面对的。不仅国家，各个省，尤其是一些号称是文化大省的，都拿出大把的钱，要把自己省的作品都翻译出去，甚至要把自己地区从古到今的学者的书全部翻译成外文，现在各个地方大学里面外文系教师的日子是非常好过的。但翻得好不好，能不能被外界接受，是很大的问题。我们学术研究也是国家行为，既然国家给了钱，就必须限定你几年内要完成外译多少书，这样就会产生不少粗制滥造的东西，这种问题的恶果现在还看不到，但是根据以前的经验来说，这将会是比较普遍的现象。

所以，我想，我们今天开这样一个会，我们面对的是一个中国的问题，我们的学者，我们的作家，我们的翻译者，大家坐在一起讨论，怎么把中国的事情做得更好。现在中国不缺钱，但问题是光靠钱，文化工作没办法做，文化交流也没办法做好，这是个很尖锐的问题。

对我们今天来说，最重要的还是沟通。在中国方面，不管是投钱还是执行，如果对外面世界都不了解的话，做出的决策肯定是有问题的。反过来也一样，西方的学者，包括汉学家、翻译者，如果对中国文化没有充分理解的话，要做好翻译也是困难的。所以我想，我们今天这样是开了很好的头，我们要做的就是沟通。这个沟通不应该仅仅是表层上的，比如认识哪个人，读过哪个作家的书，关键是要对文化有深层次的理解，我觉得这是可以理解的。以前我们经常抱怨中国字复杂，外国人都不懂，中国文化与西方文化不同根，所以我们之间没有办法真正沟通。其实不是这样的，我觉得文化是可以沟通的。我举一个例子，莫言得奖以后，很多外面的议论，就说瑞典文学院的院士大多数都不懂中文，他们根本不理解莫言的书。但后来我听颁奖主席宣读的授奖词，就很佩服这个人。我开始以为这个稿子是别人写的，后来我问了，说就是他自己写的。

这份授奖词对莫言的每个作品都有评价，而且非常准确。每个评价都深得我心，比我们国内的很多批评家要到位很多。他有一个判断，说莫言是拉伯雷、斯威夫特传统的最优秀的继承者，我当时在颁奖现场，听到这句话很感动，我们中国人在讨论莫言的时候，往往说他是蒲松龄的传统啊，而一个外国人，一个瑞典文学院的院士，他在考察莫言的时候，没有把莫言仅仅理解成一个东方人，这样的话，莫言与他们是没有关系的，他们只是给了一个奖而已。但他是把莫言列入到世界文化的行列，他认为莫言是拉伯雷、斯威夫特传统里的优秀作家。这样莫言就与西方有了关系，中国与西方也有了关系。其实，不仅仅是莫言，我们中国的作家如贾平凹、阎连科、欧阳江河、杨炼、王安忆、余华、苏童、严歌苓等等全都是世界性的作家，是全人类的作家。我们是在人类的共同传统当中，表达我们的态度，我们的感情，我们的生活。

莫言未必读过拉伯雷的书。我们今天学文学的学生，如果不是法语专业的，恐怕也没有多少人会读拉伯雷，但我们大概都读过巴赫金的关于拉伯雷时代和民间传统的研究，巴赫金对拉伯雷的很多理解，包括他对民间狂欢，对下半身文化的理解，对我们是有影响的。这就是批评与翻译的作用。我在大学教当代文学，曾经指导一个韩国留学生研究莫言，我与她一起读了一整本莫言的小说。我与留学生上课就是一起读书，一句一句地读，然后分析。莫言小说里有很多细节都涉及到粗鄙化修辞，什么大肠啊、什么排泄啊，我就不得不用巴赫金的民间狂欢的理论来分析。只有在民间理论的框架里面才能给莫言的小说定位。果然瑞典文学院对莫言的评价也是这样的。拉伯雷在欧洲文学里也不是主流，我们说莎士比亚、但丁、塞万提斯的传统是主流，也不会说拉伯雷的传统是主流，但瑞典文学院的评委们就是在这个非主流的传统里面看到了中国一部分作家的努力。

所以，我觉得，我们不要把自己封闭在中国的、传统的、民族的、东方的范畴里，好像我们是独立的，与西方世界文化是隔阂的。用这种似是而非的理论观点来模糊我们与世界的普遍联系，以此来保护自己的一些落后野蛮的文化因素，譬如封建专制。我们要承认，我们是全人类的一部分，我们的文化也是这个世界的人类的文化，全人类是相通的，在深层次上我们与西方世界完全能够沟通。但这个工作是要努力去做的，只要做充分了，你才能理解原来中国作家的创作也属于世界，西方人完全能看得懂中国的文化。

还有一个作家的个人风格与翻译的问题。每个作家的风格是不一样的，翻译中有没有可能把它体现出来？我有个不成熟的想法。作家同样写小说，但他们所擅长的小说元素是不一样的。小说的某些元素，在某些作家的作品里体现最突出。比如严歌苓，她是讲故事的能手，她的小说里，每一个故事都非常生动，每个故事都有非常特殊的、与别人不一样的理解和描写，包含了丰富的内涵。所以严歌苓的小说可以改编成影视作品，因为容易被大家接受。

但莫言就不一样了，他的小说特征是在叙事。莫言小说的故事很一般，大家都知道的，都是我们在农村耳熟能详的，可是在叙事方面，他会出现驴啊，马啊，牛啊，孩子啊，刽子手啊，奇奇怪怪，他会用各种各样不同的方式来讲一件事。阎连科也是这样，阎连科的每个小说都会有特定的叙事，这个叙事是他自己特有的叙事方法。

我想如果用翻译严歌苓小说的方法来翻译莫言、阎连科的小说，肯定会有问题的。因为把阎连科、莫言的小说讲成一个故事，还原成一个故事，是很容易的，但是他们个人的风格就没有了。

莫言的《红高粱》，因为我不懂日语，我不知道最早译成日语是怎样的。但是作为一个中国读者，我觉得《红高粱》的叙事，很难解读。我曾经和我的学生一起读这个作品，我把《红高粱》的故事发生时间与叙事时间排成两个图表，然后中间画了很多线，画得像蜘蛛网一样，完全是时空错乱，颠三倒四。那就是莫言。如果莫言把这个故事叙述成一个朴素的、口语的，像赵树理那样直白的故事，恐怕当时就很难出版。小说写土匪余占鳌与酒店女老板九儿图财害命、风流通奸什么的，这在当时很难被接受。但是他把故事叙述得颠三倒四，效果就不一样了。如果翻译《红高粱》时把这样一个叙事技巧拿掉的话，也就剩下了一个故事原型，但是这个故事就不是莫言的故事了。这次《红高粱》拍成电视剧，就是一个典型的例子。拍出来的也不是莫言的风格了。

再比如王安忆。王安忆的小说被翻译成外文比较少。为什么？王安忆自己也说，她的小说没法翻译，王安忆的小说没故事，她把故事转化为细节，你看《天香》，一会儿刺绣啊，一会儿制墨啊，一会儿园林啊，等等，所有的全都是细节。细节是孤立的，一段一段，不厌其烦，津津乐道，如果没耐心的话，也许读不下去。但是如果有耐心去读的话，读出来的也不是故事。她的小说的味道全在那种精致的细节的描绘与刻画，这就形成她自己非常独特的叙述风格。但对于这样的叙述，翻译者如果没有杨宪益、戴乃迭的本领，真是无法翻译。

所以我一直不了解，《红楼梦》在中国是顶尖的文学，翻成外文到底呈现的是怎样一个文本。其实这种很密集的细节铺陈，要用另外一种语言表现是很困难的。就像我们读欧洲的古典文学，史诗也是非常好的，但很可能我们读不出味道，因为我们的阅读习惯不同。

比王安忆更复杂、更难翻译的是贾平凹的作品，我是很喜欢贾平凹的叙事，但他的小说是很难翻译的。为什么？首先，他的陕西话人家就不懂，别说外国人不懂，我听他的话都是要很认真地听，否则我也听不懂。那还不是语言的问题，关键贾平凹的语言有力量，他所有的功力都放在一个一个的句子上，几乎每一个句子都是独立的。你把他的小说拆开来看，他的小说叙事很难讲成一个完整的故事，不要说没有故事，有时候连很多细节，我觉得也是很难表述的，可是他的小说语言就是好，句子好，段落也好，一个段落的句子不多，写的是非常传神的一个小世界。

贾平凹的小说是很乡土的叙事，可是他的小说元素的内涵却很现代，他把整个故事情节都拆散了，拆成一个一个的句子，这一句一句的话怎么去表达，就是他的小说特有的魅力。他的小说，我常常读好几遍才读完，但是沉浸到他的小说里，会感到文学趣味就在一句句话里面。但这个怎么翻译？如果把他的小说当成莫言的小说去翻译的话，可能就没有了味道，即便翻译出来，也是很平常的，或者很乏味的农村生活场景。

但如果真的能够把这样的句子的功能表现出来的话，就是一个了不起的翻译家，这就需要很深层次的沟通。有人觉得识得几个中国字，或者读了中国当代文学史，就能够翻译中国文学作品了，当然也是能翻译的，但翻译得好不好就是另外一回事了。所以我也不大赞成媒体宣扬葛浩文先生时经常流露出来的一种观点——葛浩文先生是个特例，他能够自己改写中国作家的作品，改得很好，这是一个特例，不是翻译界的通例。葛浩文先生的中文非常之好，这个没问题。但是如果把这个作为一种通例，就是说，为了满足西方的阅读市场，为了把它改编成西方口味的故事，翻译家可以任意地改写文本，那样的话，还不如请翻译家自己去写一本小说。

如果你是翻译中国作家的话，那就要把那个作家独有的风格翻译出来。比如读《尤利西斯》，我就希望了解乔伊斯的文学风格，外语好的能直接看原著，但如果读译文的话，我还是希望能够读出这个作家的语言风格，这个作家本来的一种追求和他主要的叙事特点。如果中国的翻译家把《尤利西斯》翻译成一个赵树理式的中国故事，我想看不看都无所谓了。

有的时候，评价翻译与评价文学的标准还是差不多的，以发行量为标准，比拥有多少读者，那绝对是通俗小说比纯文学的读者多得多。如果我们把中国纯文学的作品翻译成通俗文学给外国人看，当然也可能拥有很多读者，但这还是不是这个中国作家，是不是还能够让外国人真正了解中国文学的特点和它的精华所在，我很怀疑。

我想这样一些问题，可以成为我们今天安安静静讨论的一个话题。大家都有很好的经验，可以把自己的困惑、困难、问题提出来，有一个充分的交流。这对于未来的翻译事业的发展，可能会有很好的意义。

我们的学者、作家，包括翻译者，应该都有这种自觉意识，要共同参与，要在一个很小的范围内进行。复旦大学最近建立了两个中心，一个是中华文明国际研究中心，它拨了一笔不小的经费，邀请西方的汉学家、研究中国文化的青年学者，去做长期的或者短期的访问，开设工作坊。我很希望西方汉学家和翻译者，向这个中心去提申请，然后由他们出钱，在复旦住一年半年，建立一个工作坊，认真作研究和翻译。另外一个是中文系的翻译中心，这个中心也是刚刚成立不久，我们也是计划把一些作家请来，比如我们翻译阎连科的作品，我们就把阎连科和翻译者都请到我们这里来，住在复旦，我们还可以找一些研究阎连科的专家一起来讨论沟通，开一些小型研讨会，关于翻译的问题、对作品的理解等等。只要大家肯花工夫去做，国家现在有经费，但我们要把钱用到实处，这样慢慢来做，好好地做一些翻译的工作坊，好好地来解决一些实际问题。比如几位学者志同道合，喜欢某一个作家的，可以集中起来翻译，被翻译的诗人和作家，还有一些研究者，都一起来工作，做半年一年，把作家和作品理解透彻了，可能会给以后翻译者的工作带来很大好处，这比那种把一笔钱给出版社要有效得多。这个工作还是需要我们自己来做。

2014 年 5 月 2 日在中国社会科学院外国文学研究所、《东吴学术》杂志等联合举办的"当代中国文学翻译高峰论坛"上的发言。地点在沈阳。发言稿根据录音整理，初刊《东吴学术》2015 年第 1 期。

编后记

　　这是我们第一次独立完成对一本书的编辑工作，虽然之前也参与过一些书籍整理、校对的事务，但也只是做好自己手头的那一部分，对一本书从编选到加工、从策划到出版的整个流程还不甚清楚。因此，得知陈思和老师要我们参与编辑这套"边角料书系"时，还以为只是遵照陈老师的安排，负责校对事宜就可以了。没想到的是，陈老师对我们全然信任，提出要求：从搜集讲稿、确定目录到文章增删、整理校对，一概放手交由我们去做，如何选、如何辑、如何编都由我们商定，他只做最后把关。陈思和老师的"边角料书系"涉及演讲、访谈、书简、杂感四大类，我们分别负责上下两册演讲录的编辑，陈老师给我们这样大的操作空间，对我们而言，既是难得的锻炼机会，也是对两个新手的考验。

　　我们以2013年中西书局出版的《从鲁迅到巴金：陈思和人文学术演讲录》为底本，加之陈老师提供的电子稿和我们自己搜集的文稿，整理出演讲文章四十余篇。张安庆老师希望将"边角料书系"做得精简别致，于是最终确定上册"读书与做人"与下册"工作与岗位"各十三篇。需要说明的是，这两册演讲录虽以中西书局的旧版为底本，但大部分篇目都是新增的，对旧版的文章我们也重新进行了校对勘误，力求更臻完善。有些题目陈老师曾在多个场合演讲过，各次版本不同，内容多有增删，我们一般选取重复较少且版本相对完整的篇目；历次演讲的邀请人、主持人及录音整理者我们大都已注明，但仍有一些遗漏，无法查明，还请当事人海涵。

编书的过程，也是重读陈老师文章的过程。"工作与岗位"里所收录的，既有陈老师作为批评家的评论文章，也有其作为高校教师、文学编辑对当下的人文教育、出版、翻译等问题提出的看法，在《现代出版和现代知识分子的形成》这篇演讲稿中，陈老师特别强调了张元济从事出版事业对中国现代文化的影响和巴金、吴朗西等知识分子在出版岗位所作的贡献。数十年来，陈老师也用自己的出版实践证明着这个岗位的重要性。学生不敏，但希望能把这个传统继承下去，积累经验，守好自己的岗位，多做点实际的工作。

最后，感谢陈老师和张老师的信任与支持，感谢陈昶师姐的耐心指导和鼓励。我们都是编辑新手，本书虽校对多次，却不敢保证完全无误，挂漏之处，敬请读者补正。

刘安琪　胡读书
2019 年 4 月 10 日